走ル二十五万キロ

「マラソンの父」金栗四三伝

復刻版

長谷川孝道
Kodo Hasegawa

まえがき

思いもかけず、二〇一三年に出版した拙著『走れ二十五万キロ　マラソンの父 金栗四三伝』が、表紙と帯を一新して再版されることになりました。

折しも二〇二〇年、待ちに待った東京オリンピックがやってきます。

それにちなみ前年（二〇一九年）には、日本人として初めてオリンピックに出場したマラソンの父・金栗四三先生を主人公としたＮＨＫ大河ドラマ「いだてん」の放映も決まっています。おかげで、金栗さんを演じられる中村勘九郎さんとも親しく話ができ写真に納まるなど、ご縁ができました。〝カナクリスト〟を自認する身にとって、無上の喜びです。

熊本日日新聞の記者として駆け出しだった一九五九年、夕刊連載のため金栗先生に数カ月にわたってインタビューしたことが懐かしく思い出されます。

ご自宅に通いつめたあの日々からなんと六十年、一度目の東京オリンピック（一九六四年）取材から五十五年もの歳月が流れました。インタビュー当時の金栗先生は六十八歳で穏やかな好々爺という風情でしたが、まさか自分がそれを遥かに超える八十六歳になって、再々度「ごあいさつ」をしたためることになろうとは夢にも思いませんでした。

古巣の熊本日日新聞では、この春から半年にわたって『走れ二十五万キロ』を原作とした漫画が連載され、より親しみやすく、若い人達にも金栗先生の大きな足跡を知っていただける機会もできました。

すでに〝引退〟同様の身ではありますが、これら天からの贈り物に感謝し、「体力　気力　努力」の「カナクリズム」がより広く世の中に知られることを願って、もうしばらく老骨に鞭打ちたいと思います。

本書の再版にあたり、済々黌高校（陸上競技部）、早稲田大学（競走部）、熊本日日新聞社の後輩である永廣憲一氏に編集その他で大変なご苦労をかけました。秘書役として長女・樹原涼子の支えにも助けられました。帯に言葉をいただいた有森裕子さん、為末大さんをはじめ、ご指導、ご協力いただいた全ての方々に、改めて御礼申し上げます。そして、結婚当初の新聞連載開始のころからずっと見守りつづけてくれた妻弘子に、深く感謝。

マラソンファン以外の方にも「金栗四三」という偉大な先達の生き様に触れ、人生の活力を汲み取っていただければ幸いです。

長谷川孝道

二〇一八年春

『走れ二十五万キロ』の再刊に寄せて

日本陸上競技連盟名誉会長　河野洋平

「半世紀ぶりに金栗さんの伝記を再刊したいので、巻頭の一文を」との依頼が長谷川孝道氏からあった。日本陸上競技連盟会長在任中には、長谷川さんに熊本陸上競技協会長として日本陸連を支えていただいた。また、母校早稲田大学競走部の先輩でもあり、後輩の私が巻頭言を書くのはどうかとも思い若干躊躇したが、せっかくのお勧めなので、思い切って筆を執る。

金栗先生は、近代オリンピックに日本が初めて参加した一九一二年の第五回ストックホルム大会の日本代表選手である。残念ながら惨敗したが、帰国後その結果を教訓にして日本陸上界初の関東学生合同練習会を始めたり、富士登山競走や箱根駅伝などを企画、創設されたことでも知られている。私の父・河野一郎や叔父の河野謙三も学生時代には金栗先生に指導を受けたと聞いている。

著者の長谷川さんは地元・熊本日日新聞社の記者となり、若いころ、金栗先生の伝記の取材、連載を担当したのをきっかけに先生の人柄にすっかり惚れ込み、以来「カナクリズム」の信奉者の一人となられたようだ。

金栗先生は国内では三度にわたって世界的な大記録で走りながらオリンピックのメダルには縁がなく、ストックホルムでは落伍・棄権、最盛期だった一九一六年のベルリン大会は第一次世界大戦のために無念の中止、アントワープ大会、パリ大会も失敗の連続だった。しかし、恩師である嘉納治五郎先生の教えと激励を終生忘れることなく、日本スポーツ界に尽力され、「体力　気力　努力」で25万キロを走り通すマラソン人生を貫かれたという。

卓越した実行力、そして清廉で温かい人間愛に満ちたお人柄はスウェーデンでも高く評価され、五輪開催五十五周年に先生本人が、百年祭の記念行事には先生の曾孫が招かれて手厚くもてなされたことは、我々陸上競技関係者にとって大変うれしいことだった。

著者の長谷川さんが述べておられるように、この伝記を通じて金栗四三先生の深い想いを偲び、語り伝えて、今日の日本スポーツ界に「カナクリズム」が再認識されることを期待する。

目次

第一部『走れ二十五万キロ　マラソンの父 金栗四三伝』、第二部「カナクリズム」余話、「『走れ二十五万キロ』の再刊に寄せて」、「『走れ二十五万キロ』を読んで」および「あとがき」は、平成二十五年発行の復刻版初刷を再録しました。よって肩書、所属団体名等は当時のままです。

「まえがき」および「金栗四三氏年譜と関連年表」は改訂・加筆を行っています。

第一部　『走れ二十五万キロ　マラソンの父　金栗四三伝』

（註）本文の「時代表現」や「言葉遣い」、登場人物の「年齢」「職業」「肩書」の他「地名」などは全て、初版の昭和三十五年（一九六〇）当時のまま。その後については〈 〉で補足した。

少年時代

【勝気な腕白小僧】

熊本の北の端――福岡県八女、山門郡〈現みやま市〉と背中あわせに、四方を山で囲まれた春富という小さな村があった。今は緑、神尾両村と合併して、玉名郡三加和村〈現和水町〉の一部になっている。

金栗家は旧春富村の中林というところにあって、十五、六代もつづいた村の旧家。四三の父信彦の三、四代前から酒造業を営んでいた。信彦は親ゆずりの何不自由ない暮らしの中に育ったせいか病弱で、四三の生まれる四、五年前から父祖伝来の酒造業をやめ、四三の長兄である実次が村役場に勤めるかたわら田畑の仕事にも精出して家事万端を切り回していた。

両親ら家族と（前列右から２番目が四三、中列左から母シエと父信彦、後列右が長兄実次）

金栗家は男四人、女四人の八人きょうだいで、四三はその七番目に生まれた。明治二十四年（一八九一）八月二十日、父信彦が四十三歳の夏であった。

赤ん坊のころの四三は、異常体質といわれるくらいのひ弱い子どもだった。昼はよく眠るが、夜になると必ず起きて泣く。それも一晩中泣き通しで、家族は大迷惑だった。医者にも診せたがはっきりした原因は分からない。キツネでもついたのではないかと四三の枕もとに魔除けの太刀がおかれたりした。

四三の夜泣きは満二歳になるころまでつづいた。病弱だった父に遠慮して、母シエは泣き叫ぶ四三をおぶって夜通し戸外を歩くのだった。時には、夜の子守りに姉たちが動員された。まっ暗な夜道を歩きながら、あやしてもあやしても泣きやまぬ背中の弟に、子守りの姉もとうとう泣きだしてしまう。そんなことがしばしばだった。

四、五歳になると四三もどうやら人並みの健康な子どもになった。妹が生まれてからは祖母のスマと一緒に寝た。寝物語にいろいろの昔話を聞かされるのが楽しみだったし、スマもそろそろ腕白ぶりを発揮し始めた四三を目の中に入れても痛くないほどにかわいがった。

「ばばぁとシラミはいらんもん」と悪タイをついては追いつ追われつで家の中を走り回った。四三がモノ心つくころ、広い屋敷の中には、まだ大きな酒蔵があり、庭の隅には酒樽がいくつも転がっていた。その中を暴れ回ったり、小高い山にのぼったり、夏は近くを流れる和仁川で泳いだり…近所の子どもたちと一緒になってナマ傷のたえない元気さだった。

四三の記憶によると、父は病弱のためか、自分の代に一旗あげてやろうといった気魄は感じられなかったが、その代わり温厚な人柄で大声を出したこともなく、誰からも愛されるタイプだった。病弱の原因は胃病だったらしい。庭の井戸から汲んだ水に重曹をとかして年中飲んでいた。四三も隣りの南関町まで一里半の道のりを歩いて重曹を買いに行かされたものだ。

あるときは、療養に出かける父のお供をして鹿本郡の平山鉱泉までついていった。重曹をとかすのは自宅の井戸水に限るというので、父はどこへ行くにも徳利に入れた重曹水をもち歩いた。鉱泉行きには、四三がその徳利を肩に担いでいった。かなりの重さで幼い四三には苦労の一つだったが、遅れそうになっては小走りに追っかけたときの父の病人らしい静かな後姿に、淡い悲しみを感じたものだった。

父の実直な性格を受けついで、いわゆる悪質ないたずらは一度もしたことのない四三だが、勝ち気な負けず嫌いの性質を多分にもっていた。そのころ子どもの遊びにコマ割りというのがはやっていた。鉄のシンをとがらして相手のコマをたたき割る遊びだ。あるとき買ってもらったばかりのコマを無惨にも一発でたたき割られてしまった。口惜しさでまっ青になった四三は、割られたコマを拾うが早いか、まっ向から相手の顔にぶっつけて逃げ帰った。

「この子は頭もいいようだが、悪の道にでも走ったら、とつけむにゃーやつになるばい」と家族は心配していたという。

〔母への素朴な愛情〕

金栗家の人々にとって、一家のあるじ信彦の病弱は寂しいことの一つだった。造り酒屋といえば、田舎では名門に数えられる。近隣の町村まで評判をとったその酒屋を信彦の代になってやめてしまったことが、四三の祖母スマとしては心残りだった。

「四三、お前のおじいさんは偉かったよ。働きもんでね。金栗家を興したのも、信用をとったのもおじいさんのおかげだった。お前は病気のお父さんに代わって、また金栗家を興すんだよ」

毎月九日、祖父栄太翁の命日のたびに、四三はその話を聞かされた。スマは今でいう才女だった。歌もよめば三味線も弾く。百人一首を暗しょうしていて、四三もその解説を聞かされた。四三の記憶では、スマはほとんど病気らしいものもせず、八十八歳で亡くなるまで家の中の世話をやいたり、四三の遊び相手になってくれたりした。

四三の母シエも健康だった。病弱な夫に代わって自分が働くのだという気魄をもっていた。朝早くから夕方暗くなるまで田畑に出てクワをふるった。そのため、四三もしぜんと母より祖母と遊ぶことが多かった。

シエは無口で昔かたぎだった。祖母が長生きしていたし、夫の死後は長男の実次が一家の主人となったので、主婦としての責任ある仕事にはあまりタッチせず、万事控えめな性格のようにみえた。四三はそんな母に深い愛着を感じた。溺愛はしなかったが温かい素朴な雰囲気をもっていた。

「お父さんが弱くてほんとに残念だよ。お前たちも体だけは大事にしておくれ。そしてきっと男らしい人になるんだよ」

夜遅く、一日の汗を流しながら母親はそういって聞かせた。手足に傷の絶えない昼間の元気者も、キュンと鼻水をすすりながら、しおらしくうなずくのだった。

母は七十九歳まで生きた。高等小学卒業の年、父を亡くした四三にとって、母の存在は日ましに大きくなっていった。玉名中の寄宿舎にいたころも、東京の高等師範に進んでからも二、三日おきには母への便りを書いた。試合や講習で全国を回るときも、その行くさきざきから土地の名産品を送った。残念なのは何度手紙で頼んでも、ついに母が東京見物に来てくれなかったことだ。

高師を卒業した後、太宰府の観梅に案内したことが、母子二人きりの最も大きな思い出となった。老いた母を人力車に乗せ、四三は自慢の足でその横を駆けた。天満宮境内のまっ白な花はちょうどさかりだった。梅の香が幸福そうな母子の頬を流れる。

〃ありがとうよ。四三。お母さんは嬉しいよ〃

そっと目がしらを拭いながら母は四三を見た。まっ黒に陽やけした四三の歯だけが白く光った。

〃お母さん、長い間苦労したね。これからもっと長生きをして下さい。外国見物にもつれていってやりたいんだ〃

生まれて初めてみる母の無邪気な喜びように、四三の胸も弾んだ。だが、四三の孝心もアダになった。春三月とはいえ風はまだ冷たかったのだろう。ほとんど病気もしたことのない母がカゼをひいて床にふした。

〃お母さんごめんよ。そんなつもりじゃなかったのに〃

四三は枕もとにつきっきりで看病した。白湯をくみ、そっとクスリをふくませてくれる息子に、母はまた涙を流した。

〃夜泣きして家中の者を困らせたあのひ弱な子が、こんなにたくましくなって…。長い距離の駆けっこでは日本一だという。そして外国にまで出かけて金栗家の名を上げてくれた。私はこの息子を誇っていい。親孝行の点でもめったにひけはとるまい〃

高熱にうなされながら、母は四三の成長を喜ぶのだった。母は四三が四十一歳のとき、七十九年の生涯を終えた。オリンピックや国内の各大会で活躍する四三の晴れ姿を一度も見ないままに――。

〔身にしみる兄の教え〕

明治三十年春、四三は春富村吉地小学校に入学した。学校は四三の家から歩いて十分あまりのところ。今は麦畑になっているが、寺子屋式の民家同然の小さな建物だった。周囲には紙障子がたてられ、教室のまん中には黒光りのする大黒柱がデンとたっていた。生徒は一年生から四年生までおよそ百人の混合授業。日清戦争に勝った後で、みんな威勢のいい生徒ばかりだった。

教師は校長の野口虎次郎と辺原良光訓導の二人。野口校長は書道の達人で、後に銀城と号し県下の書道展でも審査員を長く務めていた。山水画もまた校長のご自慢だった。村まつりのときなど、村民がノボリに使う大きな木綿布をもって校長のところへ揮毫を頼みにいった。

大きな筆にたっぷりと墨をふくませ、ほとばしるように雄渾な文字を書いた。四三たちも子ども心に校長の筆力を見て胸をおどらせた。出来上がったノボリは小高い丘の鎮守さまの森にひるがえった。

「おっどんが校長さんの書かしたつばい」

野口校長の達筆は、四三たちの自慢の種でもあった。

辺原訓導は温厚な人格者だった。めちゃくちゃに食い、山の中を走り回って遊んだ四三は、腹をこわし、カゼをひき、けがをしては学校を休んだ。時折四三の家まで見舞いにきた訓導は「あんまり休みよっと学問の遅れてしまうばい。あんたは大学まで行くて言いよったろがな」と励ましてくれた。

四三たちの小学時代には、まだ学童服というものはなかった。和服にワラ草履、夏はハダシで通学した。冬の寒いときは赤ゲットを体にまきつけて登校するのである。算術、読み方、書き方がおもな学科だったが、試験というものは一度もなかった。四三たちは遊びに行くようなつもりで学校に通った。運動会もなく、運動場らしいものもなかったが、学校の前のわずかばかりの空地で鉢巻取りや陣取りごっこをして転げ回った。

学校の前を流れる和仁川ではウナギやナマズがとれた。竹竿のさきにタニシの餌のカギ針をつけた小道具を夜遅く石垣の間にさし込んでおくと、朝には見事な獲物がかかっていた。田の溝の水たまりに躍り込んでは、泥んこになってドジョウをすくった。何も考えず無鉄砲に遊び回ったことだけが四三の記憶に残っている。

四三の小学校の成績は、序列こそなかったが上の部だった。家ではよく勉強した。自宅の玄関の土間の横に、家族が「学校部屋」と呼ぶ四三専用の部屋があった。二畳敷きぐらいの小さい板張りで、表の格子戸へ向けて机を置き、四三は声を張り上げて読み方をした。この部屋は四三が高等小学を卒業するまでの六年間の思い出を残している。

祖父の命日の仏事やお祭りのときは、たくさんの客がやってきた。四三はそっと学校部屋を抜け出して炊事場の方へしのんで行く。砂糖をたっぷり使った来客用のボタモチを祖母のスマに無心するのだ。長兄の実次が炊事場に顔を出すとコマネズミのように逃げ出した。

あるとき例によって多数の来客があり、にぎやかな歌やはやしにつられて四三も座敷へ顔を出した。実次はチラと四三の顔を見たが何も言わない。〝しめた。きょうは番外だ〟と早合点した四三はお客の間をはしゃいで回った。ところが、やはりいけなかった。後で、目を三角にした実次は四三をつかまえ、まっ暗な便所の中へ押し込んでカギをかけた。

「もうせんから許してはいよ」と泣き叫ぶ四三に、実次は扉の外から静かに言った。「四三、オレたちは小学校までしか行っていない。お前は学問もかなりできるし、高小へも中学へもやりたいと思っている。それなのに学問を忘れてノコノコと大人の席に出てくるとは何事だ」

いつのまにか四三は泣くのをやめて兄の言葉に聞き入っていた。〝よし、兄貴たちの分まで勉強するぞ〟

実次は厳格な半面、非常な弟思いだった。この兄がいなかったら四三は中学はもちろん高等師範へなど行けなかったろうし、《マラソンの父》と呼ばれる日もこなかっただろう。

〔往復三里を韋駄天通学〕

四年間の小学校生活を終わって、四三は大原村相谷にある玉名北高等小学校へ進んだ。大原村は今南関町に合併され、玉名北高小も大原小学校と名称を変えている。

四三の家のある中林から山坂の難所をこえて一里半ぐらいの道のりだった。当時義務教育は尋常小学校の四年間だけで、高等小学へ進むものは数えるほどだった。

春富村は古くから北の方の和仁地区と四三たちの中林をふくむ吉地地区とに大きく分かれていて、両地区の児童たちはそれぞれ固まって学校に通っていた。

吉地から高等小学へ通うものは十五、六人ぐらい。集落のはずれの三差路に集まって登校した。いつのころからか「学校の行き戻りは走るものだ」という習慣が生まれていた。

走ることにはあまり自信のなかった四三も、入学と同時に走らされることになった。石ころだらけで道らしい道もない山の中だ。ある時は転んで膝小僧をすりむき、雨の日は傘をさす余裕もなくてズブぬれになりながら上級生の後を追っかけた。夏は鎌首をもたげた蛇が道にはっていた。初めのうちはつらかったが、とり残されるのがこわかったし「筑後境の遠いところの人は朝早く提灯さげて出てくるんだぞ」と聞かされていたので我慢して走った。

一里半の韋駄天通学にもようやく慣れてきたころ、四三は奇妙なことに気がついた。けんめいに走ると誰でも呼吸が乱れる。ところが吸う息と吐く息をそれぞれ二度ずつに分けて呼吸すると比較的ラクになる。一種のリズム走法とでもいうのだろう。ほんのちょっとしたことだが、これを発見してから四三は韋駄天通学が楽しみになった。峠まで登りついて四三は他の仲間を待った。少しの疲れも覚えない。呼吸もほとんど正常だった。

「おーい、早よう上がってこんか。ヌシどんが、やたりゃハーハー息ばするけんきつかったい。二へんずつに分けてしてみィ」

四三は得意になってどなった。友だちは首をかしげながら四三のマネをしたが、大した効果はないという。呼吸を二分するほどの余裕も体力もなかったのだろう。根気強く、粘りのある四三の性格の表れだったのかもしれないが…。

また自分では感じなかったが、四三は人より図抜けた素質と体力をもっていたようだ。往復三里を駆けつづけた四年間の韋駄天通学が、将来の四三のマラソン人生の基礎をしっかりと築いたのもまた事実だろう。日本一のマラソンランナーとなり、外国へ遠征してからの大レースでも四三はこの呼吸を二分する独特のリズム走法をやった。自分でも気づかぬうちに、走ることへの自信をつけていたのである。

学校の帰りもまた楽しかった。遅くなったときは例によって走って帰ったが、昼すぎで授業が終わった日には、あちこちと寄り道しては小鳥を追ったり、草原に寝転んだりして遊んだ。雨のあがった午後などは、みんなが傘の先にゲタをひっかけ、着物の尻をまくって歌を歌いながら駆けた。

この通学には個人の自由行動を許さぬという決まりがあって、走るときも、遊んで帰るときも吉地組はみんな一緒だった。誰かが学校で褒められることがあれば、みんなが喜んでくれたし、よその子どもたちとケンカでも始めるような形勢になると吉地組が集まって気勢を上げたので、たいていは相手が尻込みして未発に終わった。

韋駄天通学のおかげで、四三たちの仲間は一度も遅刻をしたことがなかった。学校の近所の生徒よりかえって早く登校するくらいで、先生たちからの評判も良かったという。

〈幼時から努力家肌〉

吉地小学校時代も「頭がいい」「努力家だ」と言われてはいたが、四三が抜群の成績をみせ始めたのは高等小学校に進んでからだった。そのころ四三たちを教えていた浦部泰之教諭も「要点、要点には鋭く食いついてくる努力家肌でした。飾りっ気のない性格でおとなしい元気者とでもいうのかな。いたずらはしないがファイトのある子どもだったように思います。成績はクラスで一、二位を争っていました」と語っている。

とくに得意な課目はなかったが、どの学科もまんべんなく力を入れた。「たぶん全科目が九十五点ぐらいだったでしょう」と同級生だった古家政義さん＝三加和村西吉地＝はいう。

授業中は元気よく手を上げて質問した。分からぬ点は一つでもほっておけない性格だった。

友だちも驚くほどの質問をした。どこで調べてきたのか、教師もすぐには返答できないような難問をふっかけることもしばしばだった。教師たちもうっかりはできない。「金栗のために勉強させられているようなもんだ」と教師たちも職員室で苦笑いしていたという。しかし、質問に対して返ってきた解答がのみこめず、何度も何度も聞きかえしたあげく、とうとう泣き出したこともあった。

教室での授業の他に体操や軍事教練の時間もあった。木銃をかついだ和服のチビ兵隊は教師の号令で「オイッチ・ニイ、オイッチ・ニイー」と行進した。四三は、体操や教練はあまり好きではなかったが、放課後のベースボール遊びはよくやった。当時はまだ「野球」という日本製の言葉が田舎では知られておらず、原語のまま「ベースボール」と言った。ミットやグローブはない。布を糸でまき固め牛の皮でおおったボールを使った。集落ごとにチームをつくって対抗試合が行われ、勝ったチームにはその試合ボールが賞品として与えられた。

家へ帰ると四三は板張りの「学校部屋」でよく勉強したが、家事の手伝いにも労を惜しまなかった。「土に親しみ、大地にしっかと足をつけて精神を養わねばならん」というのが長兄実次のモットーだった。すでに他家へ嫁に行っていた姉たちは「中林に行くと兄さんから鍛われるけん、のさんね」と言った。病弱の父親に代わって実次は厳格に弟妹たちをしつけた。兄の命令には絶対服従、四三は一言の不平も言わずに畑へ出た。

幼いころ体が弱かったし、父の病気の悲しさが身にしみていたので、四三は健康にも人並み以上の気を配った。勤労もその体づくりの一つだった。

四三が最上級生になる年の明治三十七年（一九〇四）二月、日露戦争が始まった。旅順港の閉塞や奉天の大会戦があって、世界一の強国といわれるロシア軍をこっぱみじんにやっつけてくれるのが四三たちには愉快でならなかった。旅順陥落のときは春富から五里の道を歩いて高瀬まで戦勝祝賀会に行った。高瀬の駅には時折ロシアの捕虜が送られてきた。体の大きい捕虜たちが歌ったり笑ったりして騒いでいるのを見て「捕虜になるのはそんなに楽しいものなのだろうか」と四三たちは不思議だった。

秋ごろからは、同じ吉地地区から中学進学を目指す四三と吉永一隆（死亡）、古家政義の三人が順ぐりで一軒の家に集まり、火鉢を囲んで夜遅くまで受験勉強に力を入れた。

明治三十八年三月四日、父信彦は胃病が悪化してこの世を去った。五十六歳だった。四三は中学へ行く自分の姿を父に見てもらえないのが残念だった。

玉名中学時代

〔地区から初めて中学へ〕

玉名中学（現在の玉名高校）は明治三十六年（一九〇三）の創立、四三たちはその三回目の受験生だった。国語や数学、習字などの試験が行われたが、四三、吉永、古家の吉地トリオは無事難関を突破した。吉地地区から中学へ進んだのは、四三たちが初めてだった。憧れの中学一年生だ。三人は大きく胸を張って「よかったな」と喜び合った。

そのころの玉名中学は、まだ熊本県立熊本中学玉名分校といっていて、正式に県立玉名中学校として独立したのは明治三十九年、四三が二年生に上がるときだった。入学ホヤホヤのころは日露戦争の後半で、生徒たちは出征兵士の見送りや「勝った、勝った」の祝賀会にかり出され、じっくりと腰を据えて勉強する気にはならなかったようだ。

しかし、教師たちは学校ができたばかりのことで、今のうちにしっかり基礎を固めておくんだと張り切っていた。授業も試験もビシビシやられた。成績は、全て廊下の壁に張り出される。落第や謹慎、退学も容赦なかった。全科目のうち「丁」が二科目あれば落第だ。クラスの半分以上が落第を予告されて、さすがの暴れん坊たちも目の色を変えたことがある。

だが、落第なんかクソくらえという豪快な生徒も一部にはいた。「若いもんがコセコセと机の前に坐ってどぎゃんするか。日本がロシアば打っ散らきゃあたつは腕っ節ば鍛えとったけんぞ」というのである。これらの豪傑たちは廊下に張られた落第名簿に自分の名前を見つけては、気勢を上げた。「落第〇回、玉名中学新記録！」というのが彼らの誇りであった。

四三はそんな生徒には目もくれなかった。もくもくと勉強した。四三は入学と同時に寄宿舎に入ったが、その舎費四円五十銭と授業料一円五十銭を毎月長兄からもらっていた。父親が死んだというのに、自分は兄のおかげで集落では初めての中学へ行かせてもらっている。どうしても立派な成績を上げなければならぬ。そういった追いつめられた気持ちもあった。父は「四三も高等小学を出たら百姓をしたがいい」と言っていた。それを押し切って「四三だけはどうにかして中学を出てもらいたい。四三にはそれだけの価値がある」と言ってくれたのは実次であった。

四三は土曜日の午後から必ず自宅へ帰った。学校のある高瀬から春富までは菊池川沿いに五里の道を歩かねばならない。途中老杉の生い茂った寂しい個所がたくさんある。気味が悪くて一気に駆け抜けた。走ったり歩いたりで五里の道のりも三時間とはかからなかった。中林の自宅に帰りつくと風呂敷包みの勉強道具を縁側にほうりなげて畑へ行った。

「おう、帰ってきたか」

兄はニコニコ笑いながら四三を迎えてくれる。兄と並んで畑仕事に汗を流した。夜は兄たちと談笑したり一週間の授業の復習をやったりした。日曜日も昼すぎまでは家の仕事を手伝った。夏などジリジリと照りつける南国の太陽の下での草むしりには相当の根気がいった。タラタラと汗が流れて目にしみる。背中は焼けるように暑かった。足、腰もこわばって、感覚を失う。〝体を鍛えるのだ〟と思って四三は苦しさに耐えた。慣れぬ仕事を、兄に負けまいとがんばったこの当時の気力と努力が、後にマラソンの二時間半を走り抜く原動力となったのだろう。

夕方五時半の門限に間にあうように、昼飯の後四三は家を出た。遅くなれば学校までの道を走りつづけた。四三が寄宿舎へ帰って行くとき、兄はきまって卵を五、六個もたせてくれた。

「勉強をするのにも体力が必要だ。卵でも食ってうんとやれよ」と言うのだった。四三が学校で試験があるときなど神棚にお神酒をそなえて、けんめいに祈っていた兄の話を、後になって四三は妹から聞いた。

〔体操や剣道は苦手〕

家が遠かったので四三は入学式の翌日から寄宿舎に入った。十二畳敷きの部屋がたくさんあって一部屋に四人ずつの割り振りだった。部屋のメンバーは上、下級生が打ち混ぜになっていた。上級生は絶対の権力をもち、新入生はその言い分に対してグーの音も出なかった。寄宿舎生活はまったくの軍隊式で気合が入っていた。

朝起きると、舎監の教師が当番の生徒二、三人を従えて各部屋を点検して回る。布団の片付け具合から、掃除のしかたまで厳重に見て歩くのである。舎生たちは一列に並んで「お早ようございます」とあいさつをする。袴に足を通す暇がなくて、前垂れ式にヒモだけ腰にまきつけている生徒もいた。パンツ一枚の後姿を見つけられまいと、舎監の動きにつれてグルグルと回った。

四三は他の生徒より三十分も早く起きた。校庭へ出て走り回ったり、鉄棒にぶらさがったりして朝の体操をやるのである。幼いときから頭にしみついた「健康のため」であった。

体操や剣道の時間は四三にとって最もニガ手だった。体操の時間には同室の舎生から靴を借りて出席したほどで熱心ではなかった。剣道の授業のときは教師が回ってくると「エイッ、ヤッ」と人のまねをしたが、たいていは隅っこにかくれて小さくなっていた。

野球や庭球の試合も盛んだったが、ほとんどその仲間にも入らなかった。年一度の運動会には全校生徒が二種目以上に出場する決まりだったが、四三は仕方なく申し込みをするだけで友人たちに頼み込んで走ってもらったものだ。こんな生徒が五、六年後には日本一のマラソン走者となってオリンピックに出場したのだから人間とは不思議なものである。〈――とは言いながら後日、金栗家の資料の中から「剣道初段を命ず。熊本県立玉名中学校第五学年金栗四三　明治四十二年十一月三日」の証状が見つかっている〉

授業が終わると、暇なときは宿直室へ行ってよく小説を読んだ。本棚には赤穂義士や荒木又右衛門などの軟かい読物までギッシリ並んでいた。四三は講談本を愛読した。後にはくり返し、くり返し何度も読んで、内容もほとんど暗記してしまうくらいだった。

当時の中学校の寄宿舎には《まかない征伐》や《小使い征伐》という慣習があった。かねて舎生を食いものにしているまかない人や小使いさんを襲撃する行事である。玉中の寄宿舎でもこれがはやった。「最近はオカズがまずいぞ」と言っては徒党を組んだ悪ゴロたちが、棒切れをもってまかない部屋を襲った。

四三はこんな〝催し〟に加わったことはなかったが、ある時征伐隊の一行が小使いさんを部屋の外に呼び出してあわや袋だたきという寸前、舎監が現われて悪童たちは総退却――ちょうど通りかかった四三がその嫌疑を受けそうになったこともある。

舎監は入学当時が小川通一、その後ひげの古荘茂七郎、さらに佐賀からきた坂井春彦に代わった。数学を教えていた坂井は剣道も三段で、生徒たちはこの舎監の前ではピリピリと緊張していた。夕食前には食堂で舎監の話がある。朝の点呼のことから、学習の態度、成績の批評、時には将来の社会生活の注意にまでおよんだ。

ある年の秋、夕食のオカズが一週間も里芋ばかりだったことがある。「けしからん」と誰かが言い出してまかない征伐をすることに決まり、里芋の大嫌いだった四三もついその騒ぎにつり込まれた。そこへ坂井舎監がぬっと入ってきた。「何をガヤガヤ騒いどる」と一喝、理由を聞いてまたカンカンに怒った。

「食堂は神聖である。若いもんが、たかがメシのことぐらいで騒ぐやつがあるかッ。大事なのは学問だということを忘れたのかッ」

みんなシュンとなった。「食べ物の好き嫌いはよくない。将来君たちが社会へ出てきっと困ることがある」――舎監の説教は一時間以上もつづいた。

四三の胸にもジーンとくるものがあった。それからは嫌いなものをなくすことに努力した。〝食べ物に不満を言わぬ〟――このことは四三が、後に海外遠征して慣れぬ食事のために困ったときにも、しみじみと思い出されたことだった。

〔冷水法でカゼをひく〕

玉名中学は玉名市（当時は高瀬町といった）の東に寄った高台の上にあって、四三たち一年生の教室からは、遠く阿蘇の噴煙がながめられた。五月の末のある日、授業中に「ドーン、ドーン」と無気味な地鳴りがつづいた。「阿蘇が噴いたか」と生徒たちは窓をあけて東の方を見たが阿蘇の煙に異常はなかった。

当時は新聞にもラジオにも縁遠い生活だったため、後で分かったことだが、この日は明治三十八年五月二十七日、対馬の沖で東郷大将の率いる日本連合艦隊とロシアのバルチック艦隊が、両国の命運を懸けてわたりあった日本海大海戦の日であった。遠い地鳴りは日露両艦隊が必死に打ちならす大砲の音だったのである。四三たちは日本の大勝利に酔った。そして海軍に憧れた。玉名中学では、その翌年から四年生の修学旅行のコースに、海軍兵学校のある広島県の江田島が選ばれたほどだ。

そのときの授業は、漢文の五条教諭であった。五条は、四三にとって懐かしい思い出のある恩師だ。ヤセギスで顔も青白く「ゴボ、ゴボ」と軽いセキをした。四三たちは「五条先生、肺病だな」と思ったものだ。五条があるとき急に漢文の講義をやめてみんなに言った。

「諸君のうちでしょっちゅうカゼをひく者はないか」

四、五人が手を上げた。カゼには自信のない四三も一緒に手を上げた。

「ほほう。だいぶいるな。それではカゼの予防法を教えよう。朝起きたら水をかぶるんだ」

何がきっかけでそんな話になったのかは覚えていないが、それだけ言って、五条はまた漢文の講義をつづけた。

幼いころからカゼには手こずっていた四三は〝シメタ〟と思った。〝誰よりも丈夫な体になるんだ〟

四三はひとりニヤニヤしながら、翌朝人より早く起きて寄宿舎のフロ場に行った。井戸から汲んだばかりの水に手をひたすとなにか心身ともに爽快な気がする。すっぱだかになった四三は、一杯目の水を頭からかぶった。「ヒイッ」と声が出そうになるほど冷たい。だが四三は我慢した。〝体を丈夫にするためだ〟

二杯目をかぶったときは、歯の根も合わないほどにガタガタと震えた。

〝ハテ、冷水浴というのはいったい桶に何杯かぶればいいんだろう?〟

五条からかぶる水の量については説明がなかった。四三はちょっと考えたが〝エイ、体に抵抗力を養うのに一、二杯で効くはずはない〟とばかりに、それからは気が狂ったかのようにザー、ザーと頭から水をぶっかけた。十五、六杯もかぶったところで四三は体を拭いた。

寒い。シャツを着てもまだ寒い。冷え切った体は、朝の自習時間が終わり、飯を食って学校へ出てからも温かくならなかった。授業が終わるころになると頭は熱っぽく、背筋はゾクゾク悪寒が走った。寄宿舎に帰ると四三は床につっ伏した。すごい高熱でそのまま二日間学校を休んでしまった。

四三は不思議でならない。カゼの予防のためやった冷水浴でカゼをひいてしまった。「五条先生のウソつき」と床の中でどなった。やっと熱も下がり、初めて登校した日の一時間目が漢文だった。授業が終わって教官室へ帰る五条を四三は廊下で呼び止めた。

「先生ッ、水は何杯かぶればいいんですか」

「何のことだ?」

五条は首をかしげた。

「カゼひきの予防には冷水浴がいいとおっしゃったので水をかぶりました。そしたらカゼをひいて二日も休みました」

「ああそうか。水をかぶったのか。どのくらいかぶれと言わなかったのはオレの手落ちだ。すまん、すまん。まさか実行するヤツもおるまいと思ったからね。それにしても君はよく実行した」

カラカラと笑う五条を見て、四三はホメられているのかヒヤかされているのか分からずまっ赤になった。五条はまじめな顔になっていた。「モノ事には方法と順序がある。初めから十五、六杯もかぶれば誰だってカゼをひく。最初は冷水まさつから始め、次に水の量をだんだんふやしてゆくのだ」

「物事には順序がある」という言葉が四三の胸に痛かった。翌日から四三は五条の言葉を実行した。それいらい、四三の朝の冷水浴は半世紀以上もつづいている。

〔努力実り特待生に〕

寄宿舎では、夕食後一時間ぐらいの自由時間があって、そのあと就寝までの二時間が学習時間と定められていた。初めのうちは、部屋の各人がそれぞれ小さな石油ランプをつけて机に向かっていたが、後になって集会場に大型ランプが備えつけられたので、舎生たちはその灯りを囲んで勉強した。

四三はその日習ったことは徹底的に復習した。自分の予定が遅れて就寝時間にひっかかると、そっと食堂へしのんで行って勉強をつづけた。小学校のころから成績は良

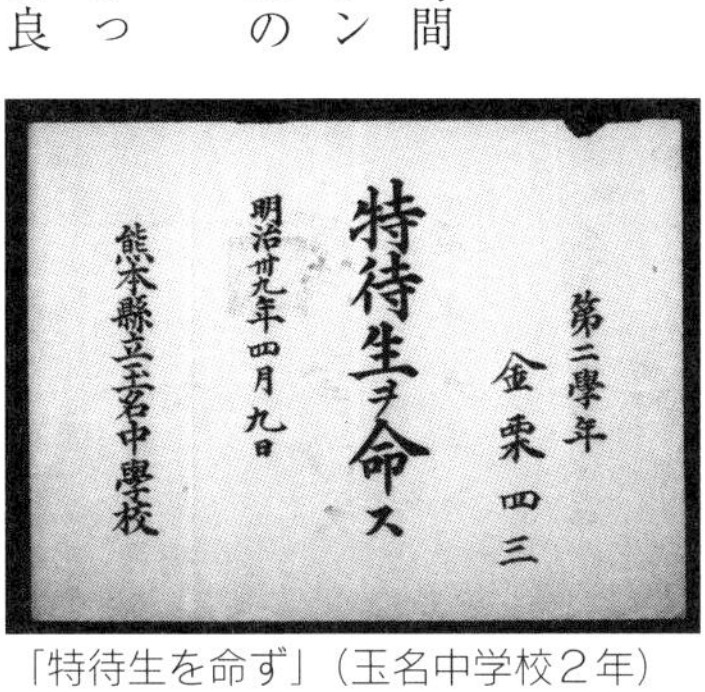

「特待生を命ず」（玉名中学校２年）

かったし、加えての努力家肌で玉中に進んでからもクラスで一、二番を争うほどの好成績だった。廊下の壁に張り出される試験の順位発表を眺めては〝これでどうにか兄貴にも申し訳が立つ〟と思ったものだ。

一年生のさいごの試験も終わってホッとした四三は部屋に寝転んで小説を読んでいた。そこへドタドタと足音を響かせて上級生の一人が駆け込んできた。

「オイッ金栗ッ、大変だぞ。大変なことになったぞッ」

びっくりして跳び起きた四三へおっかぶせるように、「オイッ、特待生だぞッ。お前が特待生になったんだぞッ」とその上級生はどなった。

「エエッ?」

自分の耳を疑うように四三は上級生の顔を見た。そのころの中学校には特待生という制度があって、それに推せんされると授業料免除になるのである。「成績優秀、品行方正」というのがその条件で、各学科の成績が全て95点以上でなければならなかった。一科目でも規定点以下があってはいけないのだ。クラスで一人か二人。特待生が一人もいないクラスさえあった。だから特待生は全校生徒の憧れのマトであった。

その特待生に四三が推せんされたというのだ。だが、極秘の職員会議で決まることを発表前から生徒が知っているはずはない。四三は半信半疑で言った。

「嘘でしょう。どうしてそんなことが分かるんですか?」

「馬鹿ッ、オレが嘘を言うか。この目でちゃんと見てきたんだ。舎監先生の秘密書類をこっそり見てきたんだよ」

どうやら本当のようだ。四三はワクワクした。その上級生の名前を四三は今も覚えている。深草清という生徒だった。

〝お父さん、兄さん、もしかするとオレは特待生になれるかもしれん〟

発表の日が待ち遠しかった。終業式の前の日、待望の特待生の氏名が体操場に張り出され、金栗四三の名も書いてあった。

〝やっぱり本当だった。これで兄貴が出してくれる学資の何分の一かが軽減できるのだ〟

式が終わると四三は五里の道を走りつづけて家へ帰った。玄関に駆け込むが早いか、「お母さんッ、兄さんッ、オレ特待生になったぞッ」とどなった。ハーハーと息をきらして早口にわめく四三の言葉を聞きとれなかった家族たちもやがてどっと歓声を上げた。

「よかった、よかった、なあ四三」

兄は節くれだったたくましい手で四三の肩をたたいた。母もポロポロと涙を流して喜んでくれた。「四三、お父さんにも報告するんだ」

ニコニコ顔の母と兄に付き添われて、四三は裏山の父の墓の前で手を合わせた。父が死んでから、ちょうど一年の月日が流れていた。〝お父さんがもう一年長生きしてくれたらなあ〟

その夜は赤飯を炊いて家じゅうで祝ってくれた。

「四三を中学にやっておいてよかったなあ、お母さん」

「ウン、ウン。実次、あんたが四三を中学にやると決心した理由が分かったよ」

母と兄の会話を聞きながら、四三はハナをすすり上げた。朝鮮に行っていた次兄の又作から「お祝いに」と金五円が送られてきたのはそれからまもなくだった。四三はその金で漢和大辞典を買った。

〝海兵へ〟の夢破れる

玉名中学四年生のとき、四三にとって思い出深い事件が二つあった。その一つは赤痢事件である。秋の修学旅行で広島へ行ったときのこと――。宿舎の夕食に出た料理のうち何か悪いのがあったらしく生徒のほとんどが下痢を起こして寝込んでしまった。だが四三だけは何ともない。〝オレだけは体が丈夫なのかな〟と得意になってウンウンうなっている友人たちを看病して回った。

ところが、集団下痢騒ぎもおさまって全員が帰校したその日から、こんどは四三が高熱を発してウンウンうなり始めた。寄宿舎へ医者を呼んで診てもらうと「赤痢」という診断である。四三はギョッとなった。伝染病患者が出たというので寄宿舎は鶏小舎にヘビが入ったような大騒ぎ。四三は直ちに近くの病院の隔離病棟へ運び込まれ、寄宿舎は役場から駆けつけた消毒班でごったがえした。

手当てが早くて大事には至らなかったが、ガックリきた四三は病室の天井の節穴を眺めて暮らす日がつづいた。病室の裏手の学校へ通ずる道を、玉中の生徒たちがガヤガヤしゃべりながら通って行く。四三は耳をすました。

「金栗が病気したけん、学校も休みになってええな」

四三はびっくりすると同時にしょげかえった。〝オレのために休校にまでなったのか〟と思うと大変なショックだった。おまけに自分の病気を友人たちは学校が休みになったと喜んでいる。

第二の事件は、海軍兵学校の入試不合格である。学力には自信があったし、どうにかして上級学校に進みたかった。しかし学資を出してくれる兄のことを考えるとそう勝手なことも言えない。思いあまってある日、兄に相談した。しばらく考え込んでいた兄は、「授業料のいらぬ学校ならいいだろう」と言った。

国費で行けるところは軍人か教員になる学校である。そこで四三は日本海大海戦以来の憧れであり、四年生からでも受験できる海軍兵学校を第一志望と決め、兄にも許してもらった。玉名中学からは、四三より二年先輩で同校第一回生の福田良三が、四年から海兵にパスして生徒たちの憧れとなっていた。福田は、戦後参議に当選した黒川武雄の実兄で、海軍中将となり支那方面艦隊司令長官も務めたことのある人物だ。

第二の福田をめざした四三は、身体検査が厳重だというので、ちょっと悪かった目の病気の治療に熊本まで通った。しかしこの結膜炎は受験のときまで全治せず、第一次の身体検査ではねられてしまった。

「一生のうち、あんな落胆を味わったことはない」と四三は述懐する。玉名中学からは四三と一緒に三人が海兵を受験したが、合格したのは元気者の荒木左右一人だった。翌年の夏休みになると荒木はスパッとした海兵スタイルで玉名へ帰ってきた。

「おう、金栗、どうしている?」

そう呼びかけられるのもなんだかシャクだった。

――後日譚だが――四三が高師を卒業して東京第二女学校に勤めているころ、街角で荒木左右によく似た高師制服の中年男を見かけた。よく見ると確かに荒木だ。

「荒木君」

声をかけると相手はギョッとしたらしく、しばらく四三を見ていたが「おお金栗さんか」と言った。久しぶりの再会に二人は近くの喫茶店に入って一時間以上も話し込んだ。荒木の話では、海軍少佐まで進んだが第一次大戦後の軍縮で軍人としての将来に見切りをつけ、教員になるつもりで高師に入ったのだという。

「金栗さん、あんたはいいことをしたな。オレたちは今から高師を出ても、生え抜きじゃないから校長にもなれん」

荒木は寂しそうに語っていた。

それから三十年近くもたった戦後、四三が熊本県教育委員長として熊本駐留アメリカ軍政部の教育課を訪ねたとき、またバッタリ荒木と会った。高師を出て朝鮮の学校に勤めていた荒木は終戦で引き揚げ、今は得意の英語を生かして通訳をやっているのだと言った。

四三があのとき海兵に合格していたら、《金栗提督》は実現しても、《マラソン王金栗》は生まれていなかっただろう。

〔新たな希望…大陸雄飛〕

海軍兵学校の受験に失敗して軍人への望みをなくした四三は、しばらくぼんやりした生活をつづけたが、やがて若者らしい新たな希望を抱くようになった。大陸雄飛の夢である。

玉名中学第一回の卒業生で、上海の東亜同文書院に行っている中島という人物がいた。たまたま休暇で帰省した中島とあっていろいろ話を聞いたことがその動機である。

東亜同文書院は、大陸雄飛や日中提携を目指す高等教育機関で、明治三十四年に東亜同文会（近衛篤麿会長）が日本の若人のために設立。政治、商業、農工の三学科があり、敗戦で閉校するまで五千人の卒業生を送り出している。

「支那はいいぞ。広くて思う存分暴れ回れる。男の中の男が行くところだ」

日清、日露の役に勝った日本はまさに日の出の勢いであった。掲げられた大陸開発の国策に、若人たちはぞくぞくと支那大陸へ送り込まれていた。四三たちの学友の何人かも渡支を希望していた。それに、四三にとって何よりの魅力だったのは、東亜同文書院は試験にさえ合格すれば、県費で勉強できるということだった。

〝これだったら兄貴も文句は言うまい〟

四三はさっそく実次に相談した。支那大陸は若人活躍の舞台であること、国策にも沿うこと、男の夢をみたしてくれる大地であること…などを長々と説明したあげく「しかも同文書院は県費で行けるんですよ」と強調した。兄としても、これには反対の理由はない。「まあよかろう」となった。

四三の心は、早や大陸へ飛んでいた。上海の町は相当に大きいらしい。そこの学校にオレは通うんだ。戦勝国民だから胸を張って歩けるだろう。時々は支那の珍しい産物を故郷の母や兄たちに送ってやる。勉強もうんとする。優等の成績で卒業すれば、やがて重要な地位にもつくことができる。そのころは支那語もうまくなっていて、何百何千の苦力（クーリー）たちを使う大仕事をやるんだ。支那の領土の何分の一かがオレのものになるかもしれん――。四三は寄宿舎の窓から、はるか西南の空をながめては胸を躍らせた。

東亜同文書院の試験は卒業の年の三月である。四三はそのときまでに、何らかのかたちで自信をつけておきたいと思った。そこで、あちこちの専門学校の入試要項をとり寄せて調べた結果、十月の末に熊本市で東京高等師範学校の出張入試があることが分かった。高師は広島にもあるが、どうせ受験するなら大都会にある学校の方が格好いいと思った。四三は兄に頼み込んだ。

「東京高師も受験させてくれ」

ただし同文書院の準備のための予行演習だということも力説した。これも兄は許してくれた。高師の試験は中学で習った全科目が行われる。その受験となればネジリ鉢巻の徹夜、徹夜が常識だった。しかし四三は、ただ同文書院の準備テストだという軽い気持ちだからあまり勉強もしない。九月の中ごろ、五家荘への遠足があって、上級学校への受験生はほとんど参加しなかったが、四三はこの遠足にも加わる余裕をみせた。

有佐から山道を歩いて五家荘へ着き、それから人吉へ抜けるコースだった。生徒たちの食料となる米は、人夫たちが運んだ。平家の落人が住むといわれる山間の集落を訪ねては〝ごいっしん（御一新＝明治維新）の世にこんな未開の土地が…〟と四三たちは目を見張った。石ころだらけで、ほとんど道らしいものもない藪の中を歩きながら、四三は大望を抱いて大陸の山野を歩く自分を思った。足には相当の自信をもつ四三も、この遠足には疲れ果てた。

帰ると、まもなく高師の入学試験だ。準備テストだとはいっても、やはり心配になったか、四三は一年生のときからの教科書を全部ひっぱり出して、その項目を読んでいった。〝ここにはこういう大事なことがあった〟とかなりよく思い出した。ちょっと不安なところがあると、きれいに整理しておいたノートをめくってみた。五年間の決算となれば項目を読むだけでも相当の日時を要する。〝面倒だなあ、どうせ高師の試験は練習だから〟と思いながらも、これが東亜同文書院の試験にも役立つんだと考え直してコツコツと項目を読んでいった。

〔初めての旅館泊まり〕

玉名中学からは、四三をふくめて三人が東京高師の試験を受けた。熊本市での試験場は、南千反畑町（今の白川公園）にあった県庁である。

試験場に近いところをというので県庁の筋向かいに宿をとった。修学旅行は別として、四三たちが旅館に泊まったのは初めてのことだ。三人は、宿の女中の茶の接待にもいちいちかしこまって落ち着かなかった。夜は机をまん中にもち出して、けんめいにさいごの仕上げをやった。あまり遅くまでやって睡眠不足になるといけないので十時ごろには床についた。

ところがセンベイ布団のためか、ゾクゾクするほど寒い。三人とも起き上がったが顔を見合わせるだけで誰も「布団をもってきて」とは言い出せない。旅館でそんなことを言っていいのかどうかが第一分からないし、もし女中を呼んで注文をつけたら、あら田舎の人たちは…といって笑われるかもしれない、というコンプレックスがあった。

ヤセ我慢しながらまた寝てはみたが、どうにも寒い。「よしッ」と決心した三人は、廊下との境のフスマをそっとはずした。布団の上にそのフスマを乗せて、いくらか寒さをしのぐことができたのか、そのままスヤスヤと眠った。

翌朝、眼をさまして三人は驚いた。布団の上にのせておいたはずのフスマが、ちゃんともとどおりに立てられているのだ。三人は顔を見合わせてニヤッと笑った。そこへ女中が朝のお茶を運んでくる。

「地震でもあったのかとびっくりしましたよ。フスマがみんな倒れていたんですよ。でもうまいぐあいに倒れてケガをされずによかったですね」

三人はまた顔を見合わせた。あわてて朝食をかき込むと三人は宿を出た。

「バレずによかったね」「イヤ、女中さんはきっと知っとったつばい」

とにかく初めての旅館泊まりで、内心ヒヤヒヤのしつづけだった三人は、試験の間じゅう、とうとう布団の増援を頼むこともできずに過ごしてしまった。

高師の試験は全科目だから、一日三、四科目ずつで三日間かかった。宿に帰ってノートを見たり、解答の結果を話しあったりすると、自分の試験の出来ぐあいにおよそ見当がついた。四三は、まったく手をつけない問題は一つもなかったし、どうにか八割方はできたと思った。

四三はこれで自信をつけた。とくに受験勉強というほどのものはしていなかったが、一年生のときから、毎日その日に習ったことは、その日のうちに理解してしまうという意欲的な学習方法をとっていたのが役に立ったのだと思った。〝この分なら同文書院も大丈夫だ〟と四三は張り切った。支那大陸をかけ巡る日のことばかりを胸に描いて高師の受験のことなどは忘れてしまっていた。

十二月の初めのある日。授業中の四三たちの部屋へ小使いさんが入ってきて先生に何か耳うちした。

「金栗君、すぐ校長室へ行きなさい」

四三はびっくりした。級友たちもいっせいに四三の顔を見た。「オイ、何かやらかしたのかい」と小声でささやく者もいた。

退学か謹慎などの処分は、授業中でもかまわず呼び出され、校長から長々とお説教をくったあげく処分結果を発表された。校長室へ呼ばれるのはロクなことじゃない――というのが、そのころの通り相場だった。

「級長の金栗が、何かやったんだ」

クラスメートたちのざわめきと、ひややかな視線を背に感じながら、四三は教室を出て行った。別に悪いことをした覚えはない。〝もしかすると、東亜同文書院の受験について兄が何か校長に言ったのではないか〟と思ったが、そんなことをする兄ではない。四三は不思議に思いながらおそるおそる校長室のドアをたたいた。

〔高師進学を決める〕

「お入り」

ドアの奥から校長のはずんだ声がきこえた。四三が部屋へ入ると、校長はニコニコ顔だ。

〝叱られるんじゃないな〟――四三はほっとした。

「金栗君おめでとう」と校長が手をさし出す。四三はまだ何のことか分からず、「ハー」と言っただけで校長の顔を見つめた。「金栗君、東京高師合格おめでとう。君もいよいよ先生になるんだな。よかった。よかった」

四三は〝なあんだ〟と思った。高師受験のことなど忘れてしまっていたし、合格したって先生になる学校へ行く気はさらさらない。

校長は愉快でたまらんといった顔でしゃべりつづける。「熊本県から四人が合格した。そのうちの二人がわが玉名中学の生徒だ。君と美川秀信君だ。わが校のためによくやってくれた」と大変なご機嫌である。

「家の人にもすぐ連絡したまえ」

「ハイ」

玉名中学校４年の四三

四三は最敬礼をして校長室を出た。〝オレが高師に合格したというのが、そんなに学校の名誉なのか。だが、これは大変なことになったぞ。兄貴に言えばもちろん喜んでくれるだろうが、その後が危ない〟

教室に帰ると、また級友たちがいっせいに四三の方を見る。「何ばおごられたつか？」といちばん前の席にいる生徒が聞いた。四三はニヤニヤするだけ。教壇の前を通るとき先生が小声で言った。

「高師のことだろ」

「ハイ」

「よかったな」

生徒たちにも聞こえたとみえてみんながワッとわいた。「すげェなあ」「金栗よかったなあ」と口々に祝ってくれた。四三が教室を出て行くとき「何ばやらかしたつか?」と小気味よささそうにささやいた生徒が、こんどは「おめでとうッ、金栗君ッ」と言って手をたたいた。みんながどっと笑った。

寄宿舎へ帰ってから四三は考え込んだ。〝みんなオレが大喜びだと思ってオゴレ、オゴレという。だがちっともうれしくなんかない〟。兄に報告した後のことが心配なのだ。

〝高師受験の話をしたとき、これは、東亜同文書院受験の準備のためだ、と念を押しておいた。どんなことがあっても高師には行かんぞ〟

そうハラを固めて、四三は一週間後に中林の自宅へ帰った。四三は兄の前に正座して言った。

「高師から合格したと通知がありました」

「それはよかった」

「しかし、私は高師へは行かんつもりです。高師受験の前に兄さんにもお話しした通り、これはあくまで同文書院受験の準備のためだったからです」

「フム、フム」と兄はもっともらしくうなずいた。四三は勢いに乗ってまくしたてた。

「高師に行ったとしてもどうせ校長ぐらいにしかなれん。ボクは支那へ行きます。同文書院を出て成功すれば大財閥にもなれます。もう決心しましたので報告します」

兄の出鼻をくじくつもりで四三は一気にしゃべりまくった。

「それで?」と兄は言った。

「兄さんのお許しをうけたいのです」

「そうか。許しをうけに来たのならオレの意見もちょっと言わしてもらおう。高師も同文書院も金がかからん点は同じだ。ただし高師はすでに合格した。同文書院の方はまだ合格するかどうか分からん。お前は『支那へ行ったら…』とさかんに言うが、高師を断わった後で同文書院に落ちたらどうするんだ。ここで百姓をするか？ 理想論だけでは危険だ。高師に合格したら、そこへ行くのが自然だ。高師だって立派な学校だ。教育者になるための最高学府ではないか。中学の先生になって、平凡でも平和に暮らせたら、それが将来のためだと思う」

「同文書院には絶対に合格する自信があるから」と四三も反撃したが、兄の確たる正論には勝てなかった。母は「お前たち兄弟で決めなさい」と言う。

一晩中考えたあげく四三は東京高師へ行く決心をした。全ての点で父に代わって面倒をみてくれている兄に対して最後まで反抗する気にはなれなかったからである。

〈相撲とって大ケガ〉

その年、熊本県から東京高師に合格したのは、師範の平野芳洲、鹿本中学の臼杵東興、それに美川秀信と金栗四三の玉中組、合わせて四人であった。

気はすすまないながら、兄との相談で高師行きを決心した四三は、学校へ出ると「兄も非常に喜びました」とだけ校長に報告した。

それからまもなく四三は大ケガをした。夕食の後運動場で相撲をとっているとき、下駄ばきの相手から右の向う脛をはらわれて横転した。倒れたままなかなか起き上がれない。脛から血が流れているわけではないが、すごく痛むのである。一晩中眠れなかった。翌日医者へ行くと「打撲傷だ、やがてなおるよ」ということで薬を塗ってくれただけ。

だが、日が経つにつれて四三の右足は異様にはれ上がってきた。寄宿舎の自室でウンウンうなって寝ていたが、後には便所へも行けぬほどの激しい痛みとなった。まもなく試験だというのに授業にも出られず、寝たきりの四三を心配して、舎監は中林の兄に手紙を出した。

大ケガをしたと聞いて驚いた長兄は、その翌日、一人の若い男に馬をひかせて寄宿舎へやってきた。四三はひどい足の痛みで、馬に乗って五里の道を家へ帰ることなど思いもよらない。しかし担架もなければ人力車も自動車もなかった。四三は右足をひきずりながら、押し上げられるようにしてやっと馬にまたがった。

田畑を吹き抜ける風は、肌を刺すように冷たい。兄や馬をひく若者は襟巻きに顔を埋め、エビのように曲がって北風を避けながら歩いて行く。馬も速度をおとしてソロリ、ソロリと歩く。だが四三は激痛で顔面そう白。額からはタラタラと脂汗が流れた。さすがの元気者も悲鳴を上げた。

「痛い、兄さん痛いよォ、何とかしてくれ」

兄は途中から道を変えて、隣の大原村に住む石山という伯母の家へ寄った。もう夜の十一時を過ぎていた。話を聞いてびっくりした伯母は、すぐ床をのべてくれた。

四三は一睡もできず夜をあかした。明け方に患部が破れてたくさんのウミが出た。それから痛みも和らいだのか、十時近くまでぐっすり眠ることができた。

ふたたび馬の背に揺られながら、午後になってやっと家に帰りついた四三は、村の医者にかかり、そのまま二月の初めまで学校を休んだ。学校も、すでに東京高師に合格しているのだし、全快するまでゆっくり休んだらよかろうとの判断。このため四三は中学さいごの学期試験も受けることができず、一ヵ月近く家で寝たままの生活をおくったのである。

足の傷もなおり、久しぶりで寄宿舎へ帰ると、まもなく東京高師から手紙が来た。入学式の前に身体検査と口頭試問をやるから上京してくれというのである。四三と美川秀信の二人は、さっそく家へも連絡して上京の準備にかかった。三月初めには布団や衣類をまとめて送り出した。
四、五日して四三たちは教師や寄宿舎の仲間に別れを告げて東京へ向かった。高瀬駅（今の玉名駅）から汽車に乗ったが、いわゆる各駅停車の超鈍行。東京に着くまでたっぷり二昼夜かかった。
二人とも修学旅行で広島まで行ったことはあるが、こんな長旅は初めてである。おまけに乗り物に弱かったので胸はムカムカの連続だった。二昼夜の間に小さな握り飯を一つ食べただけで、ほとんど口もきかずヘトヘトになって東京に着いた。初めて見る途中の景色もとんと記憶に残らなかった。

新橋駅（東京駅はまだなかった）には玉名中学の出身で高師の学生だった渡辺秀雄という先輩が迎えに来てくれた。東京での宿はお茶の水の近くの紅梅館だった。この宿で卵をはらんだヒラメを食わせてくれたが、そのうまかったこと——その味は今も四三の記憶に残っている。

口頭試問も身体検査も無事パスした。まだホウタイをまいていた右足も医者はちょっと見ただけで「よかろう」と言ってくれた。二人は旅費の関係から、わざわざ帰郷して玉名中学の卒業式に出ることもないだろうというので、そのまま紅梅館で高師の入学式を待った。神田かいわいをぶらついたり地図を眺めながら、おそるおそる上野あたりまで見物に出かけたりした。

高師に入る

〔熊本の先輩・福田源蔵を慕う〕

明治四十三年四月十日、四三と一緒に東京高師入学を許されたのは約百五十人。当時の校長は講道館の創立者として有名な嘉納治五郎であった。

入学式の日、新入生の前で演説した嘉納校長の言葉は、若人たちの胸を高鳴らせるに十分な希望にあふれたものだった。その演説の中に次のようなくだりがあった。

「大日本帝国の将来は、全国の若人たちの手に握られている。国力はすなわち若者たちの力だ。高師は中学校の教員をつくることをもってその目的としている。五年後、十年後の青年は君たちの手で育てられるのだ。教員たる職務を全うするには《広い知》《清潔な心》《たくましい体》が必要である。そこで東京高師は諸君の心身練成のため準正課として体育をやることにしている。全員が何らかの運動部に所属し、放課後はそれぞれの体育に汗を流して健全な心、健全な体を養ってほしい」

当時まだ五十歳そこそこだった嘉納校長は精気にあふれていた。百五十人の生徒たちもみな感激した。

東京高師は全生徒が寄宿舎に入ることになっていた。いわゆる教養課程で全科目の授業を受ける一年生を予科生、いよいよ専門の学問に入る二年生以上を本科生と呼んでいて、四三たち予科生は、入学式の日からお茶の水の寄宿舎に入れられた。

お茶の水の寄宿舎は、以前同高師の校舎があったところで、四三が入学したころにはすでに大塚に移っていて、そこを本校と呼んだ。二年生以上の本科生の寄宿舎は大塚の本校の近くにあった。寄宿舎の生徒監は永井道明といった。永井は博物科の出身だが、体育にも非常な見識をもち、文部省の命令で明治三十八年十一月から欧米体育研究のため三年間、欧州各地を巡ってきた。スウェーデン体操の普及に骨を折ったり、スキー技術の導入に力を注いだのも永井で「わが国体育の先駆者の一人」だと四三たちは聞いた。

その永井をたすけて、直接寮生の面倒をみたのが、後に熊本中学校長として令名をはせた福田源蔵（熊本鉄道高校長）である。福田生徒監補はいかにも九州男児らしい言動で、寮生たちから兄のように慕われていた。

地歴科の一年生は十二、三人で、四三をはじめ同じ熊本の平野芳洲、鹿児島の木藤重徳、大分の江田一策、沖縄の上野菊晴などクラスの三分の一を占める九州出身組はとくに福田から目をかけてもらった。〝熊本人の最もいいところを集めているような人だ〟と四三は福田の風格に心を打たれた。

福田は忙しい寄宿舎の事務のかたわら、コツコツとよく勉強していた。専攻は四三と同じ地歴だったが、ドイツ語の知識も大したもので、週に一、二回も希望者を集めてドイツ語の勉強会を開いた。四三も勧められて二学期からその勉強会に加わった。

テキストは「ドイツ語入門」といったもので、まったくの初歩からかんでふくめるような教え方であった。四三たちより僅か五、六年の先輩でふだんは非常に身近に感じられる福田だが、ドイツ語の勉強会になると四三たちの遠く手の届かない存在のように見えた。

東京高等師範学校時代　級友らと（２列目右から２番目。前列中央は校長嘉納治五郎）

入学式のとき嘉納校長が話した放課後の体育で、四三は剣道を選んだ。大塚に寄宿舎のある本科は十幾つかの種目に分かれて、それぞれすきな運動をやったが、お茶の水の予科組は剣道と柔道の二種目しかなかったからである。

四三は困った。中学時代、剣道が嫌いで最もニガ手だったからだ。かといって柔道はもっと自信がない。剣道を始めたころ四三は最もヘタクソの六級を与えられた。しかし、一年間はこれをやらねばならないのなら――と奮起した。

打たれても打たれても四三はひるまなかった。持ち前の粘りを発揮しての猪突猛進である。熱心さというのは恐ろしいもので、三学期には二級まで進み、剣道をやる仲間のうちでも上位になった。

〝物事は初めから自信がなくてもやろうと思えばやれるものだ〟

こう感じとったのが四三の最大の収穫であった。

〔銚子までボート遠漕〕

お茶の水の寄宿舎から小石川大塚の学校まで、たっぷり四キロはあった。寄宿舎の近くから春日町まで市電も開通していたが、生徒のほとんどは一里の道を歩いて学校に通った。ふつうに歩くと約四十五分の距離であった。

授業開始が八時十分だったので、舎生は毎朝七時二十分には寄宿舎を出た。ところが四三は小さいころの駆けっこ通学で足に自信があったので、走ってこの道を往復することにし、他の舎生たちより二十分ほども遅れて寄宿舎を出る。途中どんどん走って行くと、たいてい講道館の南にある富坂あたりで同僚たちに追いついた。「ヤッ、失敬ッ」と声をかけて追い抜くとまもなく学校である。四三は他の生徒より早く学校に着いた。これが毎日のことで、同僚たちはびっくりした。「金栗という男は韋駄天だなあ」という評判もたった。同じ地歴科にいた山根徳太郎（大阪市大教授）などは「金栗の足が人一倍長いように感じた」という。

冬は破れた靴の間から雪が入り込んで、学校に着くころには足の感覚がなくなっていた。四三は体を鍛えるつもりで往復の駆け足通学をやったのである。同僚の平野芳洲は、どこへ行くにも電車を使わなかった四三について「入学後まもなく、電車の乗り換えのことで車掌から小言をくったのに憤慨していらい、電車とエンを切ったのではないか」とも言っているが…。とにかくマラソン競走などまだ四三の眼中にはなかった。

運動としては、放課後の剣道の他に、ボートの練習をしたが、これも体をつくるという四三の考えの表われにすぎない。東京高師では、毎年五月ごろ隅田川で文、理科対抗のボート選手権大会が開かれた。メイン・イベントは文科と理科の学生から精鋭をすぐっての対抗レースで、この他に学年別の文理科対抗レースもあった。

四三は一年生のとき、志望してこのレースに出場することになり、大会前は日曜ごとに練習に出かけた。ボート部の先輩が初歩から指導をしてくれるが、その練習はすごくつらかった。足には自信のある四三も腕と腰、それに皮膚も破れるほどの尻の痛みにはまいった。しかし決して弱音を吐かない。ボート部員に負けるものかとけんめいにオールをひいた。

四三のがんばりにはベテランの先輩たちも感心したらしい。将来のホープだというので、みんながかわいがってくれた。大会が終わった後も、時折隅田川の艇庫に顔を出して、オールを握ったものだ。

十二月は二十日ごろから冬休みになった。ある日、福岡の出身で田中というボート部の先輩が四三を呼んだ。

「一週間ばかりの遠漕をやろうと思うがどうだ、お前も一緒に来ないか」

四三は学生生活の楽しみもこういう催しに参加しなければ分かるまいと思って「迷惑にならんなら連れていって下さい」と頼んだ。

四三たちは二食分の食料をボートに積みこんで艇庫を出発した。十二月の末で相当な寒さである。隅田川の川風は針で刺すように痛かった。耳や鼻は凍りついてちぎれそうだ。両手は感覚を失ってコチコチに固まってしまうかと思われた。

初めのうちはみんなにつられて歌を歌いながら漕いでいた四三も、二、三時間後には声も出ないようになった。体の中はホカホカとぬくみをもってくるのに、手先から顔はあい変わらず石膏のようにこわばったままだ。昼ごろになると全員オールを流して握り飯を食った。オールから手をはなすときは皮までいっしょにはげるかと思った。荒川を通って利根川の本流に漕ぎ出し、夜は宿場、宿場に泊まりながら千葉県の銚子に着いたのは三日目だった。

帰りは流れにさからうのだからもっとつらい。漕いでいるときは寒さで分からないが、手にはいくつものマメができ、そしてつぶれた。尻の皮も破れて血がにじんだ。しかし誰も「痛い」とは言わない。四三だけが悲鳴を上げるわけにもいかず、力をゆるめても全体にひびくので、けんめいに歯を食いしばりながら、やっと隅田川の艇庫に帰りついたのは一週間後の午後であった。

〔校内長距離競走で25位〕

そのころ、東京高師では嘉納治五郎校長自らの創案になる春秋二回の校内長距離競走が行われていた。全校六百人の生徒が参加して春は三里、秋は六里の道を駆け抜くのである。嘉納校長も巻脚半姿でこのレースに参加した。目的地にたどり着けば、そこには模擬店などもつくられていて、酒やビールは飲み放題。教授、先輩、生徒が入り混じっての大園遊会を開くという趣向だった。

高師は全生徒が寄宿舎生活だったし、遠く国もとを離れている生徒たちにとっては、このうえないレクリエーションであり、心身の洗たくでもあった。四三の入学した年の春のレースは、赤坂区の青山師範学校校庭から、道玄坂を通って多摩川遊園地までの三里のコースだった。

生徒たちの服装は柔道着姿や半ズボン、シャツ、パンツとまちまち。はき物も足袋、運動靴、ハダシといった珍妙な格好であった。体に故障があったり、足に自信のない者たちは三十分ぐらい前に出発して目的地に向かった。四三にとっては生まれて初めての競走である。出発時刻が迫るとなんだか落ち着かない。勝ってやろうとか何位になろうという野心はないのだが、なんとなく足が震えてくる。そのうち緊張のあまり尿意をもよおしてきた。走っている途中でもれては大変だと思って、四三は校舎の裏側へ行って、ウロウロと便所をさがしたが、なかなか見つからない。そのうち出発の合図らしい号砲が轟いた。

四三はびっくり仰天。〝しまった〟と思ったがもう間に合わない。やっとのことで便所を見つけ大急ぎに用を足して校庭へ駆け戻ったときには、もう生徒たちの影も形もなくなっていた。

四三は青くなった。ゴールが多摩川遊園地だということは聞いていたが、さてどの道をどう走ったらいいのかさっぱり見当がつかない。途方にくれていると「コラッ、何ばボヤボヤしとるッ」と熊本弁でどなる者がある。出発地点の後始末をしていた生徒監補の福田源蔵だった。

四三がその方へ駆け寄って行くと「何だッ金栗かッ、今ごろ何ばしとるッ」とえらい権幕である。

「すみませんッ、叱るのは後にして下さい。コースはどっちですか」

大あわての四三がよほどおかしかったのか、福田は噴き出した。

道順を聞いた四三は一目散に校門を駆け出した。文字通り命がけの力走である。あらん限りの力を振りしぼって走ったのは四三にとってこの時が初めてだ。しかし、行けども行けども、なかなか学友たちの姿は見えない。〝ハテ、道を間違ったかな〟と心細くなりながら駆けてゆくと、道玄坂にかかるころやっと最後尾の四、五人がフラフラ走っているのが見えた。

四三はここでホッと一安心、僅かにスピードをゆるめながらみんなと一緒に走った。別にがんばっているつもりはないが、四人、五人…と簡単に追い抜ける。四三は面白くなった。調子に乗ってどんどん駆けつづけるとやがてゴールに着いた。審判の先輩が「二十五番ッ」と四三の背中をたたいた。

六百人の生徒のうち25位といえば相当なものだが、四三は別にうれしくもなかった。さすがに疲れはててボンヤリ芝生に寝転びながら〝スタートにヘマをやらなければもっと順位は上がったろう〟と考えたりした。

次々に生徒たちがゴールインする。フラフラになって倒れる者もおれば、ゴール寸前猛烈な勢いですっ飛ばして来る者もある。しんがりが入ってくるまで、三十分近くも待った。「さあ賞品授与式だ」という声に四三も立ち上がろうとしたが、足腰がすっかり参ってしまったのかギシギシと痛む。

やっとのことでみんなと一緒に整列した。嘉納校長から「みんなよくやった」と話があり拍手のうちに3位までの上位入賞者がメダルをもらった。これが終わると大園遊会。教授も生徒も酒やビールに酔いしれてムシロの上に寝てしまうほどのなごやかなパーティだった。

〔怪物だった柔道日本一の徳三宝《とくさんぽう》〕

春の校内長距離競走が終わってまもないある日曜日、四三は四、五人の友人たちと東京市郊外の堀切というところへ菖蒲見物に行った。その帰りに上野公園の付近を通ると、大勢の人が集まってワイワイ騒いでいる。「何ごとですか」と聞くと「競走だ」という。見ると鉢巻きをしめ、シャツ、パンツ姿の若者が不忍池の周囲の道路をドンドン駆けている。選手が通過するたびに、黒山の人だかりから「××ガンバレッ」「〇〇さんしっかりッ」とすごい声援だ。「やはり××は強いな」「あの分じゃ記録が出るぞ」と話し合っている者もいる。

四三は《競走》なるものを初めて見た。そして競走とはこんなにも人気があるものかと驚いた。寄宿舎へ帰ってからも「東京の人たちはよっぽど暇なんだな」「モノ好きもずいぶんいるものだ」と話し合って笑った。

翌日の新聞を見ると、『井手伊吉（慶大）優勝す』という見出しで、そのレースの模様がこまごまと書かれてあった。読んでいくと、昨日のあのレースが、上野不忍池周回競走で、冒険小説で有名な押川春浪らが関係する博文館の少年雑誌社が主催している大会だったことも分かった。記事の中には《韋駄天》という言葉が盛んに使われている。井手伊吉と韋駄天という言葉が、奇妙に四三の頭に残った。井手は当時東京でも評判のランナーだったらしい。

話は変わるが、このころ四三の記憶に今もはっきりと残る人物がいた。宇土虎雄との大試合でも有名な柔道の徳三宝である。徳三宝は四三より一年先輩で、文科兼修体操専修科に籍をおいていた。四三は入学当初まだ徳三宝の名を知らなかったが、ある日体操の時間にこの体操専修科の生徒とたまたま一緒になった。

四三たちの隣の鉄棒でその授業が行われている。中に六尺豊かな偉丈夫がいて、実に不器用なぶら下がり方をする。教授が「お前は、腕力はあるが、鉄棒に下がると何とも不格好だな」と言って笑う。生徒たちも笑った。大男はまっ赤になって歯を食いしばりながら、蹴上がりをやろうとするが、うまくいかない。

そのうち隣りの鉄棒に下がっていた四三たち地歴科の生徒の一人が、「キッキッ」と妙な声で笑った。その声を聞いて大男は怒った。笑った生徒のところへ駆け寄るが早いか、たちまち鉄棒から引きずりおろし、たった一発で殴り倒してしまった。みんなびっくりしたが、教授は「徳、怒るな、怒るな」と言っただけ。この大男には一目置いている様子だった。「あれが柔道日本一の徳三宝だ。狂暴だからあまり寄りつかんがいい」と四三は後で友人から聞かされた。

元気盛りの生徒たちにとって寄宿舎の飯は足りない。そこで夕食後校内の売店へ行って、パンや大福を食いなおす者も多かった。四三もその一人。ある日売店に行くと徳三宝がどっかと腰をすえ、五十あまりも入った大福の箱を前においていて、ニヤニヤ笑いながらつまんでいる。他の生徒たちは徳に一人占めされて食うものがなく、ボンヤリその食欲の旺盛さを眺めるばかりだ。たまりかねた一人が「徳さんご免」とばかりその大福を横からつまもうとして、たちまち殴られた。翌日から「徳が来ないうちに」と早めに売店に駆けつけて大福を食ったものだ。

柔道場に帽子をかぶったままノコノコ入ってきたというので、ある一年生は徳三宝からどやしつけられ、耳の鼓膜を破った。学校でも問題になりかけたが、結局殴られたやつが悪いというので、その生徒は泣き寝入りとなってしまった。

そんな徳三宝だったが、四三にとって頭の下がるような偉さももっていた。冬になると柔道部は朝の五時ごろから寒稽古をやるならわしだったが、徳は午前三時ごろから寄宿舎を抜け出して春日町講道館の練習に顔を出し、それからまた大塚の高師道場に通って汗を流すという日課をつづけていた。

〝日本一になるほどの人物は、やはり人並み以上のモノをもっている〟

強くなるためには二倍の練習が必要だと四三は感じた。後年、マラソンを志した四三が、つねに人の二倍の練習をやり通したのも、この徳三宝の柔道に対する執念に、ひどく心を打たれたからである。

〔富士山征服　途中で断念〕

毎年七月十日からの夏休みになると、体育科の生徒と一年生全員は千葉県北条の館山湾に出かけ、二週間の水泳訓練を受けることになっていた。深川から東京湾汽船に乗って房総半島南端の館山湾へ向かうのである。

汽船といってもふだんは魚の運搬をする小さな船だ。魚の匂いがプンプンするし、すごい揺れで四三は初の船旅に酔った。四時間かかって館山湾に着いたころには、目の前が真っ暗になるほど疲れていた。館山湾は遠浅だが、一面の砂浜で波もない格好の海水浴場。その近くに高師の水泳合宿所があった。

泳ぐことにはあまり自信がなかったが、山育ちの四三にとって、太平洋の黒潮はすばらしい魅力だった。午前、午後の二回の訓練が終わるころ、灼熱の太陽はもう西に傾いている。海の向こうに富士山が見えた。暮れなずむあかね色の夕焼け空をバックに、薄むらさきの裾野をひろげる富士の姿はたまらなく美しかった。

夕食がすむと四三は必ず海岸へ出た。斜陽の角度が深くなるにつれて、富士は千変万化の錦絵を描いた。〝富士山に登ってみたい〟と四三は思った。水泳訓練の終わる日が待たれてならない。ニガ手の泳ぎも富士を思うことによっていつか楽しみなものになった。

東京へ帰るとそれからが本当の休みだ。玉名中学時代からの学友美川秀信と故郷へ帰る支度をしながら「富士山に登ってみないか」と誘った。美川も乗り気で東京を発った。

そのころの東海道線は、まだ丹那トンネルができておらず、国府津から富士の裾野を通って沼津へ出ていた。二人は御殿場の駅で汽車を降りた。

和服、ハカマに下駄ばき、教科書の詰まった雑のうをコウモリ傘の柄にひっかけ、高師の制帽をかぶった二人は、テクテクと御殿場の登山口へ行った。このスタイルで一気に頂上を極めようというのである。時計は午後の一時を回っていた。登山道がどんなものであるかも知らず、ただ残雪の富士の頂だけをめざす二人の意気は、まさに盛んであった。

砂と石ころだらけの登山道を黙々と歩いた。二、三里いくと太郎坊に着いた。これからが本格的な上りである。他の登山者たちはモモ引きに脚半姿、金剛杖を手にしている。みんなが二人の格好をジロジロと眺めていった。コウモリ傘を杖にしながら急坂に挑んだ。途中で石室のオヤジが声をかけた。「ワラジをはかなけりゃ無理だよ」しかし、二人は耳もかさない。実は房総半島の水泳訓練で金を使いすぎたため、懐が寂しいのである。食料も固パンをそれぞれ二食分だけ。何とも貧相な登山者であった。砂だらけの道に下駄がすべり、石コロにつまずいては足の指から血が流れた。

五合目あたりで夕方になった。「そんな格好では危ないですよ」と注意してくれる人もあったが、二人はかまわず登りつづけた。七合目ですっかり日が暮れた。残念だったがここで二人は、やっと頂上征服をあきらめ、下山することにした。綿のように疲れて御殿場へ帰りついたときには、夜もすっかりふけていた。

遠くから眺めると優雅な山容をみせる富士山も、登ってみるとなかなか意地の悪い山であると思った。このときから、四三は富士征服の鬼となる。それは執念であった。

九州へ帰る二昼夜の汽車の中で二人は弁当を買う金もなく、腹ペコペコで矢部川の駅（今の瀬高駅）に着いた。相談のすえ、美川の兄が勤めている南関町の小学校へ行こうということになった。矢部川から三里半の道のりである。真夏の太陽に照らされ、途中で水ばかりグイグイと飲みながら、昼すぎになってやっと南関小学校へ倒れ込んだ。

「電報でも打てばよかったのに」と美川の兄は驚いたが、さっそく飯を食わしてくれた。二人はガツガツとむさぼるように胃の腑へかき込むと、宿直室でゴロリと横になった。富士の疲れも一緒に出たのだろう。翌朝まで泥のように眠りこけた。

中林の家へ帰ると、まっくろに日やけし、体格もいくらか頑丈になった四三を見て、家族は驚いた。「都会に行ったから青白い、ヒョロヒョロになってくるかと思ったのに」と喜んでくれた。休みの間じゅう、四三は畑へ出て兄の農事の手伝いをした。

〔マラソンへの道―秋の校内競走で3位に〕

二学期になるとまもなく、秋の校内長距離競走が行われた。コースは、大塚の高師本校から板橋へ抜け、中山道を北上して浦和を通り大宮までの六里である。とくに練習はやらなかったが、春の大失敗があったので、四三も慎重にこのレースにのぞんだ。

押しあい、へしあいで校門を出ると、前も後ろも長い競走の列である。人波にもまれながらたんたんと走りつづけた。途中からしだいにスピードを上げて上位へ進出する。隅田川の上流、荒川の橋の近くになるともう前方にほとんど人影もなかった。

大粉町を一気に駆け抜けた。そこが浦和市であることは後で知った。どこがどのあたりやら、初めての道でまるきり距離の観念がないのだから、四三はゴール近くでラストスパートをかけることもしない。

一時間半以上も走ったろうか、やがて松並木の道にかかると十五、六人の先輩が立っていて「決勝点だ」と言う。四三は何かあっけない気持ちだったが、六里を無事走り通せたということでホッとした。

「オイッ、お前は三等だ。何年生かッ」と審判員が叫ぶ。「予科の金栗です」と言うと「ナニ？　予科か」とびっくりしたようすだった。ゴールは大宮氷川神社の参道入り口であった。

レース終了後、氷川神社の境内で恒例の秋季園遊会が開かれたが、その前に全校生徒を集めて嘉納校長の講評、訓辞があった。まず成績発表。1位は最上級生の綿貫哲雄だった。綿貫は徒歩部ではなかったが、ガッチリした体格。学問もでき、高師卒業後東京帝大の哲学科に学び、後に哲学博士にまでなった。嘉納校長の長女を細君にしたが、いわゆる文武両道に秀でた人物を校長に見込まれたのだろう。

「第2位、平田芳亮」と呼び上げられるとみんながワッとわいた。「徒歩部は何をしとるかッ」というのである。平田は三年生で徒歩部の主事をやっていた。いつのレースでも1位は徒歩部のものと決め込んでいたのに、専門家が素人にやられてしまったのだから、あちこちからヤジがとんだのも当然だ。

「3位は予科の金栗四三」。とくに予科という言葉が加えられていた。上位三人は一歩前へ進んで嘉納校長からメダルをもらった。

嘉納校長はその講評の中で「みんなよく走った。中でも予科生の金栗が3位に入ったのは立派である。予科でメダルをもらったのは例がない。もう一人、8位に橋本という予科生が入っている。10位のうちに二人も予科生が入ったというのは私の記憶にも少ない。珍しいことだ。下級生諸君も一人でも多くの上級生をまかすようがんばってほしい。と同時にこの競走の苦しさに耐えた闘志と粘りで勉強にも精出してもらいたい」と述べた。そして四三と橋本はみんなの前で紹介された。

四三はうれしかった。嘉納治五郎の、校長という遠い存在が、この時から慈父のような親しみに変わった。

寄宿舎に帰ると、すぐ郷里へ手紙を書いた。レースのもよう、校長から褒められたこと、メダルには選手の像が刻まれて一銭銅貨ぐらいの大きさであることなどを…。

しばらくして母から返事が来た。ニヤニヤして封を切ると、長兄の代筆である。その内容は四三にとって意外だった。喜んでくれるかと思ったら逆に小言である。「六里の道を走るなんて大変なことだ。学校の行事なら仕方ないが、無理をせずに歩く程度にしなさい。お前を東京にやったのは勉強をさせるためだ。走るためではない。走って身体をこわしたら勉強もできないではないか」という意味のことが書いてあった。四三はガッカリした。

「母はまだオレを小学校時代のひ弱な少年とばかり思っている」

このことがあってからは、校内長距離競走のことも、オリンピック予選で勝ったことも四三は家に知らせなかった。〝親というものは子どもの想像もつかぬくらいの心配をするものだ〟と思った。

四三が後年、女子体育に力を注いだのも、結局は母親に十分の理解がなければ、せっかくの子どもの素質の芽を摘むことになる、という思いからであった。

母や兄の忠告の手紙にもかかわらず、四三はいつの間にか走ることに大きな執着をもつようになったが、このことについても〝人並み以上の体力をつけておかなければ、人一倍の勉強もできるものではない〟という立派な理由からであった。

〔独習で音痴を直す〕

東京高師は嘉納校長の意向で大いに体育を奨励したが、勉強の方もなかなか厳格であった。一年生の間は、いわゆる予科生として全科目の授業を受け二年生の本科に進んでから、それぞれ専門の分野に進んでいく。予科のときの成績が悪ければ、本科へ進んでも見込みなしというので、なさけ容赦もなく放校処分になった。そこで予科の間はみんな目の色を変えて勉強したものだ。四三も夜は机にかじりついてがんばった。

「予科は全科目」で、その中には音楽もあった。四三が四苦八苦してつらさを味わったのは音楽である。玉名中学のときは唱歌の時間はなかった。師範出身の生徒たちは音楽など鼻唄まじりでやってのけたが、ドレミファも知らない四三は、この科目にとくに力を入れた。なにしろ一科目でも年間の平均成績六十点以下があれば、本科への進学ができず放校になるのだ。その上音楽担当の山田源一郎教授はとくに厳格だという。

授業のとき他の生徒の前で歌わせられるのには閉口した。歌わなければ、どんな成績になるか分からないし、思い切って歌うとみんなが笑い、山田も「金栗は音痴ではないかな」と首をかしげる。恥ずかしくて音楽の時間は死ぬ思いだった。

二学期になるころから、四三は思いついて独学の音楽練習を始めた。寄宿舎の隣の湯島聖堂へ行って、ドレミファの練習をするのである。ここにはほとんど誰も来ないので思い切って練習ができる。

夕食後、自習時間がくるまでの時間、毎日湯島聖堂へ出かけた。授業のとき習った要領で、口を大きく開き何度もドレミファソラシド、ドシラソファミレド…とくり返すのだ。時折ブラリと散歩にやってくる友人に「何をしているのか」と聞かれて「実は…」と、まっ赤になりながら、事の次第を説明する。友人は「フーン、感心なやっちゃ」と冷やかし半分に褒めてくれた。

二学期の終わりごろの音楽の時間に、また四三がみんなの前で独唱をすることになった。

「金栗君」と山田が指名するとヤンヤのかっさいである。例によって恥ずかしそうに歌い始めたが、みんな「オヤ」といった顔をしたまま笑う者はいない。山田もいつもと違ったまじめな顔で、盛んに首をかしげている。

生徒たちはあの四三が突然変異のようにうまくなっているので、期待はずれのようだったが山田は「金栗、なかなか音階がよくなったぞ。誰かに教わっているのかい」と褒めてくれた。誰かが「湯島聖堂」と小さな声で言う。そこで四三も「実は…」と湯島聖堂独学のくだりを説明した。すると山田は感激し「偉い、金栗は立派だ。お前のような心がけなら何をやっても成功するぞ」と手ばなしの褒めようだった。

このおかげかどうか、四三は一年の終わりの成績も全科目無事パスして待望の本科へ進むことができた。

同じ玉名中学出身の美川は、どうしたつもりか、ふだんからあまり勉強はしなかった。「オレは教員が大嫌いなんだ。高師を出て先生になると思うとゾッとする」とも言っていたが、果たして予科一年間の成績も芳しくなかったようだ。お茶の水での一年間を終えた同級生たちがそろって大塚の本校寄宿舎に移るころ、美川の姿は校内には見当たらなかった。

四三は何でも語りあえる友を失ったような気がして寂しかった。〝美川がああ言っていたとき、うんと忠告してやればよかった。何とか説き伏せて奮起させておけばよかった〟と思ったりした。

四三は郷里の母や兄に「何とか無事進級することができました」と喜びの手紙を書いたが、美川のことについては誰にも言わなかった。

徒歩部の生活

〔宿命の徒歩部に入る〕

明治四十四年三月、四三たちは東京高師の予科を終え、お茶の水の寄宿舎を出て、小石川大塚の本校寄宿舎へ移ることになった。本科へ進むと放課後体育の運動部も水泳、ボート、庭球、柔道、剣道、徒歩…など十幾つの部門に分かれている。本校寄宿舎の部屋割りは、運動部門別というしきたりである。

全校生徒が何らかの部に属するのが学校の建前であり、部に所属しなければ自分の部屋も決まらない。そこで各人各様の考え方でそれぞれの部に入った。四三もどの部に入ったものかといろいろ考えた。候補に浮かんだのは剣道、ボート、徒歩の三つである。テニスも好きだったが、考慮の対象からはずした。

剣道は一年生のときの練習で二級まで進んでいた。先輩から誘われたこともあったし、上級生には三、四段もいて、そこで鍛えられればかなり上達するだろうとも思った。

ボートは五月の対抗レースに出た経験があり、銚子遠漕のときも特別参加して顔見知りもかなり多かった。リーダー格の田中という先輩からは、「金栗、お前にはボートが適当だ。ぜひ入部しろ」と勧められた。

当時まだ陸上競技という名称はなかったが、徒歩部からも盛んにひっぱられた。四三の駆けっこ通学はすでに知られていたし、なにしろ秋の校内長距離競走で一躍3位に入賞した期待の新人だというので、最も積極的な誘いである。四三も走ることにはかなり自信をもてるようになっていた。

そのころ東大や駒場の運動会では在京の各大学から選手を招待して六百メートルのレースをする慣わしがあった。高師もこれには参加していたが、出るたびにいつもどん尻だった。四三もこのレースを見に行ったことがあり、わが校のだらしなさに切歯扼腕したものである。もし自分にそれだけの能力があれば、ぜひ選手として出場し、高師の汚名をそそいでやらなければならないと思った。

四三はこの三つの部について真剣に考えたすえ、徒歩部入門を決心した。理由は三つ。

第一に、高師の徒歩部はあまりにも貧弱だ。これに新しい刺激を与えてやろう。

第二に、自分は過去二回の校内大会に出場してみてかなり走れる自信をもっている。この道で人並み以上の練習を積めば相当な成績を上げ得るに違いない。

第三には、徒歩部の練習には特別の道具もいらぬし、やろうと思えば自分一人でどれだけでもやれる。逆に考えれば比較的練習の自由もあるだろうし、試験のときなど存分に勉強もできる。これからいよいよ専門課程に入るのだし、このことは非常に大事である。

四三は徒歩部の部屋に入った。本校の寄宿舎は理科と文科に大別されていて文科系の徒歩部の部屋では、熊本出身の平野芳洲らも含めて十人が一緒に生活することになった。一年生ではこの二人の他に愛知県出身の豊島松治、上級生には一年先輩で文科系徒歩部の主事をしている豊田信勝、河内平治などの足自慢がいた。

この徒歩部入りについて、四三はなにか宿命的なものを感じていた。小さいときのことから思い起こしてみると、高等小学―玉名中学と進むことができたのは長兄のおかげである。そして玉名中学四年生のとき、もし目の病気がなくて海兵にパスしていたら…、兄の言い分を聞かずに同文書院に進んでいたら…今こうして寄宿舎に住むこともなかったろう。また高等小学のころ、吉地地区に駆けっこ通学の慣わしがなかったら、高師に入ってからの校内大会上位入賞も嘉納校長のお褒めもなかったろうし、徒歩部へ入るという考えも浮かばなかったであろう。こう考えると、徒歩部入りはまったく自然のなり行きであり、やる以上は、人並み以上の努力をしてみようと思った。

四三は今も半世紀前のこのころのことをよく思い出す。

〝自分があのとき徒歩部に入らなかったら《マラソンの金栗》は生まれなかった。オリンピックの感激を味わうこともなく、マラソン、マラソンで全国各地を駆けずり回ることもなく、平凡な教員生活を送っていたに違いない。人にはそれぞれ得手不得手がある。自分の場合は偶然の重なりがこうさせたが、各人の秘められた特性を見出して、将来の方向に助言を与えてやるのが年をとった先輩の務めである〟

〔こたえた二倍の練習〕

やり始めたら、トコトンまでやる。しかも人に負けるのは大嫌いだ。そんな性格だから四三の徒歩部での生活も、自然とより図抜けたものになった。

徒歩部の練習は、放課後全員がそろって校庭を出発し、巣鴨を通って大宮街道を板橋方面へ走った。往復一里、交通量が少なく、道もきれいで毎日の練習は快適だった。理科には富山県出身の平田芳亮など四三より強い者もいたが物理、化学の実験で授業の終わるのが遅くなり、文科の仲間は一足さきに練習をした。

文科系一年生のうちで最も意欲的だったのが四三で、平野芳洲は何となく徒歩部へ入った程度、豊島松治は足が悪いので練習はせずみんなの面倒をみることになっていた。練習は豊田、河内の先輩がリーダー格である。

放課後の練習はいわゆる体育が目的だったから、強制的な猛訓練ということはなかった。強い者も弱い者もみんな一緒。一里を二十四、五分のペースでゆっくり走った。

〝あわよくば秋の対校六百メートルレースに高師代表として出場し、母校の名誉を回復してやろう〟と思っている四三だ。当然、みんなと一緒の放課後の練習だけではモノ足らなくなる。一年生のとき驚異の目で見つめた柔道の徳三宝のことを思い出した。徳は人の二倍の練習をやって日本一になった。

徒歩部ユニフォームを着用して（左が四三）

〝よし、オレも二倍の練習をやってやろう〟

四三は平野芳洲を誘って朝の練習を始めた。高師の寄宿舎では午前六時に起床ラッパが鳴り響く。その一時間前に起き出して、飛鳥山まで往復二里の道を走るのである。スピードも放課後の練習よりいくらか速かった。平野にはこれがつらかったのだろう。時折「今日はご無礼するぞ」と布団をかぶったまま起きてこないことがあった。しかし、四三は一日も欠かさず朝の練習をつづけた。文字通り人の二倍の練習である。朝っぱらから一汗かいた後の冷水浴は、心身ともに爽快だった。

一年の秋の校内長距離競走で8位に入り、四三とほとんど互角の力とみられていた理科の橋本三郎も、いつか四三の走力にはおよばなくなった。

〝やっと早朝練習の効果が現われてきたぞ〟

こう考えるとうれしかった。練習には欲張りで、同じ文科の仲間より一枚上の実力をもっている四三だが、みんなと一緒の練習のときは決して秩序を乱さなかった。

春秋の校内大会の前には他の部からも時折練習にきた。同じ地歴科で柔道部にいた山根徳太郎も「金栗、ひっぱってくれ」と練習についてきた。山根が途中でくたびれると「ちょっとそこで待っといてくれ」と言って四三は一人スタスタと走り去る。まもなく後戻りしてくると「すまなかったな、山根君、さあ一緒に行こう」と寄りそうようにして学校まで帰った。「金栗は優しい男だったなあ」と山根は思い出を語っている。四三はいつも、人の気持ちに気を使っていた。争いの少ない、温厚な性格の一つの表れでもあろう。

朝の練習はますます快調に進められた。だが四三とて人間である。朝一時間の早起きと、二里を走る快い疲れで、授業の一時間目にはよく居眠りをした。僅か十四、五人のクラスだからコックリ、コックリ船を漕ぐ四三は目立った。「金栗ッ」とよく先生のシッ声が飛んだ。決して勉強をおろそかにするつもりはないが〝この眠さはきっと克服できる〟と思ってがんばりつづけた。

二ヵ月ほど経つと睡眠不足のつらさもすっかり消えた。もう授業中の居眠りもしない。夜はグッスリと熟睡するので、体の調子もかえっていいようだった。

〝人の二倍のことをやれば、初めのうちは必ずどこかで無理がいく。しかしその苦しさを通りこせば《無理》が《普通》に変わってくる。この難関を克服するかしないかが、人間にとって大事なことだ〟

四三はこう思った。

〔初めての優勝〕

本科に進んだ年の春の校内長距離競走は、東京深川の府立三中校庭から、千葉県国府台までのコースで行われた。四三にとっては徒歩部に入ってから初めてのレースだ。二、三日前から胸がわくわくしてその日が楽しみだった。

レースは今までにない快スピードで始まった。

トップを行くのは森田文蔵である。森田は熊本県の出身、四三より一年上で剣道の達人といわれていた。走ることが専門の徒歩部をのぞくと剣道部がいつの大会でも上位をしめるのが通例だった。剣道の地稽古は相当激しいものだし、すり足に力を入れての練習は脚力を養うにも十分なのだろう。

グングンすっ飛ばしていく森田の後を、四三たち徒歩部の四、五人が一固まりとなって走った。〝剣道の選手たちは必ず途中で抜ける〟という自信があるから、徒歩部のグループは誰もあわてない。ピタリと一定の間隔を保ちながらジリジリと押していった。そのうち森田の足が少しずつ乱れ始める。

一里ほども行くと森田のスピードがガックリ落ちた。「ご免よッ」と声をかけて、一気に抜いた。次のグループは、はるか後ろである。四三たちの先頭集団は、互いに話をかわしながらゆうゆうとゴールへ進む。コースの三分の二あたりにさしかかるころ、後ろをふり向いた一人が「オッ」と叫んだ。見ると背の高い男がどんどん追っかけてくる。相当のスピードだ。みるまに先頭グループと並んだ。

抜かせまいと徒歩部がピッチを上げても、その長身の男はビクともしない。かえって四三たちの集団を圧倒しそうなハナ息である。長い足、広い歩幅――なかなか手ごわい相手。

互いに相手の呼吸をはかりながらしのぎを削るけんめいの並走が崩れて、長身の男が一歩前へ出た。一メートルの差はたちまち五メートル、十メートルと開いていく。これまで自信満々だった徒歩部の仲間は顔色を変えた。

歯がみして口惜しがったのが、前年秋のレースで素人の綿貫哲雄に敗れ、全校生徒にやじられた平田芳亮である。「オイッ、こんど負けたら徒歩部は解散だッ。国府台はもうすぐだぞッ。追えッ、誰か追えッ、あの若僧を抜いてしまえッ」とわめき出した。みんな一生けんめい走っているのだが、相手はひとケタ違う力をもっているように見える。

四三もかなり疲れていたが、持ち前の負けず嫌いがムクムクと頭をもたげた。もう駄目だと思っても、それから粘りに粘るのが彼の身上である。

「平田さん、私がやりますッ」

「オウ、金栗かッ、行ってくれッ」

四三はこん身の力をふりしぼって駆け出した。長身の男との距離は少しずつ縮まってくる。心臓が破裂しそうに苦しい。だが、四三はメチャクチャに走った。その男にあと十メートルまで迫ったころ、不思議にスーッと苦しさが消えていった。今でいう《セカンド・ウィンド》で、苦しさのカベを克服したのだろう。

四三は、一気に長身の男と並んだ。見知らぬ男である。〝予科生だな〟と思うとなおファイトが出た。四三は、男の顔をのぞき込むようにしてニヤッと笑う。妙なやつだというような顔をしながら相手もガムシャラに走る。決勝点まであと五百メートルの地点で、急に長身の男は立ち止まった。四三は突っ走ってゴールに入った。

生まれて初めての優勝だ。四三のおかげで面目を保った徒歩部の仲間から熱狂的な賞賛をあびたのはもちろんである。

長身の男は、なぜかぐっと遅れて6位でゴールインした。四三はその男をつかまえて聞いた。

「どうして急にやめたんだい」

「あなたとせりあっていたら急に腹がへったので、民家に飛び込んで水を飲んでいました」

「出身は?」

「埼玉で、文科兼修体育専修科の一年生です。中学のときはテニスをやっていました。今日は軽く勝てると思っていたんですが…。あなたはどなたか知りませんが強いですね」

まったく人を食ったような話しぶりである。長身で不敵なこの男は野口源三郎といった。ゴール前で急に腹が減るという妙なクセは、長くこの男につきまとった。その年の十一月、日本が初めて参加する羽田のオリンピック予選でも野口は空腹のため失敗した。だが野口はその後十種競技に転向し、パリ・オリンピックに参加して「陸上日本にこの人あり」といわれるほどの大選手になった。

〔再び富士に挑む〕

床を蹴るとすぐに早朝練習、終わって冷水浴、朝食、それから登校、放課後の練習、夕食、自習、就寝…四三の一日のスケジュールはギッシリ詰まっていた。

今の学生のように音楽、映画、ダンスを楽しむといったノンビリしたものは彼の生活のどこにもなかった。スケジュールにしばられて身動きできない毎日である。練習で走るコース以外は東京の町ともほとんど無縁だった。一般社会から完全にシャット・アウトされた暮らしだったが、四三はそんな生活に甘んじた。

一つのことに打ち込むと、どんな誘惑にも耳をかさないのが四三の性格の強さである。走ることと勉強の他には何の欲望もなかった。しいていえば〝腹いっぱい食いたい〟ということだけが四三の欲であった。連日の猛練習は若い男の胃袋をたちまちカラッポにしてしまう。練習のための栄養供給という考えから、四三は寄宿舎規定の夕食の他に、必ずトウフを買って食べていたが、それでも三十分もすると腹がグーグー鳴り出す。疲れた後は糖分もほしくなるので、よく校内の売店へ行っては大福を食った。

例の徳三宝も必ずこの売店に現われて大福をパクついた。週に一回は学校の近くのトンカツ屋へ出かけてブタ鍋をつついた。十銭も出せば腹いっぱいになるし、体内にモリモリとエネルギーが充満するような気がする。単に食欲をみたすというより、その日の疲労回復と明日への体力をつけるのが目的だった。

「腹がへっては戦はできん」というのが四三の主張でもあった。事実、マラソンなどの長い距離を走り通すには相当の体力が必要だし、空腹は最大の敵である。四三は消化力ばく大であった。

二年生になった年の夏休みも熊本の家に帰ったが、その途中、四三はふたたび富士山に挑んだ。前年の失敗があるので準備はさすがに慎重。ワラジ、脚半に身を固めて御殿場口をスタートした。徒歩部へ入ってからの練習で体力もできていたのだろう。途中いくらか呼吸の苦しさは感じたが、案外スムーズに頂上を極めることができた。四三にとっては初の登頂成功であった。

頂上からの眺めはすばらしかった。しかしその雄大な景観に心を奪われることより、昨夏以来の宿願を果たしたうれしさの方が先にたった。房総の海岸から眺めたあの美しい富士の高嶺を、今しっかと踏みしめているのだ。

富士の裾野に夕暮れが迫るころ、四三はもう御殿場へ帰りついていた。ゴトゴトと故郷への道を走りつづける夜汽車の中でいろいろと考えた。富士登山と長距離競走との間に何らかの繋がりを見つけたかったのである。

四三は登降の約五、六時間のあいだに、急激な体調の変化を感じていた。頂上でグラグラと沸とうする鉄ビンのお湯が飲んでみると少しも熱くなかったのを思い出して、すぐそのナゾは解けた。頂上へ近づくにつれて気圧は低く、酸素の量は少なくなる。耳が鳴り、呼吸がせわしくなるのも当然のことである。

息切れのする頂上付近の苦しさは長距離競走のラストのつらさとよく似ていた。裾野は、三十度の暑さでも、頂上は冬の気候だ。下りコースはちょっと駆けだせばすばらしい加速度がついた。

これらの変化に対応するだけの体力をつけることは、長距離競走のためにきっとプラスになるに違いない。登りに強じんな肺臓と、足腰と、粘り抜くファイトを養い、下りでは、スピードに対するリズム感を覚えるのだ。

四三はヒザをたたいた。

〝富士を征服することこそ最高の練習法である〟

こう結論づけた四三は、それからほとんど毎年富士に挑み、やがては学生の富士登山競走の企画、実行にまで進展させた。大正から昭和にかけて「マラソンと富士登山は切っても切れぬ関係にある」といわれたのも実はこのとき四三がつくりあげた練習理論の産物であった。まさに、今でいう《高地トレーニング》の元祖である。

二学期に入ってからの秋の校内長距離競走では、すでに満々たる自信もできていたし、楽に優勝することができた。

明治のスポーツ

〔体育の始まりは明治四年〕

四三が富士山の初登頂に成功した年の暮れ、第五回オリンピック・ストックホルム大会の日本代表を選ぶ予選会が羽田で開かれた。明治四十四年（一九一一）は、日本スポーツ界が世界の檜舞台に第一歩を踏み出すきっかけが作られた年であり、四三にとっては《マラソンの金栗》としてデビューした思い出深い年であった。

その翌年、金栗四三、三島弥彦の二人をパイオニアとして日本がオリンピックへの道を走り出したのも、決して偶然のことではなかった。明治の中ごろから、しだいに盛り上がってきた学生間の体育振興の機運が熟して、海外への進路が開かれたのである。

ここで明治時代の国内スポーツの歩みをふり返ってみよう。

◇　　◇

日本体育協会が編さんしたスポーツ八十年史によると、日本スポーツ年表の最初は明治四年（一八七一）になっている。近衛鎮台兵にオランダ流の洋式体操を課したというのがその第一項。これがたぶん日本で近代的かつ組織的に体育が行われた最初だろう。

明治六年に開成校（後の東大）の教師だったウイルソン・マジェットによって日本にベースボールが紹介されたが、このころ学生の間で行われていた運動はベースボールと器械体操などで、少し後に漕艇が現われた。

この年の十月、開成校に明治天皇の行幸があったが、そのときの体操御覧の種目に《行飛》《手摺矢倉》というのがあり、これが《競走》と《器械体操》ではなかったかといわれている。また後の海軍兵学校で当時東京築地にあった海軍兵学寮でもその年の三月、《競闘遊戯会》なるものが開かれており、資料の多くはこれをもって本邦最初の《陸上競技会》としている。《競闘遊戯》は《アスレチック・スポーツ》の日本訳で、同校にいた英国人教官がイギリス流そのままの運動会を開いたのである。そのプログラムは今も残っているが、競技種目を和漢両様に訳してあり、今からみればまことに珍妙なものであった。

『比度勝海軍卿ノ許可ヲ得テ来タル三月二十一日海軍諸生徒ヲシテ九場十八般ノ競闘遊戯為サシム但午後第一時ヨリ興行ス』というのがその前文。雀雛出巣《すずめのすだち》という種目が十二歳以下の生徒による百五十ヤード競走であり、燕子学飛《つばめのとびならひ》が十五歳以下の二百ヤード競走、大鰡跋扈《ぼらのあみこえ》が走り高跳びのことで、これには『高点ヲ定メズシテ上ニ飛躍シ少シモ高ク地ヲ離ルルヲ務メシム』というような注がついている。蛺蝶趁花《てふのはなおひ》というきれいな名の種目には『二人ヲ並ベテ左者ノ右脚ト右者ノ左脚トヲ緊繋シ二頭三脚ニシテ疾駆セシム』の注があり、いわゆる二人三脚競走であった。

明治八年には陸上競技の恩人といわれるフレデリック・ウィリアム・ストレンジが東京英語学校（東大の予備門）の教師として日本にやってきた。英国イートン校の出身、まだ二十歳になったばかりの紅顔の青年であった。英人としては小柄だったが典型的なスポーツマンでボートと陸上競技にはとくにすぐれていた。

彼は学生たちの良き友人であり、日夜日本でのスポーツ普及にもいろいろと考えをめぐらしていたが、その行動には少しの焦りもなく、イギリス人らしい極めて地味な下地づくりを行っていた。英語教授の余暇をみては隅田川でボートを漕ぎ、田舎道でランニングを試みるなど、しぜん学生たちの注目を集めた。ストレンジの着任後八年目、ようやく機は熟した。

明治十六年（一八八三）、法、理、文の東大三学部とその予備部門合同の陸上運動会が開かれ、その優勝者には賞品として洋書が贈られた。彼は『アウトドア・ゲームス』という競技紹介の小冊子を出したが当時の新聞広告にも『東京大学予備門御雇教師ストレンジ著、定価廿五銭、方今教育中体操の一科を欠くべからざるは当路諸君の主張せらるる所なり、今回ストレンジ先生予備門にあって多年伝へられし経験により、英文を以て基本法を著述せられし良書なり』とある。後年の日本体育の指導者武田千代三郎、岸清一らもストレンジの流れをくんでいる。

〔長距離競走の熱上る〕

ストレンジが英国流のスポーツ普及に力を入れたころ、北海道で「少年よ大志を抱け」の名言で有名なウィリアム・エス・クラークやベン・ハローなどの米人が札幌農学校でアメリカ流のスポーツを紹介した。

しかし、その後発展をつづけた日本スポーツの大きな流れの中で重きをなしたのはストレンジによるイギリス流のスポーツ理念であった。「競技において最も尊いのは最善をつくして争い、心残りがないようにすることだ。勝敗は第二の問題。運動の奥義は情念を鍛練するだけのものと思ってはならない」と説いている。

近代オリンピックの創始者クーベルタン男爵が、明治二十九年（一八九六）アテネで第一回の大会を開くにあたって述べた「オリンピックで最も大事なことは、勝つことではなくて、参加することである」の有名な言葉と同じ意味のことを、二十年前、すでにストレンジは自らのスポーツ実践の信念としていたのである。

明治二十二年（一八八九）にストレンジが亡くなって名物の東大陸上運動会も衰え始めたが、代わって慶応義塾に遊戯会が起こり、三十一年（一八九八）には東京駒場の農科大学運動会、ついで三十二年の京大運動会へと、スポーツの波は全国へ広がっていった。もっとも、当時のわが国陸上競技界の正統を争ったのは東大とその弟分の一高であったし、三十年代に入ってからは、学習院、高商も加わって本格的なものとなったが、それらの勢力はいずれも東京が中心だった。

その間、明治二十四年に日高藤吉郎の日本体育会が創立され、二十六年には同会のもとに体操専門教師養成のための体操学校（日本体育大学の前身）がつくられたりしたが、日本の陸上競技が海外にまで注目されるようになったのは、東大の藤井実が百メートルと棒高跳びにすばらしい世界記録を出してからである。

藤井は郁文館中学の出身で一高時代から棒高跳びで有名だったが、三十五年（一九〇二）東大に入り、その年の運動会で百ヤードに10秒24、三十九年には棒高跳びで3メートル90の世界記録を生んだ。アメリカのスポーツ雑誌にも写真入りで紹介されたし、夏目漱石の『三四郎』の中にも藤井らしい人物が運動会で活躍する話が出ている。

藤井は東大を出て後年、外交官となった。

陸上競技界に早稲田、慶応両校が台頭し、競技会にスパイクが常用されるようになったのは明治四十年を過ぎてからであった。

◇　　　　◇

ここでわが国の陸上競技史を長距離の部門だけにしぼってみよう。

嘉納治五郎の東京高等師範が校内の長距離競走を始めたのは明治三十一年（一八九八）の二月である。当時お茶の水にあった本校から池上本門寺まで雪の中を百六十人が競走し、第二回は三十四年十二月、本校―大宮氷川公園間で行った。三十七年以降は毎年秋の遠足会を徒歩競走に改め、四十一年からは春の遠足も同じく徒歩競走として玉川、鴻ノ台、大宮、田無町方面へ走った。その優勝者として有名なのが、福岡師範出の吉田保、青森師範出の管野新七、そして玉名中学出身の金栗四三であった。

高師名物の長距離競走は、明治三十六年、現在の大塚へ校舎を移転してから盛んになり、後年の陸上隆盛の基礎をつくったのである。また東京で行われた正規の長距離競走は、明治三十二年五月十三日、上野不忍池の周回コースを使った第一高等学校主催十三マイル競走が最初だった。これはその年の二月、山口高等学校が校庭から宮市までの十一マイル競走を実施したのに刺激されたもので、一高の陸上運動部史には次のように記されている。

『此頃、本州西隅にくらいし浪荒き玄海灘を後に負える山口高校の健児等は、十一哩競走の快挙に出で、いたく世人の耳目を聳動せしめたり。もとより長距離競走の企図なかりしには非るも、長州男児の健脚揮ふを見ては、負けじ魂の我校一千の健児、何ぞ軽々に看過せんや。茲に東台の下青蓮匂やかに、さゞ波の去来にうなづく不忍池畔に於て、五月十三日、十三哩大競走の壮図を試みぬ。当日健脚快足を以て誇称するの士は、悉く手に唾し脚を撫して池畔に参集し、其数すべて三十有余名。午前九時一発の号砲と共に双脚風を生じて池畔をめぐり始めぬ』

この競走では木下東作と今村治吉がゴールでも同着とみられる大接戦を演じたが「審判官藤井国弘氏の裁決により、今村氏の足が一歩早く線上にありしを認めて」今村が1着となった。タイムは1時間35分49秒であった。

〔十二時間走り続け〕

明治三十四年十一月九日、時事新報社が主催した不忍池畔の十二時間長距離競走も当時としては画期的な大会であり、今からみれば実に無謀な大企画でもあった。

午前四時にスタートして午後四時までの十二時間、ぶっ通しで不忍池の周囲を走るのである。競走というより、むしろ昔の飛脚の訓練みたいなものだ。外国の記録が十二時間九十マイルだから、この大会では一時間六マイルの計算で七十二マイルを走ればいいという予定だったが、一等になった車夫の安藤初太郎が七十一周の六十五マイルを走っただけに終わった。

この安藤が競走の無理のために健康を害し、一時は「体育か体害か」と騒がれたこともあったが、長距離熱はしだいに高まる一方で、その年の暮れには大阪毎日新聞社が大阪堺で百マイル競走と銘打った大競走を行った。

この大会は午前八時にスタートして午後四時までの八時間に五十マイル（百マイルは看板だけ）以上を走らねばならない規定。丸太の杭を縄でつないだ一周半マイルの周回コースを百回まわるのである。多くの希望者の中から身体検査をパスした二十人が、胸と背に新聞社のマークをつけ「い」「ろ」「は」…のゼッケンも鮮かだった。帽子と長袖のシャツは主催者から支給され、半股引きに脚半のスタイル、はきものは足袋かワラジで走ったり歩いたりのレースであった。

この競走で1着になった村瀬白蔵は百十二周、五十六マイルを走り、以下5位までが五十マイル以上を走破した。軍隊の行軍の参考になるというので、大阪第四師団の将校たちが審判を務めたのもこの大会の特徴であった。

日本で《マラソン競走》という言葉を初めて使ったのは、明治四十二年三月神戸—大阪間で行われた十九マイル五六チェーンの競走からである。この大会には関東からも東大の三島、春日、土田、高師の菅野、関根、水田の六人が参加したが、菅野が5着に入っただけ、岡山県の在郷軍人で二十七歳の金子長之助が2位以下を5分以上もひきはなし、2時間10分54秒で優勝した。

◇　　　◇

日本に《スポーツ》を紹介したのが欧米人であったように、欧米のスポーツ界は島国の日本よりはるかに速いピッチで発展の道を走りつづけていた。フランスのピエール・ド・クーベルタン男爵によってオリンピックの復興が提唱され、明治二十九年（一八九六）古代オリンピアゆかりの地ギリシャのアテネで近代の第一回オリンピック大会が開かれてから、第二回はフランスのパリ、第三回は大西洋を越えたアメリカのセントルイス、第四回はイギリスの首都ロンドンで…と四年おきの大会が開かれた。

初め十三ヵ国、四百八十五人の参加にすぎなかったオリンピック大会も、明治四十一年の第四回大会では二十一ヵ国、二千七十八人の参加にふくれ上がり、国際スポーツ界の組織もようやく軌道に乗ってきた。しかしこのオリンピックもまだ拡大、発展の道をたどっていたころだ。IOC（国際オリンピック委員会）は、現在でこそ参加国、人員の多さに頭を悩ましているが、当時はまだ未参加国に対して積極的な参加を勧めている時代でもあった。

明治四十二年の春、クーベルタン男爵は、友人である駐日フランス大使ゲラールを通じて東洋からのオリンピック参加を求めることにした。そのためには日本スポーツ界の中心人物を選び、IOC委員に推すのが第一である。

ゲラールは直ちに外務省などの意見を聞き、東京高師の校長である嘉納治五郎に白羽の矢を立てた。嘉納は明治十五年、講道館を開いて柔道熱をあおり、東京高師の校長としては毎年全校生徒の長距離競走を実施、夏は房総の海岸で水泳を行わせるなど、日本のスポーツにおいて第一の理解者であり実践者であると認められていた。

嘉納校長は、ゲラール大使の申し出を快諾した。オリンピックに参加することによって世界各国の青年と親しみ、国内では各種のスポーツを奨励して、国民の強い体力と高い品性を養おうと考えたからである。

〔嘉納治五郎　東洋初のIOC委員に〕

明治四十二年のIOC総会で、嘉納治五郎は東洋で初めてのIOC委員に選ばれた。その翌年、クーベルタン男爵は明治四十五年（一九一二）スウェーデンの首都ストックホルムで開く第五回オリンピックに日本の参加を求め、開催地のスウェーデンからも駐日代理公使を通じて正式に大会参加の勧誘があった。

オリンピックへの初参加を決意した嘉納治五郎は、日本代表選手を選ぶにはどうしたらよいかと考えた。とにかく日本のスポーツ界を統轄する母体を探さねばならない。嘉納はまず文部省に協力を求めたが、まだ国民全般に体育運動が普及していないという理由で色良い返事は聞けなかった。次に財団法人日本体育会に話を持ち込んだが、これも体操専門の教師を養成するのが目的で、会の理想に沿わないとのこと。

嘉納はいろいろと考え抜いたあげく、既設の団体に頼らず、新しい団体を創立してオリンピック参加の目的をとげようと決心した。

明治初期に比べると日本のスポーツ界もいくらかの発展をとげてはいたが、まだそのほとんどは学生、生徒の間だけに限られていた。そこで東京帝大、東京高師、早稲田、慶応、明治、一高などに協力を求めた。これは成功だった。東都の学生競技界を母体とした大日本体育協会が発足したのは明治四十四年七月である。時の首相大隈重信が名誉会長となり、嘉納は自ら初代会長となった。

大日本体育協会を基礎としてＪＯＣ（日本オリンピック委員会）が結成され、日本のスポーツ界もオリンピックという新しい火を求めて走り出した。大日本体育協会設立の目的は「日本国民の体育を奨励することにある」とされているが、そのいきさつをたどれば、日本がオリンピック参加のために必要に迫られてつくったものであることが分かる。

オリンピックへのレールは敷かれた。次は列車を走らせなければならない。まずオリンピックに参加させる競技はどれにするかが問題であった。しかし考えてみるとオリンピックの競技に含まれ、しかも日本スポーツ界の主流となり得るのは陸上競技より他にはなかった。

日本のオリンピック初参加競技は陸上競技一本にしぼられた。大日本体育協会が主催する第五回国際オリンピック大会日本予選競技会の参加資格は次のようなものであった。

❶年齢十六歳以上の者
❷学生たり紳士たるに恥じない者
❸中学校あるいはこれと同等と認められた諸学校の生徒、卒業生およびかつて在学した者
❹中等学校以上の諸学校の学生、卒業生およびかつて在学した者
❺在郷軍人会会員
❻地方青年団員、その他の者で市町村長の推せん状をもった者
❼ただしマラソン競走（二十五マイル）に参加しようとする者は、前項の規定の他にさらに医師の健康保証

を必要とする

その後に「予選参加費は無料だが、当選（代表決定）選手の海外派遣に関する旅費および滞在費は本会（大日本体育協会）に於て支弁する」との付記もあった。

そのころまでの運動会は、学校の校庭を使うのが普通だったが、大日本体育協会は、この初の催しのために新しい競技場をつくろうと考えた。しかし協会はまだできたばかりで金もなければ敷地もない。そこで京浜電気鉄道株式会社と交渉し、毎年競技会を開くという条件で羽田（現在の空港）に競技場をつくってもらうことになった。

ここは従来自転車の練習場として使われていたもので、これに競技場としての施設を備えようというわけである。トラックはオリンピックの例にならって長方形の両端に半円を接続させたダ円形で一周四百メートル、走路の幅は約九メートルであった。また半円の曲走路は走りやすいようにと外側を高くし、内側へ傾斜させた欧米方式をとった。

トラックの土は、粘土と砂を混ぜ合わせてニガリで固め、スパイクを使っても適当な堅さにした。さらに百メートルのコースにだけは石灰でセパレート・コースの白線をひき、その上にコース境界のテープを張った。当時としては最高の設備をもつ競技場である。ただし一万メートルとマラソン競走だけは、トラックを走るより天下の公道を走った方がよかろうということになった。マラソンのコースは、羽田の競技場から京浜国道を南下し、横浜で折り返す往復二十五マイル（四〇・二三キロ）。京浜電気鉄道の中沢工学士が陸軍参謀本部の二万分の一の地図をもとに、丹念、精密に測定したものだという。

こうして、大日本体育協会による初の組織的な陸上競技会であり、国際オリンピックの檜舞台へもつながる意義深い大会の準備は整ったのである。

羽田の予選

〔初の二十五マイル挑戦〕

第五回国際オリンピック大会が、北欧スウェーデンの首都ストックホルムで開かれることになり、その日本国内予選を十一月十八、十九の両日（明治四十四年）新設の羽田競技揚で行うという記事を四三たちが新聞で読んだのは、十月も半ばを過ぎてからであった。十月の末になると予選会の種目も発表され、その中に二十五マイルのマラソンも含まれていた。

二十五マイルといえば約十里である。四三は高師に入ってから過去四回の長距離レースを経験した。そのうち六里の距離を二度走っている。あとの四里を走りこなせるかどうか自信はなかったが〝やってやれないことはあるまい〟と自分の力を試す意味も含めて、この予選参加を心に決めた。徒歩部の仲間に相談するとみんなが「なかなか立派な決心だ」と肩をたたいて賛成してくれた。四三の他に橋本三郎、野口源三郎も出場しようということになった。

〝やる以上は十分の準備をし、自分のありったけの能力を出しつくしてみよう〟と四三は考えた。申し込みは無事終わったものの十里は未踏破の距離である。六里まではいいとしても、残り四里の苦しさは大抵ではあるまい。いったいどんな練習をしたらいいのかも四三には分からない。ちょっと不安になった。

予選会まであと二十日あまり。自分だけのカンで練習のスケジュールをたてるより他に方法はなかった。橋本と野口とは授業終了の時間が違うので一緒の練習はやれない。四三は一人で黙々と走った。学校を出てから北へ向かい、板橋から左に折れて練馬まで、毎日六里の道を走りつづける。調子の良いときは七里ぐらいまで距離を伸ばした。時間にすると一時間半から二時間の練習である。練馬を折り返してくるころには、日の短い東京の晩秋の空はあかね色に染まっていた。

スピードの点もいろいろ考えた。十里ならまず三時間前後で走ればよいと思うが、はたして練習ではどのくらいのスピードを出したらいいのだろう。あんまりがんばりすぎると夜の勉強にさしつかえたり翌日に疲れをもち越したりする。やっているうちに、いろんな疑問につきあたった。そのあいだにも予選の日は刻々と迫ってくる。自らの体験で最良の練習方法を見つけ出すのが第一だとは思うが、いろんなテストをし、その結果を総合するといった方法ではもう間に合わない。

ある日、校内競走の優勝旗に菅野新七という名前が書き込まれていたのを思い出した。四三より四、五年先輩で快足でならし、三年前の神戸—大阪マラソンで5位に入った強豪だと聞いた。レース経験が豊富である。この人なら相談相手にもなってくれようし、指導もしてくれるだろうと思って、その日のうちに府立三中の菅野を訪ねた。

菅野は、同校で地歴を教えていたが、四三の申し出を聞いて快く応じてくれた。

「そうか、十里のレースを完走しようというのか。いい度胸だ。練習の距離は現在やっている程度でいいだろう。それから一つ長距離練習の秘訣を伝授しよう。今からでは間に合わんかもしれんが、まあやってみるがいい」

菅野が得意顔で教えてくれたのは《脂抜きの走法》であった。この訓練法はストレンジの直系武田千代三郎（当時兵庫県知事）の発案といわれ、明治三十年ごろから四十年にかけて日本の長距離練習理論の一部を支配していた。

脂抜きは、体内の水分をできるだけ体外に排出して身体を軽くする方法である。そのためには夏でも厚いシャツを着て、股引脚半に身を固め、順次軽装に移ってゆくトレーニング法で、日常の生活にもいっさい水分をとらぬという荒行であった。この方法を実行すれば汗の出る分量が多い。多ければ多いほど時間的に早く軽くなって走りやすいというのである。

菅野が教えてくれたこの方法は、四三にとって絶対の真理かと思われた。

「この練習は苦しいぞ」

「ハイ、しかし、きっとやりとげてみせます」

四三は新しい希望をつかんだように胸をはずませながら府立三中の校門を出た。翌日からさっそく脂抜き走法を実行した。練習は全てにつながるものである。四三の生活から水分が消えた。朝食の味噌汁は実だけを拾って汁は捨ててしまう。食後の茶も飲まない。もちろん練習のあとカラカラになったのどを潤す水も飲んではいけないのである。練馬まで往復六里を走る途中、確かに汗が出るのは少なくなった。その代わりものすごい苦しさだ。二日目になると苦しさはさらにひどくなった。

〝水が飲みたい。お茶が飲みたい。みそ汁も吸いたい〟

思うまいとしても、この欲求が頭から離れずに困った。しかし「オレは脂抜きをやるんだ」と学友にも宣言したてまえ、オメオメとそれをとりさげるわけにはいかない。練習を終わって体を洗いながら水道の蛇口からほとばしり出る水を眺めると恨めしかった。たまらなくなって、両手にすくった水を思わず口にふくんだが、ガラガラとうがいをしただけで吐き出してしまった。体重計にのると、この二日間でぐんと目方がへっていた。

そうするうちに、三日目から四三の体が変になった。練習はどうにかやりとげたが、夜になると体がポッポッとほてりだすのである。他の仲間は厚着をして火鉢を囲んでいるというのに四三だけは体のほてりで火鉢どころではない。戸外に出て寒い風に吹かれると気持ち良かった。しかし、部屋に帰るとまた体がカッカッと熱してくる。だんだんと着物をぬいで、そのうちすっぱだかになった。冷たい壁に背中をあてるとスーッとするが、離れるとまた同じことだ。

四三はフロ場へ走って頭からザーザーと水をかぶった。しかし部屋へ帰るとますます熱くなる。床へもぐり込んだが、頭は冴えて眠るどころではない。体は火のようにたぎり始めた。その間にも〝水が飲みたい。お茶を飲みたい。みそ汁も吸いたい〟という欲望がつきまとった。その夜、四三は寝床の中を転々とし一睡もできなかった。

四日目――体はますます変調、不眠のために頭はポーッとして夢遊病者のようになった。校医に診てもらったが、どこも悪いところはないという。放課後クタクタの体にムチ打って練馬街道へと走り出たが途中で精も魂も尽き果てて歩いてしまった。夜になるともう死にそうだった。体中に水分の一滴もないように感じられたし、糖分もほしくなった。床についても前夜以上の苦しさで眠れそうにない。

夜中の十二時を過ぎるころ、さすがの四三もたまりかねてガバと布団を蹴った。校内の売店から買っておいた砂糖の紙袋をひっつかむと、フロ場へ走った。砂糖を入れたコップに水を満たすが早いか、かきまぜもせずにグイと飲んだ。

〝うまいッ〟

体中がトロけるようなうまさだった。世の中にこれほどうまいものがあろうか。砂糖水が頭のてっぺんから足のつまさきまでしみわたるようだった。こうなってはもうやめられない。初め一パイだけのつもりが、二ハイになり三バイになって、彼のブレーキもこわれてしまった。

思う存分飲んで四三は部屋へ帰った。心身ともに爽やかで、その夜はぐっすり眠れたのである。翌日の練習はまた快調になった。その日からの四三は、体の欲求にしたがって全てを運ぶ生活をとりもどした。すると、もう体のほてりもどこかへ消えてしまった。

四三は考える。

〝脂抜きの苦しさは人間の生理的な欲求にさからうからだ。人間の体はその欲求通りに運ぶのが最も自然である。体力を養うにしかり、体の調子を上げるもまたしかり〟

それからというものは毎晩寝る前に砂糖水を飲んだ。食事もふつうに摂り、練習にはなお一層の力を注いだ。

この苦しい体験によって生まれた「自然に従え」というのが金栗流の走法である。考えてみれば脂抜きは苦しさに耐える精神訓練には効果があるとしても、記録をめざす方法としては極めて非科学的な練習法であった。この方法が大正時代はおろか、昭和の現在までも一部の選手たちの間で語り伝えられ、実行されているのはどうしたことだろう。

〔雨と寒風と悪路の中で〕

予選の日がきた。

明治四十四年（一九一一）十一月十九日。羽田の空は灰色、東京湾から吹きつける風は冷たく、小雨まじりのいやな天気であった。競技場として一応の整備はされていたが、この一帯は現在のすばらしい羽田空港とは比べものにならないヘンピなところだ。グラウンドの端の海岸寄りに小さなお稲荷さんのホコラがあった。その前には駄菓子やラムネやゆで卵を売る小店、一膳飯屋などが雑然と並んでいた。日本から初めてオリンピック代表選手を選ぶ日とあって、いつもはうら寂しい羽田のあたりも、心なしか興奮のウズがまいていた。

四三は高師寄宿舎の学友たちに囲まれて十一時すぎ競技場へ着いた。マラソンのスタートは正午。もっと早く来るつもりだったが、初めての道に迷ったりして予定よりも一時間近く遅れたのである。レース開始まであと四十分ほどしかなかった。四三はあわてて持参したフロ敷き包みを解き、食パンの一かけらをカジって、生卵を二つ飲んだ。

十分の腹ごしらえもできないうちに、選手に集合をかけるメガホンの声が聞こえてきた。選手たちは小雨に濡れながらボツボツ出発点に集まってくる。

冬シャツにズボン下のままの者がいる。長そでのシャツをひじから切って短くした選手、冬の半ズボンに足袋はだし、白鉢巻の勇ましいのもいる。四三たちの高師組は紫色の運動帽をかぶっていた。厚手の冬シャツ、膝までのパンツ、大塚仲町のハリマヤから買ってきたハゼ付きの黒足袋…四三の胸には「51」のゼッケンがしっかと縫いつけられていた。今からみればまったく田舎者まるだしの運動会風景である。

スタートラインに並んだ韋駄天の顔ぶれは、北海道小樽水産の佐々木政清、慶応の井手伊吉、高師の金栗四三、橋本三郎、野口源三郎、静岡師範の白井、その他早稲田の選手、姫路からの遠征組…合わせて十二人だった。

浜ッ風の寒さと武者ぶるいで選手たちのヒザはガクガクと鳴った。スターターは、大蔵省に勤めていた東大陸上OBの今村治吉。長々とコースの説明が終わった。正午きっかり、ピストルの音が雨空をつんざいた。観客や友人たちの声援に送られて十二人はさっそうと駆け出す。

石炭ガラを固めたグラウンドを出ると、泥がピシャピシャと音をたてて跳ね上がる悪路だ。北海道の佐々木が先頭にたつ。慶応の井手がつづく。練習中に脚を痛めた四三はしんがり近くを走っていた。野口、橋本の高師組はピタリと彼の両翼についた。六郷川の土手に出ると横なぐりの雨風がヒューヒューと鳴る。しだいに間隔ができた。東海道を南へ下って東神奈川が折り返し点だ。四、五キロを過ぎるころには一人、二人と落伍者が出た。橋本、野口の学友と離れた四三は向かい風に頭を突っ込むようにしてもくもくと走る。道路は雨でよくすべった。

また一人、二人…四三の前を行く選手が後ろへ落ちていった。四三の順位はしだいに上がった。十五キロ地点にさしかかるころから静岡師範の白井と並んだ。心配した脚の痛みも出てこない。ビショビショの濡れネズミになった四三の体に緊張が走った。〝一人でもよけいに抜いてやろう〟――今まで考えてもいなかった大きな野心が冷たい雨の中にムラムラと燃え上がった。

四三がピッチをあげると白井も負けじとがんばる。そのうち四三の足袋の底がガワッとはげた。歩を運ぶたびに足袋底の切れっ端がピタピタとふくらはぎを打つ。脱ぎ捨てる余裕もない。四三と白井の争いはますます激しくなった。東神奈川のちょっと手前で、先頭が折り返してくるのにあった。佐々木、井手の順である。

〝オレは、4、5番だな〟と四三は思った。破れた足袋を脱ぎすてて、ハダシになった。道はますますすべる。折り返して間もなく白井は力つきた。四三の心に余裕が出る。と同時に野心がさらに火のように燃え始めた。

やがて、四、五台の自転車伴走に囲まれてふらつき気味に走る選手のカゲが見えた。慶応ボーイの大声援にこたえようと必死の力をふりしぼっている井手伊吉だ。井手は東京の学生の間でも有名な走者。前年の不忍池周回競走でも優勝して四三に《韋駄天の井手》という強烈な印象を与えたあの男である。

〔世界記録を樹立〕

レースは白熱というよりむしろ悲壮であった。ハダシになった足さきは、こごえるように冷たい。紫の帽子の色が雨にとけて流れ、顔には紫色のスジができた。韋駄天の井手を抜く――四三にとってはこの上ない快感だった。

「失敬しますッ」

片手を上げてさっと追い抜いた。よほど疲れていたのだろう。井手は四三の方を見向きもせず、追っかけてもこなかった。途中、雨に濡れて寄宿舎の仲間

オリンピック国内予選会優勝記念（和水町蔵）

が立っていた。「先頭は佐々木だ」「五、六百メートルの開きだ」「佐々木はクタクタに疲れているぞ。追いつけ、追いつけ」

四三は自分が2位に上がっているのに気付いた。日本一の佐々木が前を行く。まだ見えぬ相手を追って、四三はムチャクチャに走った。六郷の土手にたどりついたトップの佐々木はかなり疲れていた。四三はまだ元気だ。その差はグングン縮まる。佐々木の姿が見え出してからさらにスピードを上げた。その差五十メートル。

「きた、きた」「1位と2位の争いだ」と観衆が叫ぶ。佐々木が急に立ち止まってふりむいた。自分の直後に他の選手が接近したと聞いて意外だったらしい。立ち止まったまま四三をジーッとにらみつける。底光りのする不気味な目の色だ。四三もびっくりして立ち止まる。〝オレを一度ひきつけておいて、またキューッとふりはなす作戦かな〟と思った。奇妙なにらみあいは十秒ほどもつづいたろうか。佐々木が走りだし、四三もその後を追って肩を並べた。

ゴールまであと一キロ。ツルツルとすべる悪道に肩をぶっつけ合いながら走った。羽田のグラウンドが見え始めるころ、佐々木がちょっと遅れた。〝しめたッ〟とばかりに四三は後ろをふりむきもせず、まっしぐらに駆けつづけてゴールに入った。雨の中で嘉納校長が山高帽を高くさし上げ、何度も何度も振っているのが見えた。

生まれて初めての二十五マイル完走――〝やっと走り終わった〟――疲労と安心感とで四三はぐったりとなった。〝精魂つきはてるとはこのことだろう〟と思ったりした。勝った喜びはまだわかなかった。もちろん大記録のことも知らず、四三はただあえいだ。どこでどうして着替えをしたのか、ゴール直後の記憶はほとんどない。

二分ほど遅れて佐々木、3位は慶応の井手、以下野口、橋本の高師組。十二人のうち完走したのはこの五人だけだった。

佐々木はゴールまぎわ、土手を下って田んぼの水を飲みに行ったのだという。井手は慶応ボーイの大群に援護されながら、夢遊病者のようにしてやっとゴールに入った。野口はレース途中の空腹にたまりかねて、復路鶴見付近の駄菓子屋に飛び込み無断でパンをつかみ食いしようとして婆さんに大目玉をくったという珍談を披露した。橋本は、目の玉が回り出し、道路が急速度の大回転を始めたので、驚いてしばらく道ばたの木にしがみついていたらしい。途中落伍した母校の選手を激励しながら大声で泣き出した早稲田応援団長の話…そんなレースの経過を聞いたのは一時間も経ってからだった。

意識はすっかり回復したが、体はコチコチにこわばっていうことをきかない。マメがつぶれたのか、足の裏は焼火箸をあてられたようにヒリついていた。学友に支えられて閉会式会場に行くと「世界記録」という声が会場を包んでいた。

四三の記録は2時間32分45秒、当時の世界記録2時間59分45秒を27分も破る大記録だというのである。四三は生まれて初めての優勝カップを手にした。

「完走」—「優勝」—「世界記録」…〝予想以上にやったわい〟という喜びがこみ上げてくる。しかし、うれしさ半分、疲れと痛さ半分で四三の感覚はプラス・マイナス・ゼロであった。

〔敷布ののぼりで歓迎〕

寄宿舎の学友に支えられて、四三は電車に乗る。

「世界記録とは大したもんだ」

「金栗のやつ、やりおったな」

車内は興奮した高師の生徒たちで大騒ぎだ。一般の客はびっくりして四三たちを見た。春日町の電車の終点には、日曜日の外出先から呼び集められた高師の生徒たちが二百人ちかくも集まっていた。羽田から寄宿舎へ急報が飛び、全代表会議を開いた結果、この挙に出たのだという。三、四流の旗ざしものが風になびき、金ダライを打ち鳴らして百姓一揆のような出迎えである。

降りつづいた雨もいつかやみ、西の空は夕やけに赤く染まっていた。四三、橋本、野口を先頭に歓迎の大行列は大塚へとつづく。よごれた敷布の旗ざしものが、うすら寒い夕風にひるがえる。

「えッ、何ッ？　敷布に黄色いものが」

「心配するな。そんなものクソくらえだッ」

誰かが叫ぶ。大行列は金ダライの響きも高らかに意気ようようと進む。伝通院の前あたりではチリン、チリンと鈴を鳴らして号外売りが走っていた。

『金栗選手、世界の記録を破る！』

号外を見た町の人は、驚き顔にこの異様な行列を見守っていた。その夜、寄宿舎の夕食のとき簡単な祝賀会が開かれたが、四三は疲れと足の痛みに「フウ、フウ」とため息をつくばかり。閉会を待ちかねるようにして部屋へ帰った。人間は体力を使い切るとかえって眠れないものだ。その夜は床の中を転々とするだけで一睡もできなかった。翌日はれぼったい目で新聞をながめると、記録のことやレースのもようがかなりくわしく書かれていた。

体はあいかわらず痛む。足の裏ははれ上がっている。そのあわれな姿を見て、学友たちはしばらく学校を休めと勧めてくれた。世界記録を出して高師の名を上げたのだから二、三日ぐらい学校を休んでもかまわんだろうというのだ。だが四三はそれには賛同できなかった。〝競走に出たことで勉強に支障をきたすとあれば、高師体育の本来の目的にはずれる〟という考え方であった。

寄宿舎の医務室にある松葉杖を借りて学校に出た。口をへの字にむすんでがんばり通した。しかし授業となるとやはり疲れが出る。ノートもとらず放心したような四三を見て「昨日はご苦労だったな」と声をかけてくれる教授もいたが「金栗、何をしとるかッ」と叱る教授もいた。「金栗は昨日マラソンに出場したんです」「世界記録を破って高師の名を上げてくれました」と弁護してくれる生徒に対してその教授は「レースに出るのは金栗の勝手だ。勉強と運動は別じゃないか。オレの授業中は運動選手も何もない」と叱りとばした。

四三は恐縮し、もっともだと思い、クタクタの体にムチ打ってがんばりつづけた。そんなわけで、疲労が完全にぬけきるまでには一週間以上もかかった。十二月に入ってやっと平常通りの生活に返った。朝の練習、授業、放課後の練習——以前にもました熱心さだ。その走りっぷりには満々たる自信があふれ始めていた。

オリンピック行きの選手については、新聞にもボツボツ下馬評が上がり、四三の名前も出ていたが、自分ではまだそのことについては考えてもみなかった。十二月は学期試験の月である。夜遅くまで机にかじりついて四三は勉強した。オリンピックの予選に勝ち、世界の記録を破った喜びを故郷の母や兄に知らせてやりたいと思ったが、さきの校内マラソンのときのにがい経験もあるので、しばらくためらっていた。

〔勝利の原因を追究〕

羽田の予選二十五マイル・マラソンで四三が出した大記録は、国際的にもにぎやかな話題をなげた。日本ではまだ百メートルが12秒、二百メートルが25秒といった時代である。マラソンだけが世界記録を27分も破る結果になったのだから、周囲が騒ぐのもムリはない。「距離か時計かどちらかに狂いがあったのではないか」という声もずいぶんあった。

だが一般国民の間では、金栗がオリンピックに行けばきっと優勝して帰るだろうとの大きな期待がふくらんでいく。「体は小さいが、日本人はマラソンの得意な民族だ」という考えがひろまり、やがて《マラソン日本》という言葉まで生まれたほどである。

しかし、四三自身は、自らの脚でつくったこの大記録がにわかには信じられない。夢の中の出来事のようだ。生まれて初めての試み、しかも完走・勝利・大記録――という動かせない事実が自分を包んでいる。羽田のレースは貴重な体験だった。四三はその予期せざる好結果を将来に生かそうと考えた。

〝この経験を生かして新しい日本マラソンの道を開拓しよう〟

そう心に決めてからは、暇さえあればレースの後を振り返って、向上のための何らかの結論をつかもうと努力した。結論は原因の探究によって生まれる。まずレース前のことから考えおこしてみた。

［予選会場の羽田へ着くのが予定より遅れたため、レース前の食事はパンの一かけらと生卵二つだけだった］

――四三はいわゆる消化力ばく大で食欲旺盛なほうだ。朝夕はモリモリ食べる。しかし練習前の昼食はやや少なめにとる習慣をつけていた。とくに予選の三、四ヵ月前からは練習中の胸のムカムカを少しでもなくして、十分の練習をやりとげようと昼食の量を半分にへらしていた。そういう習慣があのときの急場に役立ったのだろう。パンと卵は適当な食事の量だったわけだ。もしもレースの日だけ食事の量を加減する方法をとっていたら、途中で吐くか、野口源三郎のように空腹にたまりかねての醜態を演じていたかもしれない。

〝ふだんの生活もレースのときを想定しそれに直結するものでなければならない〟――これが第一の結論である。その考え方は以後何十年かの四三の競技生活を支配した。彼が幾多の大レースにのぞんで食事による失敗が一度もなかったのは、このときの貴重な体験によるものだろう。

[厚手の冬シャツを着て、帽子をかぶっていた]――このこともプラスだったに違いない。集合から出発までの間の寒さに、他の選手たちは歯の根もあわぬほど震えていた。四三はそれを感じなかった。厚い冬シャツと帽子が、雨をよけ、体温の保持にも役立ったのだろう。

〝長いレースをスムーズに走り通すためには、レース前の保温にも十分注意しなければならない〟――これは第二の結論だ。

[前半はビリに近く、後半になってしだいに追い上げていった]――四三が前半遅れていたのは、練習中に痛めた脚の故障再発を恐れていたからだ。そのため前半をあわてずにじっくり調子を出し、中盤からしだいにスピードを上げる結果となった。そして幸い脚の痛みも出てこなかった。脚のことを忘れ、初めてのレースという興奮にかられて前半からすっ飛ばしていたら、後半でつぶれてしまったかもしれない。

〝長い距離を完走するには焦りは禁物。フルの力を発揮するためには自分の最上のペースを見つけだし、それを忠実に守ってゆくことだ。羽田の経験を生かし、練習にも注意して《金栗のペース》をつくり上げよう〟――これが第三の結論であった。

[途中で足袋がやぶれたのはマイナスだった]――ピシャピシャと泥水を跳ね上げ、ふくらはぎをたたく足袋の破れはなんともイヤなものだ。四三は途中で足袋を脱いだが、そのため足がヌカルミにすべって相当のブレーキになった。

〝破れぬ足袋をつくること〟――これも四三がつかんだ新しいヒントだった。四三たちがレースに使ったのはハゼつきのふつうの和風足袋。ゴム底のマラソン足袋など日本ではまだ考える人もいなかった時代だ。丈夫なことと堅い道を走る足へのショックを和らげる目的も合わせて、四三はこのときから足袋の底に二重三重の厚い布をあてることにした。

「黎明《れいめい》の鐘」に

〔オリンピックへ〕

日本スポーツ界に画期的な鐘を鳴らした羽田予選の年も暮れ、明治四十五年の早春がやってきた。三月の初め、三学期の試験にそなえてねじり鉢巻きだった四三は、ある日嘉納校長から呼ばれた。

「金栗君、大日本体育協会は今夏のストックホルム大会に初の日本代表を送ることに決めた。ついてはマラソンに優勝した貴君と短距離の三島弥彦君に行ってもらおうと思う。ひきうけてくれるか」

四三はびっくりした。

〝外国へ、外国へオレが行くのか?〟

何と答えたらいいのか——とまどった四三はしばらく嘉納の顔を見つめた。嘉納の目は微笑をふくんでいる。

「先生、私には荷が重すぎるようです」

嘉納は四三が喜ぶと思っていたらしい。予期に反した答えに、こんどは嘉納がびっくりした。

「どうしてだ」

「先生、羽田の予選では幸運にも勝つことができました。しかし十分の練習も準備もできていないまま、たとえ三、四ヵ月のトレーニングを積んだとしてもオリンピックなどまったく自信はありません。行けばぜひ勝ちたいと思うでしょう。また勝たねば期待してくれる国民にも申し訳ありません」

興奮したように四三は辞退の弁をまくしたてた。

「そうか、しかし、もう一度考えなおしてくれ」

嘉納はそう言っただけ。四三もていねいに頭を下げて校長室をひき下がった。

学期試験が終わって一週間近くも経ったころ、四三はまた嘉納に呼ばれた。

「他のオリンピック委員諸君にも貴君の言葉を伝えたが承知してくれなかった。予選のさいの距離や時計も問題になったが、そんなことよりとにかく日本はマラソンにこそ新しい活路があるという意見だ。君が辞退したからといって2位の佐々木をやるわけにもいくまい。どうだ、ひきうけてくれんか」

四三は前と同じ辞退の言葉をくり返したが、こんどは嘉納も簡単にはひき下がらなかった。

「日本の運動競技は欧米各国に比べて相当の遅れをとっている。これからは国内の学生たちも、学問だけでなく新しい方向にも発展しなければならない。スポーツもその一つだ。学生が先頭に立って国民の体育熱をふるいおこすのだ。私は講道館をつくり柔道熱をあおった。しかし残念ながら柔道はまだ国内だけのものだ。貴君の脚で、貴君のマラソンの力で、日本スポーツの海外発展のきっかけを築いてくれ。勝ってこいというのではない。最善をつくしてくれればよいのだ」

かんでふくめるような嘉納の穏やかな口調が四三の胸にしみた。

「先生、そのお気持ちは分かりますが…」

頑固な四三の言葉を聞き流して嘉納は静かに話しつづける。クーベルタン男爵の名言やオリンピック精神にもふれた。全力を尽くして散ることの美しさもその言葉の中にあった。嘉納の話はしだいに熱をおびる。

「五十年前、日米修好条約のときの日本の使者は、チョンマゲに羽織、袴、腰に刀をぶち込んで太平洋をおし渡ったものだ。アメリカでは田舎者の山猿ぐらいに思われたことだろう。文明の差だ。何事も最初は辛い。自信もなかろう。しかし苦労覚悟で出かけていくことにこそ人間としての誇りがあるのではなかろうか。スポーツにしてもしかり。捨て石となり、いしずえとなるのは苦しいことだ。敗れた場合の気持ちも分かる。だが誰かがその任を果たさなければ、日本は永久に欧米諸国と肩を並べることはできないのだ。このオリンピックを見逃したら次の機会は四年後にしかやってこない。もう四年の空白を指をくわえて待つ時期ではないのだ。金栗君、日本スポーツ界のために《黎明の鐘》となってくれ」

嘉納の顔はポーッとくれないに染まり、目はキラキラと光っていた。

四三はすっくと立ち上がり、叫ぶように言った。

「先生ッ、金栗は行きます。行って力いっぱい走ります」

後は言葉にならなかった。全身がしびれるようであった。

「そうか、決心してくれたか。ありがとう。うんと練習に励んでくれ」

嘉納は肩の荷を降ろしたようにいつもの温顔に戻った。

〝できたら勝ちたい。しかし勝敗のみにこだわるのはよそう。ベストをつくし、パイオニアとしての辛酸もせいいっぱいなめてみよう〟

四三の胸は高鳴っていた。そう決心したことが悲壮なことのようにさえ思えた。

〔家門の誉れ〕

スウェーデンの首都ストックホルム…。世界地図をひろげてみた。北極圏に近い。世界の若人たちがそれぞれの母国の名誉をかけて、ありったけの力と技を競う第五回国際オリンピック大会はそこで開かれるのだ。四三の心はもう北欧の空へ飛んでいた。

日本出発まであと五十日余。オリンピック大会の開催期間や先進諸国の体育事情視察などもふくめて、四三たちの遠征旅行予定は五ヵ月近くにもなるという。ストックホルム行きを決意してからの四三はいろいろな準備に追い回される日がつづいた。その中でも四三がもっとも心を痛めたのは、遠征費用をどうやってひねり出すかということだった。

嘉納校長の話では、こんどのオリンピック出場については文部省の反対で、当初の予定とは違い、体協からも国からも旅費の補助は出なくなったらしい。全てが個人負担だ。船賃、汽車賃、ホテル代、視察費…そんな実費が約千五百円、それに小遣いとして三百円ぐらいは持っていかねばならないらしい。

合わせて千八百円の金を集めるのは四三にとって大問題である。〈明治四十五年当時の米一〇キロの値段は一円三十九銭、平成二十四年は三千七百五十円で、約二、七〇〇倍。千八百円は現在の四百八十六万円に当たる〉

すぐにでも故郷に帰って母や兄に相談しようと思ったが、練習もやらねばならないし、とてもそんな余裕はなかった。

四三は前年の校内長距離競走のさい、母や兄から「走ってばかりいては学問が留守になる」と叱られた苦い経験をもっている。羽田の予選のこともまだ郷里には知らせていなかった。手紙を書いても果たして承知してもらえるかどうかまったく自信はないが、オリンピック出場をひきうけた以上は、どうしても実情を知らせ経費ねん出をたのんでみるより手はない。

羽田予選のこと、嘉納校長の勧め…こまごまとこれまでのいきさつをしるし「自分はやむを得ずひきうけた。大任だからどうか了解してほしい。経費も各自自弁ということだから工面してもらえまいか」とつけ加えた。思いつめた真剣な手紙であり、おっかなびっくりの弁解がましい内容でもあった。

投函してから返事が来るまでの一週間というものは、ああでもない、こうでもないと考えつづけて、夜も眠れないほどだった。オリンピックのために五ヵ月も学校を留守にする。それをはたして母や兄は許してくれるだろうか。駄目だと言われれば、もちろん金の工面もしてはもらえまい。たとえ趣旨には賛成してくれても千八百円の大金が家にあるかどうか。

最悪の場合でも、今さら代表を断るわけにはいくまい。よし、そのときは借金しよう。高師を出た後教員の職につけば、その給料から月々返済していくこともできるだろう。そんな悲壮な気持ちになりながら四三はソワソワと返事の来る日を待った。

十日を過ぎて、やっと郷里から返事が来た。もどかしい思いで封を切ると、長兄の代筆で家族じゅうの意見をまとめてしるしてあった。

「四三、よくやってくれた。家じゅうの者がみな喜んでいる。家門のほまれだし、地元の人たちもたいへんな名誉だと言ってくれた。お前が外国へ行けるのは千載一遇の好機だ。人間は二十五歳までで大成するか否かのカタがつく。相撲とりでも二十五歳をすぎたら横綱にはなれない。さいわいお前はまだ二十一歳の若さだ。行ってこい。行って力いっぱい走ってこい。金のことは決して心配するな。たとえ田畑を売っても、そのための金なら惜しくはない」

四三にとっては意外な、そして跳び上がるほどのうれしい便りだった。家族みんなの意見と書いてあるが、これ

は やはり長兄実次の決断によって生まれた結論だろう。四三は兄の温かい思いやりに泣いた。何度も何度もその手紙を読みかえすたびにポロポロと涙がこぼれる。

〝兄さん、オレはなんとお礼を言ったらいいか。前年のあの手紙を見て以来、兄さんを分からず屋のコチコチだと思ったこともある。オレは兄さんの力で育てられ、あなたのおかげで高師にもやってもらっているのに、その本当の気持ちを知らなかったというのはどういう人でなしだろう。あんな弁解がましい手紙を書いた自分が恥ずかしい。でもこれで安心して外国へも行ける。嘉納先生がおっしゃったように日本スポーツ界に《黎明の鐘》を鳴らすんだ〟

四三が長い距離を走ることについて最も反対していた母までが、激励の言葉を贈ってくれる。その夜もまた四三は感激で眠れなかった。

〔郷里でも評判に〕

『日本初のオリンピック選手として、東京高師の金栗四三と東京帝大の三島弥彦を北欧ストックホルムへ派遣』というニュースは新聞で報道されたが、熊本の田舎ではまだ新聞を読む人も少なかったころだ。四三の郷里春富村の人たちがこのことを知ったのは、四三の手紙が中林の自宅に届いたのと同じころだった。

柔道の嘉納治五郎のことは、田舎の人たちも知っていた。四三が生まれた明治二十四年の夏から二年間、熊本の第五高等中学校の校長を務めた有名人だった。

「四三さんが嘉納さんにつんのうて外国に行くてちバイ」「走りごくらばしぎゃ外国まで行くてったい。いさぎいこつな」とたいへんな評判になった。四三の実家には喜びの客がたえなかった。

四三を外国へやることを心に決めた兄の実次も、その日から陰膳をすえて四三の武運長久を祈った。母親も一日と十五日には近くの氏神さまにおまいりして息子の健闘を念じた。

母校の玉名中学でもにぎやかな話題になっていた。

「金栗四三というのは聞いたことがあるな」「春富村のあの金栗四三のことかな。しかしあいつは剣道もヘタクソ、運動会にもあんまり出よらんだったぞ」「そうだ、あいつがマラソンで世界の記録を破ったり、外国へ行ったりなんかするもんか。同姓同名の別人だろう」「だがね、熊本県の玉名中学出身で高師に進んだ金栗というのはあいつ以外にない。あいつにちがいないとしても、勉強ばかりしよったやつがねぇー」と職員たちの間でも不思議がられた。

母や兄の快諾を得てから、四三は毎日のトレーニングにも力が入った。四三は走りながら考える。

〝マラソンは、前年の羽田の予選のときたった一回走っただけだ。あのレースは、参加者全員が初めての経験だったから偶然に勝てたのかもしれない。自分も完走だけが目標だったのでゆったりした気分で走れたのだろう。オリンピックではそう簡単にはいくまい。外国選手がどんな走法、どんな作戦をとるのか、てんで見当もつかない。それに対する準備はいったいどうしたらいいのか。国内にはオリンピック経験者はもちろん、大会を見た人もいない。道路もコース条件も違うのだから相手の記録を知るだけではなんとも心細い〟

考えれば考えるほど、四三にとっては心配なことばかりだった。

我流でやる他はない。四三はまず完走を第一の目標においた。そのためには、じっくりと時間をかけた練習で体力を養っておくことが必要だろう。一日に少なくとも一時間半、距離にして二十〜二十五キロは走らねばなるまい。三月から四月にかけては気候もよく、十分の練習ができた。徒歩部の仲間とは練習の目的が違うので、四三は一人ぼっちで郊外を走る。前年の練習にくらべると、心身ともに軽やかな調子で走れるような気がした。

その調子に乗って、四三は毎日、毎日たんたんと駆けつづけた。競走したり正確な距離を測ってタイムをとることまでは考えつかなかったが、とにかく心ゆくまで走った。練習用の足袋は三日もすると駄目になった。破れるたびに新しくするほどのふところの余裕はない。毎晩のように慣れぬ手つきで針を動かした。ツギハギだらけの雑巾のような足袋が何足も部屋のすみに積まれていく。

学校の近くで足袋の製造、販売をやっていたハリマヤの黒坂辛作を訪ねては「なんとか工夫してくれんか。履きよくて長持ちするやつを」と頼み込んだりした。しかしバンカラな四三はよけいなことに気を使わない。今から見れば実に不格好なシャツとパンツの改良については何の関心もなかった。

練習で自信というほどのものはできなかったが、オリンピックへの気分的な高まりは日をおって大きくなった。

〔礼服を一式新調〕

東京高師は、三田の慶応義塾と並んで東京の学生間でも身だしなみにはかなりの気を使い、いわゆるハイ・クラスの学生が多かった。しかし四三は熊本の片田舎に生まれた山だしである。加えて生来のバンカラだ。帽子をワシづかみにして、電車にも乗らず、人力車を追い越すようなすさまじい勢いで東京の市内を歩き回り、走り回って高師の名物男とさえいわれるようになっていた。その山だしが初の日本代表として外国に行くのだ。あまりみっともない格好もできまい。四三は人に勧められて、生まれて初めて服装に気を使った。

オリンピックへ行けば、その国の元首から公式の宴会にも招かれるだろう。まさか詰襟の学生服に学生帽で出席するわけにもいくまい。山だしの明治青年は、なんだかこわくなって、外国へ留学したことのある教授を訪ねては、西洋の礼儀、服装の勉強を始めた。今でいうエチケットである。

儀礼用第一号の服装はシルク・ハットに燕尾服。山高帽にモーニングやフロック・コートといった組み合わせが第二装ではないかということだった。当時はまだ紋付羽織、袴に山高帽をかぶって結婚写真をとったりしていた時代だ。儀礼用も何も、話を聞くだけではピンとこない。どうせ必要ならつくらねばなるまいと、四三は単身、三越百貨店の洋服部へ出かけていった。

「燕尾服にフロック・コート、それに背広と外套ばそれぞれ一着ずつつくってくれんかい」

若い店員はびっくりして皿のように目を見張った。帽子をワシづかみにした、大して風采も上がらず金もなさそうな学生が、大臣さま並みの注文をする。それも妙な早口でよく分からないのだ。

「エ、エッ、なんでございますか」

四三は顔色も変えず、同じ調子でくり返す。

「燕尾服にフロックに…」

「ハ、ハイ、ただいま…」

若い店員は売り場の主任らしい中年の男に応援をもとめた。

〝ハハァー、相手はオレを気違いと思っとるばい〟

四三はその主任にゆっくりと事の次第を説明した。「私は金栗四三というもんで高師の学生です。こんどオリンピックへ行くことになったので、礼装用のきもんば注文しよっとですたい」

主任もようやく納得した。それからは下へもおかぬ丁重なもてなしで寸法を測ってくれた。四三もよってたかっての大サービスにはちょっとテレたが、あいかわらず口をへの字にむすんで、天井を眺める。一時間近くもかかって、初めての洋服注文は終わった。

二週間ほどしてその品は寄宿舎へ届けられた。当時としては群を抜くパリッとした服装だが、現在の感覚からするとスタイルも何も雲泥のちがいである。ズボンはモモヒキのように細く、上衣もピッタリ体に密着したつくりだ。着てみると何だかきゅうくつな感じさえする。

それでも四三は鏡を眺めながらたいへんなご満悦。夏のオリンピック参加に外套をつくったのはいささか変な感じだが、日本出発が五月なかばで、シベリア鉄道の旅はまだ寒かろうというのでふんぱつしたのである。これは非常にためになった。その他山高帽、ネクタイ、白手袋、エナメル塗りの靴や下着などこまごましたものもそろえた。シルク・ハットは適当なのがなく、むこうへ行ってから買うことにした。

ストックホルムに着いてから大会までには一ヵ月の余裕がある。その間には練習もしなければなるまい。四三はハリマヤに頼んで、レース用と練習用に裏底に厚布を二重、三重にくっつけた特製足袋も四、五足用意した。これは現地の練習でたちまち破れてしまい、追加注文の電報を打ったりしたのだが…。

こうして、先輩や周囲の知恵を拝借しながら準備に気を配った四三だが、レース用のシャツやパンツの改良にまでは手が届かなかった。半袖丸首シャツに、膝がかくれるくらいの長いパンツが、旅行用のトランクの中におさめられた。

〔洋食マナーに脂汗〕

西洋の食事についても熱心に研究した。洋食など食ったことはないし、テーブル・マナーも話を聞くだけではさっぱり分からない。四三は週に一回ずつ、小石川伝通院前の西川という西洋料理店に通って、洋食の食べ方についての実地勉強をやり出した。スープ、オードブルから始まって五、六品の料理を出してもらい、ナイフ、フォーク、スプーンなどの名前からその使い方までじっくりと教わった。

「ピチャピチャと飲む音をたてたら下品です」「ナイフやスプーンはていねいにあつかいましょう」「姿勢を正しく」と講習はなかなか手きびしい。それでもストックホルムまで行って「赤ゲット」となめられるのがいやだから、四三はけんめいに練習した。

チーズ、バター、珍しいくだもの…おいしそうなものがいっぱい並ぶわけだが、四三にとっては味なんか問題外。堅苦しいテーブル・マナーとやらで脂汗まで流れるしまつである。洋行することによって起こる食事の変化が、走ることにどんな影響をおよぼすか、などと考える余裕もなかった。とにかく礼儀作法の訓練である。

栄養補給という見地からは週に二、三回ずつ近くの江知勝というすき焼き屋に通った。牛肉より豚肉が安いので、他の店から豚肉を仕入れて同室の二、三人が江知勝へくりこむ。すき焼き屋で正式に注文するのは初めの一回分だけだ。あとはナベの中へ秘密持参の豚肉をほうり込んで、たらふく食うのである。女中がブタの匂いをかぎつけて「ちょいと学生さんたち、ヘンな香りがしますこと。ホッホッ」とひやかしたりする。しかし、四三の仲間はいろんな会合でかねてからなじみの店なのでまったく黙認のかたち。後には大っぴらに豚ナベをつついた。

「オイ金栗君、あんたの熊本弁では外国人に通用すまいなあ」と友人が皮肉を言う。そこで四三は会話の練習もやっておくことにした。スウェーデン語は別として、英・仏語ができれば一応の国際人である。四三が英会話の練習について嘉納校長に相談すると、「そうだなあ、大森君の奥さんがアメリカ人だから、そこで習ったらよかろう」となった。

大森兵蔵はアメリカYMCA訓練学校体育部を卒業し、同地で結婚した安仁子夫人を伴って明治四十一年日本へ帰った。帰国後は陸上競技をはじめバスケットボール、バレーボールなどのスポーツ普及に力を入れ、嘉納治五郎の技術顧問のようなかたちで、体協の創立や羽田の予選の企画、開催にも骨を折った。嘉納の信頼が厚く、ストックホルム大会の日本代表監督に予定されていた。

大森夫妻の家は新宿寄りの大久保にあった。週に二回、小石川の寄宿舎から駆け足で通うのである。まわらぬ舌をまわして英会話を鍛えられた後、寄宿舎へ帰ると、もうとっぷりと日が暮れている。それから夜道へ駆け出して本格的なトレーニングだ。ギッシリのスケジュールにさすがの四三もヘトヘトだった。

五ヵ月近くの遠征旅行では、船にも汽車にもいやというほど乗らねばならない。乗り物に自信のない四三は、その訓練にも力を入れた。四月ごろから努めて電車を利用するようになった四三を見て、寄宿舎の仲間は「あの名物男もついに歩くことにネをあげたらしい」とささやき合った。ところが四三の目的は乗り物酔い防止の訓練にある。走る練習の余暇をみては、乗り換え乗り換えで一時間も二時間も目をつぶったまま座席にふんぞりかえっている。この異様な学生を見て車掌もびっくりした。

船の練習は、一年生の夏に乗った東京湾汽船のことを思い出して利用した。土曜日の夜、芝浦の桟橋を出る汽船に乗ると、翌朝千葉県の北条に着く。そしてただちに折り返しの便で芝浦へ帰ってくるのだ。これらの練習はずいぶんためになった。

〔感動の遠征費募金〕

ストックホルムへの往路は、ウラジオストクからのシベリア鉄道を使うことになっていた。連続二週間の汽車旅行である。ゴトゴトと揺られつづける半月あまりの車内生活で、いったい何を食べたらよいのかも問題だった。

列車内の食堂は相当高いらしい。大森監督や三島弥彦とヒザつき合わせての相談の結果、自炊生活をしようということになった。そうすればある程度食事の変化に対するとまどいも避けられるだろうし、金のことも心配せず腹いっぱい食えるだろう。牛肉や魚、野菜などのカン詰め類をどっさり用意し、暖める燃料としてアルコールランプも準備した。

開会式の入場行進に掲げる日章旗だけは大日本体育協会が用意してくれた。

四三が頭をひねりながら、あれやこれやの遠征準備に追われているころ、高師の寄宿舎では彼のために後援会結成の計画が進められていた。

「金栗のオリンピック行きには相当の金がいるというではないか」と誰かが言い出したことからその動きは活発になった。「金栗はわれらの代表だ。しかも日本で初めてのオリンピック選手として檜舞台に行くのだ。ひとつ彼へのはなむけとして、同窓会だけででも後援会をつくり、いくらかの拠金もしてやろう」となった。寄宿舎の総務たちが中心となってたちまち金栗四三後援会が出来上がり、職員たちもその趣旨に賛成した。

熊本出身の先輩で舎生たちの面倒をみていた福田源蔵（のち、熊本中学の名校長とうたわれた）は、四三の1位入賞を祈って、縁起がいいようにと十一円十一銭を寄付してみんなを感激させた。生徒、教授たちの好意の集まりは、やがて千五百円ちかくにもなった。当時としては大金である。

寮生の代表が、この金をもって四三の部屋を訪ね「しっかりやってこいよ」と肩をたたいてくれたのは出発も間近になったある日の午後だった。四三はこの喜びをさっそく故郷の母や兄にも知らせた。

〝母さんや兄さんもどんなに喜んでくれるだろう〟

みんなの温かい思いやりに、四三は胸のつまる思いだった。

遠征の日程は、五月十六日に東京を出発し、シベリア鉄道を経てストックホルムに着く。そして約一ヵ月の現地練習を行い、七月六日から二十二日までが第五回オリンピック大会の開催期間だ。大会が終わったら一週間のスウェーデン見物。その後ベルリンに一週間、パリに五日、ロンドンに十日あまり、それから三十五日あまりの船旅をつづけて九月の末か十月の初めに日本に帰り着く予定だった。

大会終了後の旅行は、欧州各国の見物はもちろんだが、現地の新しいスポーツの動きを見てきて、日本の体育振興の資料にもしようという目的であった。これらのスケジュールも寮生たちは知っていた。その日程表をもとにして、四三の遠征費予算を組んでくれたものらしい。全費用についてくわしく記した次のような明細書が同封してあった。

一、ストックホルムの滞在費（四百円）
一、スウェーデン見物費（七十円）
一、ストックホルム―ベルリン―パリ―ロンドン間の汽車および汽船代（百円）

一、ベルリン、パリ、ロンドンの滞在費（三百円）
一、帰国の汽船代（四百円）
一、マルセイユ、ポートサイド、セイロン、シンガポール、上海など途中寄港地における雑費（百円）
一、船中でのボーイに対する心付け、および飲食費（五十円）
　計一千四百二十円也

どこでどうして調べてくれたのか、実にこまかいところまで気を配った予算書だった。四三はあふれそうになる涙をグッとこらえた。おかげで心配していた故郷の兄からは諸雑費の三百円あまりを送ってもらっただけですんだ。四三のオリンピック行きを聞いた在京の熊本県人会でも壮行会をしてくれた。細川護立侯や清浦奎吾伯をはじめ、多くの人々が集まって「金栗君のこのたびの栄誉は、県人われわれの名誉でもある」との盛大な激励だ。四三も「最善をつくします」と謝辞を述べた。

〔声涙くだる励まし〕

日本出発を一週間後にひかえた五月の初め、寄宿舎の食堂で金栗四三を送る壮行会が開かれた。嘉納校長をはじめ全職員、生徒が出席、ふだんの夕食の献立に簡単な料理を一、二品加えた壮行の宴であった。

それぞれの席につき、四三は嘉納校長と並んで正面の席に座った。ザワついていた食堂が緊張する。そのとき部屋の扉があいて峰岸米造舎監に伴われて初老の紳士が静かに入ってきた。数百の視線がその方へ流れる。

みんなに軽く会釈をして正面を向いた紳士の顔を見て四三はハッとした。四三の東京高師入学を誰よりも喜んでくれた玉名中学校時代の恩師甲野吉蔵校長であった。四三が立ち上がってあいさつすると甲野校長もニコニコ顔で「おお金栗君、このたびはおめでとう」と手を握ってくれた。ちょうどこの日、全国中学校長会が高師講堂で開かれており、峰岸舎監から四三の壮行会が行われることを聞いてさっそくかけつけたのだという。

「おりよくこの席に連なることができて愉快だ。玉名中学でも壮行の会を開こうと思っていたが、もう間に合うまいから私は玉中の全職員、生徒を代表して出席したんだと思ってくれ」

四三は感激した。嘉納校長が立って、オリンピックの歴史とその精神を説き「最善をつくしてくるように」と結んだ。

つづいて峰岸舎監の紹介で甲野校長が立った。

「日本の初めてのオリンピック参加に、私の教え子が代表として選ばれたことは、この上ない喜びであります。みなさまのお世話で、その準備はまったくなったと聞きますが、諸兄のご好意に対しては私も深く感謝しているものであります。金栗も体には十分注意して、立派な成果を上げてくるよう念じております。ところで、金栗は私の教えた五年間、運動については何の興味もなさそうな男でした。走ることで活躍したという記憶もありません。その男が快記録で予選に勝ち、しかも日本の代表に選ばれてオリンピックへ行くという。私たちは、われとわが耳を疑ったものでした。と同時に名校長嘉納治五郎先生にひきいられる東京高師が、体育による心身練成の旗じるしを掲げ、駄馬を駿馬に鍛き上げられたそのたくましい教育の成果に、あらたなる感激を覚えるものであります。金栗君、東京高師の面目にかけ、日本国民の名誉にかけて、ご健闘を祈る」

アラシのような拍手が起こった。

寮生の代表が立った。寄宿舎の総務を務める堀内林平と島田熊次郎である。二人は、声涙ともにくだる激越な調子で大演説をぶった。その中には、古代ギリシャの勇士の母親が戦場に向かうわが子をはげましたという有名な言葉も引用された。

『われらの希望におおいなる道をひらく金栗四三よ、勝たずんば盾にのって帰れ＝*Give me Victory or Give me Death*＝（勝利か、しからずんば死を与えよ）』

島田、堀内の二人は紅顔を炎ともやし、卓をたたいて四三を鼓舞激励した。その演説を聞いた寮生たちは「金栗は勝てなければ、生きて帰ってはこられないのではないか」と思ったほど強い調子のものであった。四三は両目を閉じ、しっかと口をむすんだまま黙然とその演説を聞いていた。

ゆっくりと立ち上がった四三は「みなさんのご好意とご支援に感謝し、力いっぱい戦ってきます」と簡単に謝辞を述べた。こうして、悲壮感漂う盛大な壮行会は終わった。

食堂内を包む緊張と静寂の空気を破って誰かが「胴上げだッ」と叫ぶ。寮生たちの腕にかかえ上げられた甲野校長と四三の体は、万歳、万歳のアラシの中で二度、三度、高く宙に浮いた。

汽笛一声新橋を

〔意気揚々と壮途へ〕

出発の日がやってきた。

明治四十五年五月十六日、初夏の朝は日本晴れの上天気だった。四三はいつものとおり午前六時に床を蹴った。運動場に出て軽い体操をし、フロ場で頭から冷水をかぶった。日本での冷水浴ともしばらくはお別れである。水はまだ冷たかった。ふたたび校庭へ出て大きく深呼吸した後、はるか西南の空を拝して、故郷の母や兄に「四三は元気で、今日出発します」とあいさつした。

寄宿舎の食堂で全生徒と送別の昼食をともにした後、四三とこれを送る職員、生徒の大行列は大塚の学校を出発し、徒歩で新橋駅へと向かった。藍地に白で「送国際選手金栗四三君」と染めぬいた大きなノボリが先頭に立つ。職員や寄宿舎の幹事たちに囲まれた四三は山高帽に紺の背広、水色ネクタイのバリッとしたいでたちである。

はなやかな壮行団の列は小石川の大通りを、伝通院前に出て富坂を下り、造兵廠わきの電車通りを通って和田倉門前にさしかかった。二重橋前で全員は皇居へ向かって整列、永井道明教授が大声を張り上げて「天皇陛下の御稜威によってわが金栗選手に勝利の栄冠を得さしめ給え」と絶叫し、一同万歳を三唱した。

「汽笛一声新橋を」の鉄道唱歌で知られる当時の新橋駅は、その後貨物専用駅となった汐留駅のところにあり、赤煉瓦の東京駅は中央停車場の原っぱのまん中に建築中であった。一行は大手を振って意気揚々と新橋駅へ乗り込んだ。そのときの模様を当時の新聞から再録してみよう。

『国際選手を送る。歓声わく新橋駅頭』というのが見出し。続いて『瑞典の文豪ストリンベルヒ氏の訃報伝はりたる十六日午後六時半、瑞典ストックホルムに催さるる国際オリンピック大会に出席せる金栗、三島両選手を新橋駅に見送る』という書き出しである。『駅前俄に万歳の声起る。是ぞ金栗選手が高等師範生百余名に送られて、大塚より新橋まで徒歩にて練込来たるを、青山師範生百余名が駅前に待受け両校生徒合して、金栗選手の為に祝福の声もあげたるなり。金栗選手を高師の制服或は運動服姿にてのみ見馴たる我等は、紺セルの背広に水色のネクタイを着け山高帽を戴ける氏をみて、その体裁の紳士と早変りせるに一驚を喫したり』とある。

青山師範から来たのは、東京高師を憧れの的としている生徒たちの集まりで「高師の金栗さんが行く」というので、大挙して押しかけてきたのであった。四三はこの一団に対して簡単にあいさつした。

新橋駅前の広場には見送りの人波がぞくぞくとつめかけてくる。三島に初めてクラウチング・スタートを教えたという米国大使館のキエルソフ参事官の顔が見え、つづいて大森兵蔵監督と安仁子夫人も姿を見せた。

駅前広場は身動きもできないほどごったがえした。そこへ自動車に乗った三島弥彦が、兄の日銀総裁三島弥太郎子爵ら家族と一緒に現れた。そのころは東京でも珍しかった自動車で乗りつけ、カンカン帽にダブルカラーというイキなスタイル、しかも鼻ヒゲをたくわえた三島を見て、群集はまたワッとわいた。

胸に小さな日の丸をつけた大森、金栗、三島の三人の顔がそろうころ大日本体育協会会長の嘉納治五郎もどじょうひげをしごきながら姿を現わした。三島は陸上はもちろん、野球、相撲、水泳、スケートもうまいという万能スポーツマン。その所属している天狗クラブの猛者連もにぎやかにかけつけて、金栗、三島の両選手に花束を贈った。

四三たちは神戸行きの一等寝台に乗り込む。老衰した三島選手の祖母が侍女に助けられて窓ぎわに歩みより「からだを大切におしよ」と涙を流した。

『汽笛にはかに起り高師生徒等が声を限りに歌ふ「敵は幾万」――潮と群れる見送人が帽子ハンケチを打ち振りて、金栗、三島、大森三氏の為に万歳、万歳の歓呼声裡、両選手と大森夫婦の四つの顔は次第次第に遠ざかり行く。時に午後六時四十分なり』

明治終わりの年の初夏の宵――東京の町にはガス灯のひかりが青くまたたいていた。

盲目旅行

〔ノートに五輪初参加の遠征日記〕

四三たちを乗せた神戸行きの列車は、ゴトンゴトンと音をたてながら夜の東海道線をひた走る。四三が乗り込んだ一等寝台室は三島弥彦と敦賀まで見送りに行く高師の峰岸舎監の三人だった。大森夫妻は別の部屋。嘉納治五郎は五輪参加問題で文部省と折衝のため四三たちより遅れて日本を出発する予定になっていた。

大船駅には熊本南関出身の内堀継文鎌倉師範校長と同校の職員、生徒十四、五人がホームまで出て激励してくれた。沼津、静岡、名古屋、岐阜…途中の大きな駅には大勢の高師先輩や中学生たちが集まっていて「日本代表万歳」を叫び、窓からは餞別として各地の名産品がヤマのように積み込まれた。

汽車に揺られて居眠りをしている金栗と三島は、そのたびに大森監督からたたき起こされ、三人そろって歓迎の先輩、学生たちにあいさつした。米原で敦賀行きの列車に乗り換える。仮睡の夢を何度も破られた四三は、そのうち妙に目が冴えてきた。トランクの中から一冊のノートをとり出し、その一ページ目に「盲目旅行―国際オリンピック競技参加の記①」としるした。

この日から四三は、毎日、毎日の出来事を、こまかく書きのこしていった。薄暗い汽車の中で、揺れる汽船の船室で、あるときはホテルの机に向かい、ベッドに腹ばいになりながら…。初の海外遠征日記は、その五ヵ月間に分厚いノート二冊を埋めた。これは、日本にたった一つしかない貴重なナマのオリンピック初参加の記録である。

翌朝、一行は敦賀に着いた。列車を降りるとみんな大きく背のびしながら「おはよう」「おはようございます」とあいさつをかわした。ところがその中にいるはずのない顔ぶれがまじっている。四三の壮行会で悲壮な大演説をぶった寄宿舎の堀内林平、島田熊次郎の両総務と、徒歩部の主事を務める河内平治の三人である。四三も驚いたが、峰岸舎監はもっとびっくりした。

「オイ、オイッ、お前たちはいったいなんだッ」

「ハイ、金栗のやつを敦賀港まで送ってやろうと思いまして…」

聞けば、学校や寄宿舎の仲間には無断で、新橋駅から三等車にこっそり乗り込んでいたのだという。無賃乗車ではなかったというので峰岸舎監もホッとしたらしく「すぐに帰れッ」とは言わなかった。四三はこの三人の気持ちをうれしく思ったが、彼らは帰京した後で先生から大目玉をくらい、さすがの猛者たちもすっかりしょげかえったという。

出迎えの人たちに囲まれて宿へ行くと、つるがホテルには「歓迎国際選手」と書いた看板が出してあった。ここでしばらく休んだ後、四三はフロ場で冷水を浴び、日本最後の練習にホテルを駆け出していった。

一汗かいて帰ってくると、ホテルの前には地元の小、中、女学校の生徒たちがたくさん集まって、一目でも金栗、三島の両選手を見ようとガヤガヤ騒いでいた。四三は遠回りをしてそっとホテルの裏口から入る。足を洗い、背広に着替えて部屋に帰ると、敦賀の町長が大森監督らと話し合っていた。四三はこの町長にせがまれて、扇子に初めてのサインをした。

午後、ホテルを出発して敦賀港の桟橋に向かうと、集まっていた女学生たちも列をつくって四三たちの後についた。桟橋でも待ちうけた学生たちが「万歳、万歳」を叫んでごったがえし「元気で行って参ります」と一行を代表して三島弥彦があいさつし、船に乗り込んだ。大阪商船の鳳山丸（二、五〇〇トン）だ。四三はその一等船室に荷物をおいて甲板へ出た。

桟橋には見送りの峰岸舎監や堀内、島田、河内らが大声で何か叫んでいるが、群衆の騒ぎでほとんど聞きとれない。四三と三島はデッキに並んで大きく手をふった。「万歳、万歳」の声はなおもつづく。やがて午後四時半、出帆のドラが鳴った。

〝日本の地を離れる〟――鳴りつづけるドラの音、群衆の叫びが四三の腹わたに沁みるようだった。

船は白条のうねりをひいて敦賀の港を後にする。四三たちは船尾に立ったまま、しだいに小さくなっていく見送りの人波にいつまでも手をふっていた。

〔ウラジオストクでも大歓迎〕

鳳山丸の乗客は少なかった。そのころの欧州行きは、ほとんどが印度洋回りの迂回航路をとるのが普通で、よほどの事情がない限り、シベリア鉄道は使わなかったようである。

日本海は静かだった。白波を蹴立てて鳳山丸は故国を後にした。一等食堂の夕食には、豪華な西洋料理が出た。

〝テーブル・マナーの練習をしてきたが、初めて役に立つぞ〟

四三は心の中でニヤニヤしながらも、冷静な風をよそおっておもむろにナイフとフォークを握る。食事は四三らの一行の他、外国人客や、鳳山丸の船長、事務長、高級船員なども一緒だった。

厚いビフテキを切りながら、四三はチラリと横目で見る。三島はさすがに子爵家の育ちだ。姿勢を正して、器用にナイフやフォークを動かしている。大森夫妻はお手のもの。船長たちも極めて自然に食事をしている。音もたてるし、荒っぽい食べ方をするのは同席の外国人たちだった。四三はホッとした。〝オレのエチケットだって捨てたもんじゃない〟

だが緊張しているだけに、料理の味は分からない。恥をかかないようにと機械的に手を動かし、口を開くのがせいいっぱいだ。

潮水の風呂で汗を流し、一等船室のベッドで横になると、どっと疲れが出た。すぐ大きないびき。若くて健康な証拠だ。

「若い者はいいな。オレも健康がほしい」

部屋をのぞいた大森監督が、タメ息をつく。大森監督はこのときすでに胸を病んで病状は芳しくなかった。

二日目の朝、鳳山丸の行く手にはシベリア大陸が迫っていた。やがてウラジオストクの町が手にとるように見えてくる。すごい寒さだ。日本では目に痛いほどの若葉が野山をおおっていたのに、ここはまだ冬の眠りからさめぬ灰色の町であった。樹木は落葉したままゴツゴツとそびえ、路傍の草の芽がわずかに青味をもっていた。

税関の調べと検疫は簡単に終わり、白い前垂れをかけ胸に大きく番号を書いたロシア人夫（日本の赤帽）に荷物を持たせて波止場を出た。領事館員の案内で二頭立ての馬車に揺られながら領事の私邸に着くと二瓶兵二領事官補が待っていた。大歓迎。在留日本人たちも集まって大変なもてなしようだ。

午後は二瓶領事官補の案内でウラジオストクの町を見物した。三方を小高い丘に囲まれ、一方が海に面している。坂の多い町でデコボコのひどい古い石畳がつづいていた。驚くほど立派な建物はなかった。交通機関は馬車だけである。馬は大きいし、赤い服を着たロシア人の御者も大兵肥満の巨人ばかりだった。

ウラジオストクの町には日本人の旅館が五軒もあり、商売を手びろくやるなど合わせて三千人の邦人がいるという。日露戦争の後で、日本海を押し渡った戦勝国民が、外地に新しい生活の根を張り始めているころであった。店は戸を閉めているところが多い。五月十九日――きくと、この日は露国皇帝ニコラス二世の誕生日で、ウラジオ港の艦船は満艦飾、官庁や商店も休日ということだった。

夕方、四三たちは駅から汽車に乗った。領事館員、日本人クラブの人たち、鳳山丸船員…見送りは三十人あまりだ。五時二十一分、機関車の前部につけられた鐘が鳴り出した。

「カラーン、カラン、カラン」

汽笛はまだない。三つ目ののどかな鐘の音が鳴り終わると発車の時刻だ。一行は二等寝台の窓から盛んに手を振った。見送りの歓声は聞こえない。厳寒のシベリアの寒さと荒野にまき上がるホコリを防ぐために、窓を三重のガラスで密閉してあったからだ。

列車はバイカル湖の南を通って、チタまで行くローカル線の鈍行だった。四三たちはチタからモスクワ行きの急行に乗り換える予定。機関車は石炭の代わりにマキをたいて走る。窓外を過ぎて行く大陸の山野は静寂の世界であった。草原もあれば、森林もある。不毛のツンドラ地帯もあった。

真夜中、沿線に山火事が見えた。暗黒の夜空をこがしてえんえんと燃えている。列車の吐く火の粉が原因らしい。住む人もなく、消す人もいない。シベリアの夜は、浮世ばなれした死の世界であった。

〔歌に託す欧州の感慨〕

四人乗りの二等寝台には、大森、三島、金栗の三人とドイツ人が一緒になった。大森安仁子夫人は女子専用の寝台車に乗っていた。

ウラジオストクを出てから四、五時間も経ったろうか、四三たちは税官吏に揺り起こされた。露清国境のポグラニチアナ駅だという。「私たちはオリンピックの選手団だ」と大森監督が説明すると税官吏も軽く会釈し、同室のドイツ人の荷物を調べただけで通りすぎた。

翌朝、窓ごしに満州の平野が見えた。散在する小さな住宅の庭には、桃に似た淡紅色の花が咲き乱れている。ヒゲを剃り、ワイシャツをつけ、ネクタイをしめて、四三たちは食堂車へ。ここで初めて車中の食事をとった。紅茶一杯、バター付きのパン、タマゴ、サクランボの砂糖漬け…朝食費は一円だった。

二十日の午後、満州第一の都会ハルピンに着いた。停車時間が長いというので、四三と三島の二人は駅の構内を散歩したり、体操をしたり、絵ハガキを買ったりして、久しぶりで脚腰をのばした。ハルピンの駅舎は新橋よりもやや大きいくらいの立派なものだった。

「伊藤（博文）さんが殺されたところだな」とポツリと三島が言う。四三もなんだか不気味なものが背筋を走るような気がして寝台車へひき返した。

列車は満州の大平原を西へ西へと走る。夕方、マンチュリアの国境を過ぎ、ふたたびシベリア大陸へ入った。蒙古の草原にはあちこちに羊の大群が見えた。最後尾の展望車に立つと、見わたすかぎりの草原に、二条の線路がどこまでもまっすぐのびていく。町を縫い野山を抜けて曲がりくねる日本の鉄道とは、まったくかけはなれたスケールの大きさだ。シベリア大陸の雄大さをひしひしと感じた。

空も大地も、一面をバラ色に染めて、暮れなずむ草原の夕景は美しかった。四三は身も心も、その自然の中に吸い込まれていくような気がした。気も遠くなるほど――限りない空間の広さが、逆にその胸をしめつけた。

四日目の朝、列車はバイカル湖のほとりを走った。世界一の湖水はまだ氷に閉ざされ、岸辺だけがとけ始めたわずかな水の青さを見せていた。イルクーツクからモスクワ行きの急行に乗り換える。ホームは乗降の客でごったがえした。三島が寝台券を買いに走り、四三はエプロンがけのロシア人運搬夫に荷物をもたせて次の列車へ移る。夜だ。言葉も通じない。四三はハラハラしながら運搬夫の間を走り回った。

急行列車の一等寝台は明るくて広かった。発車後まもなく、大森監督が苦しそうな寝息をたて始めた。青白い顔にじっとりと汗がにじむ。病の悪化が目に見えるようだった。四三と三島は顔を見合わせる。

「大丈夫だろうか」

「お気の毒に」

不安と孤独感で二人はなかなか眠れなかった。二十四日、窓外には一面の銀世界がひろがっていた。通り過ぎる駅名は、ロシア語でほとんど読めない。案内書の時間表で、列車が今ウラル越えにさしかかっていることを知った。ウラルは想像していたほどのけわしさはもっていなかった。大きくなだらかな山のうねりであった。

二十五日の朝十時ごろ、アジアとヨーロッパを分かつ標識が線路沿いに見えた。雲が低く、山なみは小雨に曇っていた。

「いよいよヨーロッパに入るぞ」

「ここは明治二十二年、福島中佐が単身馬をかって、シベリア横断の快挙をやってのけたところだ」

日本人の意気と苦闘の後を四三たちはそこに見た。

「雲ふかくたれこめてけりウラル山東へ西へとへだつ雄々しさ」

「ウラル山名には聞けども今ぞ見る心も勇む駒のいななき」

「ウラル山かの福島のとどめたるあとはいずくぞみまほしものを」

「ウラル山われもいましの上にあり高しとぜずや日の本の民」

アジアを後にして、いよいよヨーロッパへの第一歩を踏み出す《青年金栗四三》の感慨であった。

〈肩がこった汽車の旅〉

三島弥彦は鼻下にヒゲをたくわえた美青年。大きな写真機をもっていて、大森夫妻や四三にレンズを向けたり、列車の窓から珍しいシベリアの風物を撮ったりして退屈をしのいでいた。ユーモラスな性格が言葉の端々にうかがえることもあったが、半面では子爵家の育ちという謹厳さが毎日の生活を支配しているようで、あけっぴろげの気やすさはあまりなかった。

大森監督は病気からくる疲労で横になっているときの方が多く、ほとんど口をきかなかった。四三とてとくにおしゃべりの性格ではない。静かな車内の生活がつづいた。

長い列車の暮らしの中で四三たちが閉口したのは朝のあわただしさだった。

「日本人としての謹厳さ、紳士らしさを失ってはならぬ」

大森監督は、こう言ってきかせた。

朝起きると、外国人客は必ず洗面所へ行ってヒゲをあたる。大森監督の注意があるから、四三たちも外国人並みの身だしなみに気を配らねばならなかった。ちょっとでも遅く起きると、洗面所は押しあいへしあいの混雑だ。列をつくって待つ時間がたまらなくもどかしい。ようやく順番がまわってくると、こんどはガタゴトとゆれる列車の動揺に顔を切りそうで困った。

朝起きたら寝るまでワイシャツ、ネクタイ、背広に身を固めていなければならない。四三はそのきゅうくつさに肩がこった。貴族育ちの三島も、さすがにまいったようで「金栗君、息がつまりそうだな」とマユ根をよせた。

食事は費用節約のためほとんど安仁子夫人の手料理。アルコールランプで湯をわかし、牛乳を温める。日本から持参のカン詰めを開け、駅売りのパンにバターを塗って食べた。

安仁子夫人が自炊中止を申し出たときには、食堂車へ行って安い料理を選んで食べた。文字通りの耐乏生活だ。栄養の点は安仁子夫人の心遣いでまず十分だったが、米の飯と味噌汁の日本食にひそかな郷愁を感じたものである。

ペンザの駅を過ぎて、翌日はモスクワ到着という夜、四人はそろって食堂車にくり込んだ。長かったシベリアの旅に別れをつげる晩さん会である。ふだん一円か一円五十銭ていどにきりつめていた食事を、この日は一人あたり五円も張り込んだ。食卓には久しぶりでなごやかな笑いが流れた。

二十八日の朝、いつもより早く五時半に起きた。快晴で、柔らかな日ざしが車中に差し込んでいた。沿線には石造りやレンガの家が建ち並び、教会の高い塔の頂がキラキラと朝日に輝いた。

午前七時、モスクワの駅に着く。駅前には宿舎メトロポールホテルから迎えの車が来ていた。

「ホテルの車に乗りて走る。自動車はこれ、初めての機なり」

生まれて初めて自動車に乗った四三は、日誌にこう書いている。ホテルでしばらく休んだ後、一行は日本領事館に川上俊彦総領事を訪ね、花岡領事館員の案内で町を見物した。四、五階もある石とレンガ造りの高層ビルが彼らの目を奪った。

最初に立ち寄ったクレムリン宮の雄大さ、豪壮さに驚いたのはもちろんである。ナポレオン戦争当時に使ったという旗や兵器、ロマノフ王朝時代の豪奢《ごうしゃ》を極めた調度品の数々…高師地歴科に籍をおく四三にとっては興味あるものばかりだった。

大森監督も「一世一代の見物だから」と疲れた体にムチ打って出かけたが、上り下りの多いクレムリン宮内の歩行に顔面は蒼白。四三が背負って回るしまつだった。

その日の夕方、モスクワをたち、二十九日の朝ロシアの首都セントピータースバーグ（サンクトペテルブルク＝今のレニングラード）に着いた。ここはモスクワと違って海に近く、町のようすも落ちついていた。旧王朝時代の英君ピーター（ピョートル）大帝が、海外発展をめざして首都をここに移し、造船事業に力を入れたという町だ。先帝の遺徳をしのぶ名所、旧跡があちこちに散っていた。日本領事館に出かけて本野一郎大使へのあいさつをすませ、宿舎のフランスホテルで、ウラジオストク出発以来、二週間の旅の垢をおとしたのはもう夕方遅くだった。

セントピータースバーグでは二日間の余裕があった。本野大使の招待では日本人コックが腕をふるってくれ、大使館員の歓迎会ではその夫人たちが心づくしの手料理をごちそうしてくれた。いずれも立派な日本料理だ。ばらずし、さしみ、味噌汁、大根のヌカ漬けや浅草ノリもあった。日本料理のうまさを、このときほど腹にしみて感じたことはない。食った、食った。腹の皮がピーンとはりつめるほどにつめ込んだ。おかげでこの日からちょっと腹ぐあいがおかしくなった。三島も同じようにうれしい悲鳴を上げた。

ロシア王室の出資で運営されているという娯楽センター人民館やロマノフ王朝時代の栄華を極めた生活をしのばせるウィンターパレス（冬宮）なども藤井、松村書記官らの案内で見て回った。

セントピータースバーグの港からストックホルム行きの船に乗ったのは、五月三十一日の夕方だった。歓迎の宴やあわただしい見物の連続で十分の休養をとる暇もなかった四三たちは、一等船室におさまるとドッと疲れが出たような気がした。バルチック海は風一つなく鏡のような静けさであった。ベッドにもぐりこむとみんなむさぼるように眠った。

二日間の船旅は快適だった。フィンランドの南岸には大小無数の島が散在し、みどりの樹の間にまっ白い別荘風の家が見えかくれした。数十羽のカモメが四三たちの船を追ってくる。島陰にはボートを浮かべて楽しむ家族連れもあった。北欧の風物の落ち着いた古さ、その中で暮らしている人たちの明るさ、新鮮さ——デッキにつっ立ったまま見とれる四三の瞳に、その強烈な印象が焼きついて離れなかった。

水の都で

〈驚異のオリンピックスタジアム〉

「敵は幾万……」の歌声に送られて東京新橋の駅を出発してから十七日目。大森、三島、金栗らの日本選手団は目的地に着いた。明治四十五年六月二日、ストックホルムの空は快晴、北欧の水の都に柔らかい早春のムードがあふれていた。岸壁まで出迎えてくれた日本公使館山内一等書記官の案内で、四三たちは繁華街近くの宿に旅装をといた。

オリンピック委員会で指定した宿舎もあったのだが「初めての五輪参加に、言葉の通じない外国人選手と一緒では気疲れがひどいだろう」という公使館の心遣いで、オリンピック村行きを敬遠することになったのである。

宿は電車通りに面した下宿屋風の三階建てであった。さして大きくもない宿屋にエレベーターがある。誰でも自由に操作できるものだ。

〝すげえなあ。やっぱり西洋だなあ。三階ぐらいなら歩いたっていいのに…〟

スウェーデンは日本とくらべて人口の少ない国だが、あちこちにちらばる湖水や河川、運河の美しい水の都。鉄、木材の主要産業の他に、電気事業がすごく発達していた。

〝西洋文明は小さな宿屋にまでもエレベーターをつける〟——四三たちの大きな驚きであった。

大森夫妻、三島、金栗は三つに分かれて部屋をとった。大森監督の部屋がいちばん大きく、一ヵ月の部屋代は百五十クローネ（約七十五円、現在の約四万円）三島は九十クローネ、四三の部屋は七十五クローネだった。食事は別室の食堂へ行き、そのたびごとに料金を払うしくみになっていた。

その夜は内田定槌公使の主催で、日本選手団歓迎の盛大な晩さん会が開かれ、日本食とスウェーデン料理に舌つづみをうった。

北欧の日は長い。午後八時をすぎてもまだ太陽は高かった。晩さん会の後一行は、公使館員の案内でオリンピックスタジアムを見学に行った。まっ白いコースラインがゆるやかにのびる四百メートルのトラック、中央フィールドの目を奪うようなみどりの芝生、周囲をとりまく観覧席の豪華さも、羽田競技場の他には知らない四三たちにとって驚異であった。

宿に帰って床につくと、故郷の家や学友のこと、長かったシベリアの旅の思い出が走馬灯のように頭の中を駆けめぐった。これからオリンピック終了までの四十五日間をどう過ごしたらいいのか――〝まず疲れをとり、それから慎重な練習を〟――希望と不安でいつまでも眠れなかった。

〔孤独の練習〕

遠来の外国選手団のために、スウェーデンのオリンピック組織委員会は案内人をつけてくれた。日本係のガイドは独、英、仏、スペイン語などをたくみにあやつる青年だ。四三たちはカタコトの英語で対応した。

ストックホルムに着いた翌日、四三はそのガイドに案内されて、マラソンコースを見学した。

主競技場は町のはずれにあった。マラソン門を出るともう郊外である。ソレンツナ往復コースは公園のような感じだった。両側にはマツ、スギ、クルミなどが密生し、ゆるやかな起伏が二、三ヵ所、全コースの半分が舗装路という快適な条件をそなえていた。〝これならやれるかもしれない〟――四三はホッとした。

三島はこの日、オリンピック競技場で開かれたスウェーデンの最終予選会を見に行き、帰ってくると「外国の選手は強いなあ」とタメ息をついた。

二人は、三日間の休養ですっかり疲れをとり、六月六日から軽い練習を始めた。三島はオリンピック競技場横の練習場で、四三はマラソンコースに出て一人コツコツと走るのである。二人ともどうにか調子は良さそうであった。

十一日、三島は百メートル、二百メートルと四百メートル、四三は一万メートルとマラソンに出場を申し込んだ。目標が決まると練習もしだいに熱が入った。英、米、仏など外国選手たちの数もふえて、練習もにぎやかになっていく。

大森監督は病気のためか、練習場にはほとんど顔を出さなかったが、欧米体育の視察のため四三たちよりちょっと遅れてストックホルムにやってきた広島広陵中学教諭の藤重源が、いろいろと面倒をみてくれた。

練習場横の支度所には、たくさんのマッサージ台があって、外国人選手は練習の前後に必ず全身をもんでいる。マッサージの効用などまったく知らぬ四三は不思議でならない。何度か勧められたが結局一度もやらなかった。

外国人選手は大男ばかりだ。しかし、中には日本人なみの小男もいる。そのほとんどがマラソン選手であると聞いて四三は安心した。外国人たちは白いランニングシューズをはいている。底にゴムのようなものをつけているのもいた。ハゼ付きの黒足袋など四三の他には見当たらない。四三はいつの間にかマラソン選手間の人気者になった。他国の選手たちが珍しがって、はかせてみろと言い、記念に一足くれないかと頼まれることもしばしば。

一日に一時間から一時間半の距離を走る。途中、自転車や自動車の伴走つきで走っているよその選手を見てうらやましかった。自分には一緒に走ってくれる同僚もいないし走法の欠点を指摘したり、タイムをとってくれたりする者もいない。孤独の練習に、四三はいつか消耗を感じるようになった。

しかし、四三はまだ良かった。〝羽田の予選で大記録を出した〟という自信がある。練習も郊外を走るだけに、外国人から受ける威圧感もわりに少なかった。盛大な陣容を整えてのり込んでくる外国人に混じって孤軍奮闘、優勝でもできたらさぞ愉快だろう。ひとつ日本スポーツの存在を示してやるか――という夢があるから、さびしさを克服するだけのファイトもあった。

ところが、三島は日が経つにつれて意気消沈のようすがうかがわれた。三島は五尺六寸の身長で日本人としては大きな方だったが、雲をつくような外国人選手と並ぶとやはり貧弱だった。白人ばかりの中に色の黒い小男がまじって、木の葉のようにもまれながら練習する。これだけでも三島の劣等感をあおるに十分だ。そのうえ百メートル12秒という自己記録が10秒台の他国選手にくらべてしめつけられるような悲しさだった。

「金栗君、きみの方はどうかね。オレはもう恥ずかしくて練習なんかやっておれん」と泣き言を言い出すしまつだ。

「なんの三島さん。われわれは走ればいいんだ。せいいっぱいやりさえすればいいんですよ」

つくり笑いをしながら励ます四三を、三島はうらめしげに見つめた。

開会の日が近づくにつれて、三島のノイローゼはだんだんひどくなっていくようであった。

〔盛り上がる五輪気分〕

六月の初め、北欧の都には白夜が迫っていた。ストックホルムは北緯六十度近くにあって、樺太よりも北、カムチャッカ半島の北端とほぼ同じくらいの高緯度だ。そのため夏の間はべらぼうに昼が長く、冬になるとその逆、といった毎日がつづく。

四三たちがストックホルムに着いたころは、午前二時ごろから夜が明け、日没は午後十時すぎだった。目をさますともう陽が高く昇っている。枕もとの時計を見ればなんとまだ三時だ。それから一眠りしようとしてもなかなか眠れるものではない。五時ごろには電車が走り出し、早朝出勤の労働者の群れが、窓の下を騒々しく通っていく。夜は夜で、遅くまで町の雑踏がつづく。そんな毎日に四三たちは疲れ切った。黒いカーテンを買って窓にかけ、どうにか変則の生活になれたのは二週間近くも経ってからだった。

六月二十三日は、《*Mid Summer*》＝日本でいう夏至である。夜の十二時ごろ地平線の近くまで傾いた太陽は、そのまま再び昇り始めた。夜のない都で二日間ぶっ通しのお祭り騒ぎがつづいた。日本選手の泊まっている宿には、他にも二十人ぐらいの一般客があった。その人々ともカタコトの英語を通じていつの間にか親しくなり、夕食後には一緒になって団らんのひとときを過ごすこともあった。

スウェーデン人が弾く弦楽器の柔らかいリズムに四三たちは異国を感じた。彼らは代わりに「日本の歌を聞かせてくれ」とせがむ。四三も三島も流行歌は知らないし、歌そのものが下手で困った。しかし人のいいスウェーデン人の申し入れをこばむこともできず、しかたなく君が代を歌ったりした。

そのうち日本選手団の現地入りの様子が新聞に出たりして、町の人も彼らを見かけるとほほ笑みかけるようになった。日露戦争の勝利以来、日本株がぐっと上がっているようだった。スウェーデンの人はみんな親切だ。モスクワやセントピータースバーグでは、道を尋ねると警察官までがチップを要求するしまつで、〝外国とはこんなところか〟とこりごりしたものだが、スウェーデンにはロシアとまったく違った温かい雰囲気が漂っていた。

練習の余暇をみて、時折スウェーデンの競技会見物にも出かけた。海岸の入り江を利用したプールにはたくさんの男女観客がつめかけて盛んな拍手を送っていた。婦人たちがスポーツ見物に出かけることなど、日本では想像もできないし、競泳を見たのも初めて。とくに高飛び込みの妙技にはスリルと美を感じて手に汗を握った。陸上競技会でも棒高跳びや砲丸投げが珍しかった。

六月の中ごろから気温が上がり始めて、北欧にも夏がやってきた。日中の陽光は灼けるような暑さだ。しかし木陰にはいると秋のように涼しい。湿度が低いせいか風はサラッとしていて、日本の夏よりはるかに過ごしやすい。公園やマラソンコースを包む樹々は、鮮烈なみどりにもえた。絵のような北欧の初夏であった。

六月二十八日、アメリカ回りのコースをとった嘉納治五郎団長がストックホルムに着いた。

翌日からオリンピック競技の開始だ。開会式は大会途中の七月六日に行われ、四三たちの競技もそれ以後に予定されているが、明日から開幕という盛り上がったオリンピックの雰囲気にみんなが興奮した。

その夜、内田定槌公使から招かれた夕食の宴でも、話はオリンピック競技のことばかり。嘉納団長も同席した駐在武官の林中佐らと日本人の体格について熱心に話し合っていた。

二十九日は競技第一日のフットボール試合を見物に行ったが四三たちはルールもよく分からない。それより自分たちの準備が先だ。町に出て競技用のシャツやパンツを買ったり、仕上げの練習をやったりすることに忙しかった。

「奮へ人四とせの間磨きさし腕試さむもこのときぞとき」

「奮闘の声もとどろに吹きならすスウェーデンの野に夏花ぞ咲く」

晴れの日を間近にひかえて四三はこんな歌を日誌にしるした。

五輪マラソンの逸話

〔起源はマラトンの戦い〕

四三が出場するストックホルム大会以前の五輪マラソンの逸話を拾ってみよう。

近代競技のうちで、もっとも苦しいレースといわれるマラソン競走は一八九〇年、オリンピアの故地ギリシャのアテネで開かれた第一回国際オリンピック大会以来正式競技として行われ、最大の人気を集めている。とくに創世期のレースでは、多くのエピソードを残した名物競技でもあった。

第一回大会は、陸上競技をはじめフェンシング、射撃、水上競技（水泳、ヨット、ボート）、自転車、馬術、テニス、クリケットの八競技が行われたが、陸上競技の中にマラソン競走をふくめるよう強く主張したのは、フランス学士院会員でソルボンヌ大学の教授を務めていたミケル・ブレイルである。

その着想はアテネの勇士ペイデピデスの故事によるものであった。紀元前四九〇年ごろ、ペルシャのダリウスは、エレトリアを征服してその属領とし、さらにアテネをも占領しようとマラトンの野に大軍を進めた。アテネの市民はおそれおののいて神に祈りを捧げるばかり。この母国のピンチを救うためスパルタへの使者にたったのが、かつてオリンピア競技にも優勝したことのある勇士ペイデピデスである。

彼は二日二晩休むことなく、野を越え、川を泳ぎ、山をよじのぼってスパルタに急行し、勇武の国スパルタの市民に救助を乞うた。彼はスパルタが満月の夜を期して援軍を送るという喜びのしらせを持ち帰り、ペルシャ軍がマラトンに上陸するやこんどはアテネの軍と槍を握って母国のために進軍した。ペルシャ軍はマラトン平原に約二万の兵をおき、アテネを海から奇襲しようと計画する。対するアテネ軍は名将ミルテアデスに率いられる主力が、敵の油断を見抜いて背後の山岳から急襲しペルシャの軍勢を一挙に打ち破った。

アテネの危機を救った大勝利——この吉報を一日も早くアテネの市民に知らせようと、ふたたび使者にたったペイデピデスはオリンピアの勝者らしく、すばらしいスピードでマラトンの野を走り出した。

マラトンからアテネまでは二十五マイル（約四十キロ）の距離。さきにスパルタへの急使の役をはたし、マラトンの戦いにめざましい活躍をみせた勇士も、さすがに疲れはてていた。やっとのことでアテネの都に帰り着き「よろこべよ、われら勝てり」とつぶやくと同時に、躍り上がって喜ぶ市民たちの足もとにどっとくずおれ、そのまま冷たくなっていった。

ブレイルは、このペイデピデスの活躍こそ古代オリンピック精神の最大の結実であると信じこの故事を近代オリンピックにも結びつけ、成功したのである。《マラソン》は《マラトン》＝*Marathon*であり、その距離もアテネ—マラトン間の二十五マイルを受けついだものだ。

◇　◇

第一回国際オリンピック大会のマラソン競技は、二十五人の選手が参加して、ゆかりの地マラトン—アテネ間四十キロの難コースで行われた。

沿道にはギリシャの村人が並んで地元選手を応援し、ギリシャ騎馬隊は、途中のレース経過を競技場へ急報した。初めはフランスのムルシオが先頭に立ち、途中でアメリカのブレークがトップをうばった。さらにゴールまであと七キロの地点で地元ギリシャのスピリドン・ルイスが1位にたったという知らせが場内に届き、全観衆は躍り上がって喜んだ。

やがてルイスは力強い足どりで競技場に姿を現わした。観衆は総立ち、狂喜した人たちは身の回りのものを手あたりしだいにほうり投げ、婦人は宝石までも投げだすほどの興奮だ。ギリシャ皇太子とその皇子は感激のあまりルイスと並んでトラックを走り、皇帝は自ら祝福の握手をルイスに求めた。2着、3着もギリシャ選手…観衆はわきにわいた。1位の記録は2時間58分50秒で、この難コースとしては立派なものであった。

片田舎に住む一介の羊飼いから一躍ギリシャの英雄とうたわれるようになったルイスに対して「生涯無料で散髪をひきうける」「靴を磨く」「一年間の料理を無料で」というアテネ市民からの申し出が絶えなかった。

ルイスは非常な信仰家でもあった。レースの前日は終始祭壇の前に坐って神に祈り、断食までして勝利を誓ったという。彼は一九三六年のベルリン・オリンピックに賓客として迎えられたが、その後まもなく亡くなった。

第二回大会は一九〇〇年、フランスの首都パリで開かれた。マラソンはパリ城の周囲二十五マイルのコースで行われ、地元のパリっ子テアトーが2時間59分45秒で優勝した。彼はパン屋の息子で、かねてから配達の仕事をやっていたので市内の地理に明るく、「他の選手と途中から故意にはぐれ、近道を通ったのではないか」とのうわさが流れたりした。

◇　◇

第三回は大西洋を渡ったアメリカのセントルイスがオリンピック会場となった。呼びもののマラソン・レースは日かげでも百度（華氏）を超す暑さの中で行われ、参加選手三十二人のうちゴールへたどりついたのはわずか十四人にすぎなかった。このレースでオリンピック史に残るとんでもない事件が起こった。主人公はふだんから変わり者で知られたアメリカのローツである。

ローツはスタート後十五キロの地点で暑さのために落伍し、自動車に収容されて競技場へ向かった。ところが、その自動車がゴールまであと十キロ地点で突然故障してしまった。そのすきに彼は自動車から飛び降りてどんどん走り出した。一度落伍したとはいえ、途中十七キロあまりを自動車で走ったのだから1着になるのは当然である。スタート後2時間そこそこのすばらしい記録？でローツは意気揚々とマラソン門を入ってきた。

何も知らない観衆はアラシのような拍手と歓声を送り、彼は熱狂のスタンドに大きく手を振りながら、大統領令嬢アリスと並んで記念の写真をとるなどまったくの英雄気どり。やがてニセものの覇者が表彰台へ上り、まさに勝利の月桂冠を受けようとしたとき「ローツは落伍者だ」の声がかかって化けの皮ははがれたのである。証人がその自動車の運転手とあっては、さすが厚顔のローツもお手上げ。たちまち表彰台からひきずりおろされ、永久にアマチュア資格をとり上げられてしまった。これが後世まで語り伝えられている《キセルマラソン》である。

この騒ぎの最中にゴールインしたのが本当の1着ヒックス（アメリカ）で3時間28分53秒だった。ヒックスも暑さと疲労で何度も倒れそうになったが、付きそいのコーチから気付け薬をもらってやっとたどりついたのだという。

このレースで4着になったキューバのカルバヤルという郵便配達夫も面白い。商売がら足に自信のあった彼はオリンピック出場を思い立つや、自ら街頭募金で旅費をつくり米国へ上陸した。ところがニューオリンズの町で、ばくち遊びのすえ旅費全額をまき上げられ、しかたなくミシシッピー河畔に乞食の旅をつづけながらセントルイスにたどりついた。

もちろんユニフォームを買う金はない。着ていた長袖シャツ、長ズボンを切り、長靴をはいたままでレースに参加。中間点まではトップにいたが、空腹のため途中のリンゴ園から青いリンゴをちぎって食べたところ、こんどは腹痛をおこして4位に落ちてしまったという。話を聞いて観衆は「彼こそ実力第一のマラソンランナーだ」と褒めたたえたという。

◇　◇

第四回ロンドン大会のマラソン競技でも悲壮な《ドランド事件》が起こっている。四十二キロを走破して、最初にスタジアムへ姿を現わしたのは白シャツ、赤ズボンのイタリア選手ドランドであった。トラックへ入ってゴールまであと三百メートル、疲労困ぱいのドランドはバッタリ倒れた。大会役員や医者が飛んで行く。「助けてやれ」「規則違反だぞ」とスタンドは大騒ぎ。立ち上がったドランドは夢遊病者のようにフラフラと歩き出したが再び倒れて動かなくなった。

そのうち2位のヘイス（アメリカ）が場内へ姿を現わし、役員たちがとっさにドランドを抱き起こしてゴールインさせた。2時間54分46秒、2位ヘイスは2時間55分18秒であった。しかし、結果はドランドが他人の力を借りたというので失格、ヘイスが1着と判定された。このドランドの不運に同情したアレキサンドラ皇后は彼に善闘をたたえるカップを贈り、彼の母国イタリアの国旗を優勝者ヘイスの米国旗とともにメインポールに掲げるという異例の措置も行われた。なおドランドはその年の暮れ、アメリカでのレースでヘイスを破ってオリンピックの雪辱をとげたといわれている。

「NIPPON」の標識で

〔〝肥後モッコス〟の主張〕

第五回国際オリンピック・ストックホルム大会の開会式は七月六日に行われる予定だ。六月二十九日から、すでに一部競技が開始され、万国旗のはためく水の都には民族の祭典を祝う美と躍動の讃歌が流れた。

七月二日、地元のオリンピック開催事務局から「入場式のプラカードには何と書いたらいいか」と問い合わせがあった。考えてもいなかったことで、嘉納団長をはじめみんなが「ハテ？」と首をかしげる。簡単なことのようでもあるが《一国の標識》となれば重大問題だ。慎重を期して全員が公使館に集まり話しあった。

まず一番若い四三が提案する。

「日本は日本です。そのまま漢字で《日本》と書いたらいいでしょう」

これには嘉納も大森もびっくりした。

「オイ、オイ、それじゃ日本人の他は誰も読めないではないか。やはり英語で《JAPAN》としたほうが無難だろう」と大森監督が言う。

しかし四三はがんばった。

「JAPANなんてのはイギリス人が勝手につけた名前です。私たち日本人がわざわざヘンテコな名で自分の国を呼ぶことはないでしょう」

「だがね金栗君、日本は今国際的にそうせざるを得ない状態におかれているんだ。東洋の日本がこの大会に参加していることを世界の人々に知らせるにはやはりJAPANが適当だろう」

「監督、それは消極論です。このときこそ日本という本当の文字と呼び名を使い、世界の人々に知らせる必要があるんじゃないですか」

若い四三は必死にくいさがった。

「三島さんが国旗を持ち、私がプラカードを掲げて入場することになっています。ＪＡＰＡＮなら私はやめさせてもらいます」

四三のモッコスぶりにはみんなあきれたが、そこで嘉納団長がおもむろに調停案を出した。

「双方一理。中間をとって発音は日本、標記はローマ字で《ＮＩＰＰＯＮ》」

これなら、観客も外国選手もみんな日本の本当の呼び名が分かってくれるはずだ、というのである。

さすがの四三も嘉納には弱い。ようやく納得し、大森監督も妥協して、五輪初参加の日本のプラカードは《ＮＩＰＰＯＮ》とすることに決まった。ローマ字のプラカードを使ったのはこのときだけで、アントワープ大会以後は全て《ＪＡＰＡＮ》が使われている。

七月六日は風一つない快晴。主競技場横の広場には、初参加の日本も加えて二十七ヵ国、三千人の代表が集まった。午前十時半、アルファベット順に整列した各国選手団は大スタンドを埋める四万観衆の拍手に迎えられて堂々の入場行進に移った。

日本はイタリアに次いで十番目、その後がルクセンブルグ。つまり、日本はアルファベットの「Ｊ」の順番だった。日章旗を掲げる三島は日の丸のユニフォームに、買ったばかりの白い運動靴をはき、プラカードをもつ四三は同じユニフォームにハゼ付きの黒足袋をはいていた。その後を嘉納団長、大森監督、欧州留学中だった京都帝大の田島博士らが一列横隊でつづく。

数百人の大デレゲーションをおくった外国選手団にはさまれて、たった二人の日本選手はマメ粒のように見えた。四万人の歓呼の嵐に包まれて、四三は夢中で歩いた。どこをどう通って行ったかも記憶にない。田舎者の山だしが、心ならずも世界の檜舞台に押し出され、雲の上を歩いているような自分を感じた。「生きた心地なし」と四三は日誌に書いている。

全選手が正面のフィールドに整列し終わるとウプサラ大僧正がスウェーデン語の祈祷をささげラファン師の詩が英語で朗読された。そして場内いっぱいにわき上がる厳かな讃美歌の歌声が、選手たちを夢の園に誘った。

四三は興奮しきったうつろな瞳を空へ向け、三島は自慢の鼻ヒゲをピクピクとふるわせながら大スタンドの観衆を見守っていた。嘉納団長も、大森監督も、世界の若人が集うオリンピック開会の感激にじっとひたっているようであった。

正面貴賓席のスウェーデン皇太子が立ってあいさつを述べ、つづいて皇帝グスタフ五世が厳かに開会を宣した。四三は故郷の母や兄を思った。旅費全額を集めて自分を送り出してくれた高師職員、生徒の温かい激励が胸に沁みた。

〝やりますよ、きっと立派に走りとげてみせます〟

澄み切った北欧の大空を仰いで、四三は新しい決意を誓うのだった。

〔敗れて悪びれぬ三島〕

壮美を極めた開会式が終わって、午後からいよいよメイン陸上競技の開幕だ。この日は三島の出場する百メートルをはじめトラック競技の予選が行われることになっている。嘉納団長、大森監督、四三らの他、日本公使館の人々が正面スタンドに陣どってレースを待った。

練習へ出かけるたびに外国の巨漢選手にもまれ、記録と体格の劣等感からノイローゼ症状をみせていた三島も、このころには周囲の温かい激励で、どうにか以前の闘志をとりもどしているようだった。

「三島君は案外やるかもしれない」

「体の調子も日本にいたときよりいいようだし、ここ二、三日で走ろうという気力も出たと言っていたから、もしかすると12秒は切れるかもしれない」

そんなささやきをかわしながら、三島の健闘を祈った。

午後一時半から百メートル予選が開始された。日本の応援団は誰もプログラムを持っていないし、三島が何番目の組に出るか分からないので、みんな目を皿のようにしてスタートの方を見つめる。だが三島の姿はいつまで待ってもスタートラインに現れない。スタンドの嵐のような歓声の中で男子百メートルの予選は、五組、六組…と進んでいく。

「三島君はおじけづいて棄権したのかな」という声さえ出た。記録がつぎつぎに発表される。1着のタイムはほとんどが10秒台だ。そして2位までが予選通過の資格を得るのである。

「これじゃあ、とても太刀打ちできんな。やっぱりやめたのだろう」

百メートルの予選はもう十五組まで進んでいた。

「オッ、三島君だ。出たぞッ」と誰かが叫ぶ。最終の十六組に三島の姿が見えた。半袖シャツの胸に小さな日の丸をつけた三島は、スタートラインの前で大きく深呼吸し、はやる胸を抑えているようであった。この組の出場者は三島をふくめて五人。白人の大男たちに比べると五尺六寸の三島は小柄だ。色の黒さがひときわ目立った。

スターターのピストルが火をふいた。五人はいっせいに走り出す。五十メートルにかかるころ三島はすでにしんがり。

「三島ッ」

「三島さんッ」

四三たちは日の丸の小旗を振って声をからした。だが、三島の力ではどうしようもない。先頭から十メートル以上も遅れた。1着はリッピンコット（米）の10秒6、2位はアッペルガース（英）、3位ヘルマン（チェコ）、4位ゼレレムヘギイ（ハンガリー）、そして三島はビリの第5位であった。

走り終わって控え所の方へ歩いていく三島は胸を張っていた。敗れていささかも悪びれぬ彼の態度に嘉納も大森も公使館員もみんなが拍手を送った。

「よくやった方だ。1位が10秒6なら、彼も12秒を切ったはずだ」

「ご苦労さん。よくやった」と嘉納団長。大森監督も「三島君、それでいいんだ。立派だった」と肩をたたく。

三島はさして落胆しているようではなかった。

「私の記録を聞いてきました。11秒8だそうです。自分の最高は破ったんだから成功と思っています。これから、いかにして世界のレベルに追いつくか――それが務めだと思います」

「そうだそうだ。その意気だ」

それからは笑顔をうかべて、開会式のもようなどを楽しく語り合った。やがて三島がポツリと言った。

「金栗君、日本人にはやはり短距離は無理のようだ」

〝彼はやはり苦悩している〟――無理に笑顔をつくっている三島を思うと、四三の胸もしめつけられるようであった。

その夜、大森監督らと相談の結果、四三は翌七日に行われる一万メートル競走の出場をとりやめることになった。四三はトラックで長い距離を走ったことはない。四三にとって一万メートルという距離は短い。スピードの点では、とても外国人に太刀打ちできそうもないのだ。得意のマラソン一本にしぼって三島の無念をはらしてやろうという四三の野心からであった。

〔募る勝利への焦り〕

水の都に暑い日がつづいた。オリンピック・ゲームが幕をあけて以来、ストックホルムの空は青い絵の具を塗りこめたような快晴の連続であった。戸外に出ると、直射日光は、ジリジリと肌をこがすようだ。練習に出ると、ダラダラと吹き出る汗に全身が蒸されて気も遠くなりそうだった。

熱気は室内にも入りこんで来る。大森監督の病状が悪化した。寝たきりの夫を看病する安仁子夫人から笑顔が消えた。

監督の病気、三島の敗戦、それに期待の金栗にしても走ってみなければ本当の力は分からない。勝つのか――負けるのか――。不安と焦燥が暑さの中でぶつかりあって、宿舎にはナマリ色の重い空気が漂っていた。笑いもない。おしゃべりもない。そんな日々を、みんなはじっと耐えた。時の経つのが、速いようでもあり、牛の歩みのようにのろくも感じられた。

レースの日が近づくにつれて、四三は練習の距離や時間を短くしていった。晴れの舞台――どうしても勝たねばならぬその日のために、心身の疲れをすこしでも残さぬようにとの考えからだ。

だが、時が経ち、レースの日が刻々と迫るにしたがって、四三の計画とは正反対の現象がわずかずつ頭をもたげ始めていた。勝利に対する焦りであった。練習を短縮すると暇な時間が出る。自室にこもって、一人ユニフォームをいじりながら、たまらない寂しさを感じた。他にすることもない。嘉納や三島が訪ねてきては、黙りがちの四三を激励した。

「オリンピックに出ることについて、その結果に対して、われわれは過重の責任をもつ必要はないのだ。あるがままに、のびのびとやればいいのだ。国民の期待などと、よけいなことは考えるな。外へ出なさい、外へ。北欧の空気をうんと吸って元気を出すんだ」

みじめな敗北ではあったが、すでに百メートルの予選を終えた三島は平静に返っていた。自分の力を試し、自分の力を知って、後は今後の課題を残すばかり…そんな落ち着きが、三島の言動の端々に表れていた。それを見ると未知数だけを残している四三には、はがゆいほどの焦りとなってはね返ってくるのだ。

宿にひっ込んで神経質になりすぎることを恐れて、四三は外に出ることにした。オリンピック・スタジアムへ出かけてみた。外国人の競技を見ることによって、いくらかでも気をそらそうと思ったのである。ところが結果は逆であった。

外国人選手のすばらしいレース、脅威の記録、勝者のために奏でられる国歌、センターポールにひるがえる栄光の国旗…。思うまいとしても〝オレもそのような栄誉を、そして誇らかな日章旗を〟という新たな野心が頭の中を駆けめぐるのだ。

夜も眠れなくなった。眠れぬ夜は早く明けた。四三は朝の散歩に出てみた。清涼の空気を吸って気分の転換を図ろうというのである。日中のやけつくような暑さと違って、北欧の朝風はカルピスのように甘く、爽やかだった。

青葉の小道を歩いた。静かな公園のベンチに憩いを求めた。足を延ばして森の中へ分け入ったこともある。チチチ…とかろやかな小鳥のさえずり――。ミルク色の朝モヤが流れる。そこは童話の世界であった。

そんな日が四、五日つづいた。四三の心にも、やっと平和がよみがえってきた。

「異国の心地もせざる山の中小鳥の声を聞きながら行く」

「街を出て樹木しげれる山中にさ迷ひながら気をぞ養ふ」

「人はなれ山にわけ入り新鮮の空気を吸へば苦をぞ忘るる」
「道ばたの野バラをつみてわが部屋にいけて眺むるここちよきかな」
野原に寝ころび、山の中を暴れ回った幼い日の思い出が、四三の胸によみがえっていた。楽しかった遠い日の記憶は異国に悩む四三にとって強心剤であり、鎮静剤でもあった。四三の目が、再びキラキラと輝き出した。

〈勝たねば…ザワめく心〉

七月十日、三島は二百メートルの予選に出場したが、これも百メートルと同じく力不足で敗れた。予選の十三組は1位が米国のヨングで22秒8、2位シードハウス（英）、3位フライシャー（オーストリア）、そして三島はビリの4位であった。だが記録は24秒台で、三島としては実力いっぱいのものだ。

七月十二日、三島にとって三度目のレースがやってきた。四百メートル予選である。

「これでいよいよ最後だ」

朗らかに笑う三島の顔には、もう勝敗も記録も問題ではないといったあきらめがあった。彼の走る四百メートル予選第四組は、三人が棄権して、地元スウェーデンのゼーリングとたった二人の出場。六尺ゆたかなゼーリングと並ぶとその肩までしかない三島がひどく貧弱にみえた。スタート。三島は初めから脱兎のようにすっ飛ばす。小刻みのピッチが、長い歩幅のゼーリングと対照的だ。

二百メートルのあたりまでは三島がリードした。しかしホーム・ストレッチにかかると、三島の上体は大きくのけぞり、左右にあえいだ。ゼーリングは単調なペースで走る。体力の差とみえた。ゼーリングが55秒4で1位。三島は一メートルあまり遅れて56秒そこそこの記録だった。しかし羽田の予選でだした59秒6にくらべるとすばらしい記録の短縮である。

「三島の力ではまず成功と言っていいな」

「どん尻でも2位は2位だ。準決勝へ進むとは大したものだ。日本スポーツの記念すべき日だ」

四三や田島博士、公使館員など五、六人の日本応援団は、ドヤドヤとスタンドを下りて、支度所へ駆けつけた。

三島は向こうむきでユニフォームをぬぎ、流れる汗をふいていた。

「ご苦労さん。準決勝もひとつがんばってくれよ」

誰かが声をかけたが、三島はふりむきもせず、返事もしなかった。三度目の敗北に考え込んでいるのかと思ったが、そうでもなく、やがてふり返った三島はニコニコ笑っていた。その口から意外な言葉が飛び出した。

「もう見込みないです。準決勝はやめます」

静かだが、固い決心がにじんでいた。貴族育ちのお坊ちゃんのわがままとは受けとれなかった。みんなびっくりした。だが誰も何も言わなかった。あまりに違いすぎる体格、大きな記録の差…劣等感にうちひしがれながらも、エントリーした三つの種目に全力をつくしてきた三島の悲壮な胸のうちを、みんなが痛いほど知りつくしていたから。三島の顔には〝すべてが終わった〟という安堵の色が浮かんでいた。

十三日になった。明日はいよいよマラソン・レース。四三はふたたび高ぶり始めた心を抑えようとけんめいだった。午前中公使館の招待パーティ。三島の労をねぎらい、四三の活躍を期する会であった。だがみんなは、興奮しがちの四三に、やさしい心遣いをみせてくれた。食卓の話題に競技のことはなかった。他愛のない世間話に高い笑い声が流れて、久しぶりに楽しい集まりだった。

午後はそろって船あそびに出かけた。みどりの木々が湖水に濃いカゲをおとし、吹きぬける風は市街地の猛暑を忘れさせるようであった。ボートを捨てると、こんどは自動車を駆ってドライブだ。湖の回りに快適なコースがあった。笑い声を包むエンジンのうなりもこころよかった。

そこに、一台の外国人の車が四三たちの自動車を追い越し、もうもうとホコリをまいて走り去った。

「チキショウッ、たとえ車でも追い越されるのはシャクだな」

田島博士の思わず叫んだ言葉が、四三の胸にグサッと突き刺さった。

〝勝たねばいけない。敗けたらなんと言われるだろう〟

四三の心はふたたびざわめいた。午後五時からオリンピックスタジアム横の体育館でマラソン選手の身体検査が行われた。集まった七十人ぐらいの選手はほとんどが四三と変わらぬ体格で、四三は内心ホッとした。一喜一憂

——宙に舞う木の葉のように心は揺れた。

その夜は大事をとって八時には床についた。しかし、頭はさえるばかり、明日のレースのこと、田島博士の言葉、母校の期待、故郷の人たち…さまざまな思いが胸中を往き来して、いつまでも眠れなかった。

炎熱のレースに散る

〔〝常識〟はずれの猛スピード〕

マラソン・レースの日が来た。四三は午前八時に床を蹴った。明治四十五年七月十四日――、カーテンを開けると、北欧の日はすでに高く上がり、雲一つない紺ぺきの空から強烈な光と熱が降り注いでいた。ベッドの上を転々としながら眠れぬ夜をあかした四三の頭は重かった。胸元へつき上げてくる大きな不安、激しい心臓の高鳴り――その緊張とは逆に四三の五体は羽毛にくるまれたワラ人形のように、まだ眠気への名残を惜しんでいた。

さんさんと降り注ぐ窓外の陽光が、寝不足の目にまぶしい。四三はグッと下腹に力を入れ、気分をひきしめながら洗面所へ行った。ほとばしる冷たい水の感触が、やっと眠気をぬぐい去った。部屋へ帰ると、はるかに日本の空を拝して健闘を誓った。

朝の食事もあまりノドを通らない。それでも無理して食べた。砂をかむような味気なさであった。田島博士や大森監督や公使館の人々が五、六人で激励にきてくれた。四三はにこやかに客を迎える。内心の動揺を押しかくしたポーカー・フェースだ。いつもと変わらない四三を見て周囲は安心した。「今日も暑いぞ」と三島が言う。四三は黙ってうなずいた。

マラソンのスタートは午後一時半。充分の余裕をもって、四三は大森監督と二人で競技場へ向かった。青白い顔の大森監督は「きみのレースだけは是非とも見たいからね」と小さく笑う。安仁子夫人にとめられるのもきかず「今日だけは」と病気を押して出かけたのだった。

ところが、なぜかこの日に限って車が来ない。二人は電車を利用することにし停留所へ行ったが競技場行きは満員、満員がつづいて乗れそうもない。仕方なく大森監督のペースに合わせて四三も歩いた。

競技場の支度所に着くともうマラソン選手の招集が始まっていた。すべり込みで間にあったものの四三は焦る。

大いそぎで身支度をととのえ、選手たちの後を追った。

トラックに入ったとたんワーンという不協和音が四三の耳に飛び込んできた。スタンドを埋めつくした大観衆の歓声だ。出場選手は六十八人。そのほとんどが、すでにスタートラインに並んでいる。人数が多すぎて押しあいへしあい。四三は後ろの方にもぐり込んだ。カッカッと照りつける太陽に、選手たちの肌はスタートの前から汗で光っていた。

四三は落ち着きをとりもどそうとスタンドを見まわした。小旗をうち振る地元スウェーデンの応援団、正面席の一角に陣どるアメリカ勢。しかし嘉納団長、大森監督らの顔は見当たらなかった。

出発の号砲は聞こえなかったが、突然並んでいた選手団が崩れ、いっせいに走り出した。四三も驚いて後を追う。速い、速い。まるで短距離競走のようなスピードだ。四三はドギモを抜かれてムチャクチャに走った。

そのころ日本の競技会では、余裕しゃくしゃくと走ることをもって長距離走者の貫禄とされていた。さきは長いのだ。間違っても最初からあわてててはいけない。しかもにこやかな笑みを浮かべ余裕を残してゆうゆうとゴールに入ることがマラソンランナーの誇りでもあったのだが…。今四三が現実に直面したレースの始まりは、そんな〝常識〟も通用しない激しいスピードの争いである。

けんめいに走った。だがトラックを二周し、マラソン門から郊外のコースへ出ていくころには二、三人がとり残されてしんがりグループになってしまった。意外な外国人選手の作戦というか、その走法に四三は気が動転。今までの記録に対する自信はガタガタに押し崩された。

なぜか、フッと故郷の母や兄の姿が浮かんだ。韋駄天通学をやっていたころの自分がチラと頭をかすめた。四、五キロも走ったころ、立ち止まったり、歩いたりする選手がボツボツ出てきた。

〝スタートで無理した選手たちだな〟

そう思うと四三は元気がわいた。やっと人ごこちのついた四三は、沿道の声援を受けてもくもくと走る。空気は乾燥し、灼けつくような猛暑であった。

〔無念の涙〕

先行する外国人選手が一人落ち二人落ち、四三の順位もしだいに上がっていく。スタートのときにあわてふためいた心臓の激しい鼓動もどうやら平常の走る調子に返った。四三には、とくにマークする相手はいない。じっくりと追い上げていけばそのうち上位グループにたどりつけるだろう。そう考えているうちに、心の焦りも消えていった。レース前の何ヵ月も考え、悩みつづけた自分がうそのようであった。

〝人間、いよいよどたん場に押し出されると案外気がラクになるもんだ〟

ペースもリズムに乗った。しかし、四三にとってまったく予期しなかった事態がしだいに悪魔の手をのばし始めていた。暑さであった。ようしゃなく照りつける真夏の太陽。舗装路からはねかえってくる熱気…かつて経験したことのないすごさだった。ノドはカラカラにかわき、吐く息はたちまち炎に変わるかと思われた。

〝オレが苦しければ、外国の選手たちだって苦しいんだ〟

四三のがんばりは、猛暑をはね返した。十五、六キロ地点にかかるころ、日の丸の声援があった。先回りして待っていた公使館の林中佐と欧州留学中の東大友枝助教授だった。

「ガンバレッ」

「金栗ッ」

その声に新しい力がわいた。片手を上げてこたえると、四三は猛然とピッチを上げた。折り返し点ちかくになると、給水所に駆けこんで、水を飲んだり、かぶったりする選手が多くなった。四三も二度水を頭からぶっかけた。やがて折り返してくる選手に会う。前を走っているのは三十人くらいだ。やっと自分の順位をつかんだ四三は、復路に入ってさらにスピードを上げた。どの選手も疲れている。面白いように抜くことができた。17位くらいまで上がったろうか──。

〝さあこれからだ〟

流れる汗を手の甲ではらいながら、四三の体に上位進出への野心がムラムラと燃え上がったとき、皮肉にも急激な疲労がおそった。あっという間もなかった。両脇にかい込んだ腕の力がスーッと抜け、機械のように正確なピッチを刻んでいた両脚はガクガクと震えた。意外な現象にろうばいした四三は、けんめいの力をふりしぼって走り続けようとする。だが体はまったく言うことをきかない。意識と体をつなぐ糸がプッツリと切れたようであった。四三は焦った。

〝羽田の予選で大記録を出したこのオレが〟〝このままやめてしまったら、期待してくれた人たちに何と言おう〟〝イヤ、周囲のことよりオレ自身の問題だ。完走もできずにおめおめとひきさがる金栗かッ〟

しかし四三の体に走り続ける力はなかった。よろめきながら歩くだけだ。今まで抜き去ってきた選手たちがどんどん前に行く。頭の中がボーッとかすみ始めた。やけるようだった暑さも感じなくなった。ついに四三は道端の樹陰にヘタヘタと坐り込んでしまった。「心臓に痛みを感じて、ゴールまでは行けぬと自覚し…」と四三は日誌に書いている。

夢は消えた。もう、口惜しさも、焦りもなかった。耳だけがガンガンと鳴っている。スタートしてから二十六、七キロの地点であった。

それからどのくらいの時間が経ったろうか。激しく肩をゆさぶられ「オイッ金栗君ッ」「大丈夫かッ、オイッ」という声に四三は意識をとりもどした。林中佐と友枝助教授が、不安と落胆の表情で立っていた。

「残念だったな」と林中佐。友枝助教授も「まあ仕方ないさ」と優しく声をかけた。四三は顔を上げることもできない。「すみません」「すみません」と何度もくり返した。心配して集まってきたスウェーデン人の農夫の一人が、外套みたいな上衣を貸してくれ、四三は林、友枝の二人に支えられて歩き出した。声を上げて泣きたい。だがもう泣く力もなかった。腹の中はにえくりかえるようだ。

「日射病だな」と友枝助教授が言う。

「すごい暑さだ。ゴールまで帰りついたのは半分もいないだろう。金栗君、キミはまだ若いんだ。次の機会がある」——林中佐の声も沈んでいた。三人は近くの駅から汽車に乗り、競技場へは行かずにまっすぐ宿舎へ帰った。

〔〝大敗後の朝〟を迎ふ〕

林、友枝の二人にたすけられて、やっと宿舎へたどりついた四三は心身の極度の疲労でぐったりとベッドへ倒れ込んだ。まっ白く塩を吹き出した体じゅうがカッカッとほてる。後頭部は鈍器で殴られたような耳鳴り、膝がしらがズキズキと痛み、青白くはれ上がった足の裏は焼きゴテをあてられたようにヒリついた。

この肉体の苦痛に口惜しさ腹立たしさが追い打ちをかける。何かにすがって思いっきり泣きたかった。体を洗って着がえをすませると、やがて嘉納団長、大森監督、田島博士らが部屋へ入ってきた。驚いて立ち上がった四三は目のやり場に困った。田島のくちびるが憤りにピリピリふるえている。

「金栗ッ、何たる意気地なしかッ。日本人の粘りと闘志はどうしたッ。大和魂をどこへ捨てたッ」

期待を裏切られた怒りが顔面を朱に染めていた。四三は返答のしようもない。

「私たちはスタンドで首を長くしながら君のゴールを待っていた。だが日の丸のマークはとうとう現れず、応援の方たちもみなガッカリされてね…」

大森監督の声は低く、寂しそうだった。嘉納団長は固く口をむすんだまま一言もしゃべらない。だがその瞳には傷心の四三をいたわり励ます愛情があふれていた。

「すみません。四年後を期してがんばります」

小声で答える四三の目には涙が光っていた。

その夜、四三は一人ぼっちで敗北の悲しみを味わいながら、失敗の原因を考えてみた。

第一の原因は暑さにまいったことだろう。羽田の予選で大記録を出したのは十一月の寒い日、それに日本代表選手決定後の練習にしたって暑い日はなかった。だがオリンピックの開催は必ず夏だ。今後は耐熱訓練こそ第一の課題だ。

第二には総合練習と経験の不足が上げられる。外国人選手のほとんどは十年内外のマラソン歴をもっている。それにくらべて自分はまだ二十一歳の若さ、本格的な練習もほんのわずかな期間だった。しかしこれは考えようでは、まだまだ今後に大きな希望をもっていいということだ。

第三は外国人選手の出発時の猛スピードに圧倒されたこと。これで調子を狂わせ、本来のペースに乗るのが遅れた。マラソンは耐久力だけではない。スピードの養成も勝つための条件だ。

第四の原因は足袋の工夫が足りず膝を痛めたこと。外国の舗装路を走るのに布底の足袋ではショックが大きすぎる。外国人たちのゴム底にならって、はき物の研究もしておく必要がある。

この他にも、羽田の予選で大記録を出したことが、かえって不相応な野心を生み、最後には焦りへと変わった。練習時の孤独感。食物や生活環境の変化、白夜のための睡眠不足…考えると失敗の原因は数限りなくあった。そして、そのいずれもが四三のまったく予期しなかったことだ。

それだけに檜舞台での敗北は貴重な経験であり、教訓であった。

〝敗れたことによって、オレは多くを学んだ。以上の諸点を工夫、研究して努力をつづければ、四年後にはきっとやれる。それにオレは若いんだ。この口惜しさ、恥ずかしさを今後の精進に結びつけよう〞

そう思うと気分もいくらかラクになった。

翌朝、目をさますと四三はさっそく机に向かった。

「大敗後の朝を迎ふ。終生の遺憾のことで心うづく。余の一生の最も重大なる記念すべき日なりしに。しかれども失敗は成功の基にして、また他日その恥をすすぐの時あるべく、雨降って地固まる日を待つのみ。人笑はば笑へ。これ日本人の体力の不足を示し、技の未熟を示すものなり。この重任を全うすることあたはざりしは、死してなお足らざれども、死は易く、生は難く、その恥をすすぐために、粉骨砕身してマラソンの技を磨き、もって皇国の威をあげむ」

ペンを握る四三の目は、あらたな決意にらんらんと輝いていた。日誌はさらにつづく。昨夜床の中で考えた敗戦の因をこまごまと書きつらねていくのだ。「四年後を」「四年後をみてくれ」…そのことだけが四三の頭にあった。

〔誇りを持って…胸を打つ嘉納の激励〕

地元の英字紙に目を通すと、前日のマラソンのもようが、かなりくわしく書いてあった。

『レースは、前半からタツ・コーレマイネン（フィンランド）、マック・アーサー（南アフリカ）、ギッツハム（同）の三人が激しくトップを争ったが、タツは暑さのために途中で落伍、代わって後半追いあげたストロビノ（米）が3位に入った。記録は1位のマック・アーサーが2時間36分54秒、2位のギッツハムが2時間37分52秒、ストロビノは2時間38分42秒4で、以下13位までがオリンピック新記録であった。国際マラソン界の急速の進歩が目に見えるようだ』

四三が羽田の予選で出した2時間32分45秒にくらべると、この優勝記録はいくらか劣ってはいたが、あの暑さの中でマークされたことを考えれば、四三には想像もできない底力であった。六十八人の出場選手のうちゴールまでたどりついたのはちょうど半数の三十四人。しかもポルトガルのラザロは日射病で倒れ、そのまま病院で息をひきとったという。死者まで出した炎天下のマラソンである。新聞を読む四三の体に前日の灼けつくような猛暑がよみがえってきた。

無念の結果ではあったが、日本選手の出場する競技は全て終わり、宿舎にも何かホッとした空気が漂った。公使館招待の慰労会があった後、嘉納団長が四三、三島と欧州留学中だった広島広陵中学の青年教師藤重源の三人を繁華街の喫茶店に誘った。嘉納としては、この若い三人にいろいろと親身の話をしておきたかったのだろう。コーヒーをすすりながら嘉納は言った。

「みんな落胆してはいけない。私自身、君たちに勝ってもらいたいとはツユほども思っていなかった。結果は予想していた通りだ。しかし外国の技術を学び、大きな刺激を得たことは大成功と思う。日本のスポーツが、国際的な檜舞台に第一歩を踏み出すきっかけをつくったという意味で大きな誇りをもってほしい。何事も初めからうまくいくことは少ないのだ」

嘉納の目は微笑をふくんでいた。

「三島君。私も初めてオリンピックを見たが、外国人の体、技はすばらしいね。予想以上だった。だがわれわれも希望を捨ててはいけない。たとえ何年、何十年かかろうとも、国際レベルへ追っつくための努力をつづける必要がある。新しくつかんだ知識で、後進を指導するのが君の務めだ」

嘉納は四三へも静かに話しかけた。

「日本での大記録も通用しなかったね。努力、経験が足りなかった点は謙虚に反省すべきだが、闘志を失ってはならない。四年後がある。次の大会を期して日本マラソン界のために心血を注げ。私もできるだけの助力をする。日本の今後のオリンピック参加についても極力がんばるつもりだ」

嘉納の言葉は、苦言でなく激励であった。

「それから藤重君、今後米国へ留学の予定と聞くが、こんどのオリンピックのナンバー・ワンはアメリカだった。その地のスポーツを大いに吸収してきてほしい」

若い三人は感激した。四三が計り知れない嘉納の偉さに心をうたれたのもこのときであった。

それから三日間、スウェーデン国内の見物に時を過ごした四三たちは二十二日のオリンピック閉会を待たず十九日、思い出の地ストックホルムに別れを告げた。朝早く嘉納団長、田島博士はノルウェー行きの汽車に乗った。四三と三島は午後の列車でベルリンへ向かう予定だ。

大森監督は、十四日のマラソン・レース見学以来医者から絶対安静を言い渡され、しばらく現地にとどまることになっていた。別れのあいさつのため四三たちがその部屋をノックすると、看病疲れした安仁子夫人が出てきた。

「お気持ちは分かります。でも中へは入らないで下さい。お願いです」

哀願するような瞳だった。

「お世話になった先生にぜひ一言…」

だが安仁子夫人はかたくなに拒んだ。

「それでは、どうかよろしく」

二人は、五十日間を過ごした水の都に、寂しい思い出を残して去った。この日が大森監督との永久の別れでもあった。

その後、米国ボストンの安仁子夫人の親戚を訪ね、さらにカリフォルニア州パサディナの病院に移った大森兵蔵は、翌大正二年一月十五日、肺結核で異郷に歿した。三十七歳の短い人生だった。

欧州の旅・明治から大正へ

〔誇り高き紳士の国〕

ストックホルムから汽車でスウェーデンの南端マルモへ、そこから船でデンマークへ渡った。コペンハーゲンの町を見物した後ふたたび汽車に揺られ、ハンブルクへ着いたのは二十日の夜であった。ここにはもう白夜もない。二人は久しぶりで星空を仰いだ。

ドイツではハンブルクの港やベルリンの町を見物した。碁盤の目のように整然とした町並み、華美ではないが清潔な市街。四三たちはゲルマン民族をそこに見るような気がした。博物館も図書館も実に立派なものだった。

ベルリンの大使館で明治天皇の病状悪化を聞いた。陛下の病気を案ずる国民が、宮城前の広場に座り込んで平癒祈願をしていることも知った。

二十九日、ウイーンの親類の家へ行くという三島と別れて、四三はたった一人ドーバー海峡を渡った。ハリーホックの港から汽車に乗り換え、小雨降るロンドンのビクトリア駅に着いたのは三十日の朝早くだった。

生稲重吉という日本人経営のホテルに宿をとり、夕方、日本大使館へ出かけた。入口で案内を乞うと、館内は沈痛な空気に包まれている。出てきたのは若き日の広田弘毅三等書記官（後の首相、戦犯で刑死）であった。

「ああ金栗さんか、今、陛下の崩御の通知がありましてね」

広田の声は沈んでいた。

「ベルリンでご病気の話は聞いておりましたが…」

明治青年の四三にとっても明治大帝の崩御は大きなショックであった。

「日の本の大柱去りて民草の嘆きも秋の枯れ草のごと」

「すめらみの民と生まれて異国にその喪をなすぞ悲しかりける」

「すめらみの御稜威は尽きじよろずよに伝えつぐ人語りつぐ人」

翌日のロンドン・タイムズには、明治大帝の黒ワク写真が大きく掲げられ、生前の偉業をしのぶ記事が一面を埋めつくしていた。宮城前に集まった民衆が夜通し動かず、その死を悼んだという記事もあった。街角で会う英国の軍人たちもみなその喪に服して黒布を腕にまいていた。

四三はロンドン滞在の三日間に、大英博物館、国会議事堂、バッキンガム宮殿や、セント・パウルス寺院、ロンドン塔などを見物したが、最も驚いたのは地下鉄が開通していたことである。

イギリス人の公徳心の旺盛さにも目を見張った。四三がハリーホックからロンドンへの汽車に乗るとき、手荷物を預けたが預かり証というのがない。聞くと「ご自分の荷物はお分かりでしょう」と言う。到着駅ではたくさんの荷物の中から各人が自分のものを選び出して勝手にもって行くのだ。盗難など考えてもいない。人間同士の美しい信頼に〝さすがは紳士の国だ〟と四三は感心した。

パリははなやかな町であった。ノートルダム寺院、ルーブル美術館、ベルサイユ宮殿、エッフェル塔、凱旋門…見るところが多くて忙しい毎日。貴重な外遊のチャンスに、専門である地歴の勉強を実地にやっておこうという四三はどん欲なほどあちこちを見て回った。

八日の夜、ロンドン―パリ間の旅行で一緒だった留学中の東大藤沢利機太郎博士主催の夕食会に招かれたが、その席には与謝野鉄幹、晶子夫妻や洋画家の和田三造らも出席していた。

マルセイユで、伸びかけていた髪を刈ってまる坊主になり、心機一転、故国への船旅についたのは八月十一日の夕方であった。日本郵船の宮崎丸は、波静かな地中海に快適な航海をつづけた。十七日にポートサイドへ寄港、スエズ運河を通って紅海に入るころには赤道直下の猛暑がおそった。左にアラビアの砂漠、右手にアフリカ大陸が眺められた。

二十四日、宮崎丸は波高いインド洋へ。貿易風の影響で船は左右に大きく揺れ、四三は船酔いで二、三日食事もノドを通らなかった。

二十九日、コロンボ着、九月四日シンガポール、そして香港に立ち寄った宮崎丸は、故国への船足を速めた。十五日に薩南諸島の間を抜け、神戸港に入ったのは九月十八日。四ヵ月ぶりに見る故国の港には初秋の風が吹いていた。

〔追試験へ…一週間の猛勉強〕

神戸港の桟橋には、阪神地区の先輩、新聞記者、体育関係者など五、六十人の出迎えがあった。四三は「四年後を期して努力します」ということの他にしゃべることもない。周囲もあまり騒がなかった。神戸の宿で一夜を過ごし、翌日東京へ直行したが、新橋駅の出迎えも思ったより地味で、四三は救われたような気持ちだった。

ストックホルムでのみじめな敗北の知らせが日本へ届いたころは期待を裏切られた人たちの間にひどい非難の声もあったらしいが、その後明治大帝の崩御という国民的なショックで、オリンピックの話題もいつかかき消され、一般の関心も薄らいでいるようだった。

その日の午後、東京高師の寄宿舎では四三のオリンピック帰国報告会が開かれ、夜は寄宿舎で歓迎激励会が行われた。生徒、職員の間に非難の声はなく、かえって同情的な雰囲気が校内を包んでいた。四三はオリンピックのもよう、外国スポーツの実情を話し、マラソンの敗因についてもありのままを報告した。

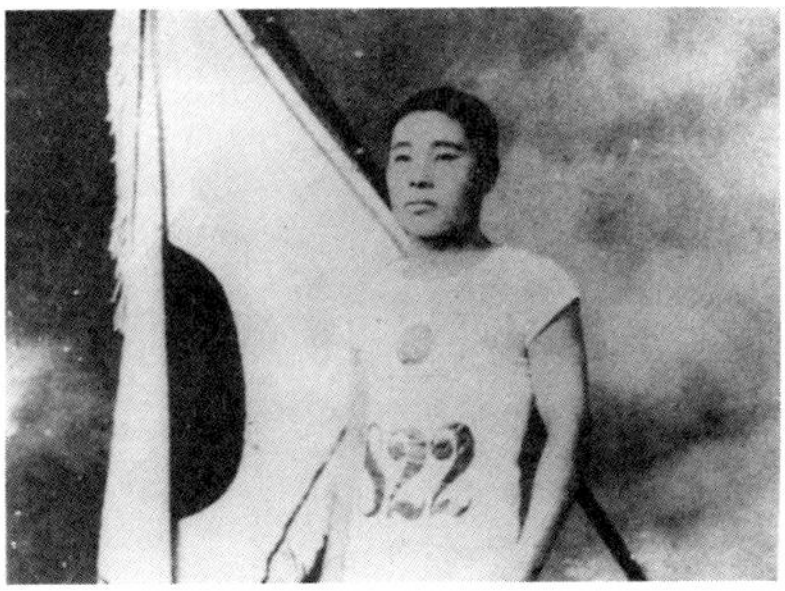
帰国後ユニフォーム姿で出場記念

「しかし私自身、落胆の前に再起を期すことこそ第一の務めだと思います。これからの四年間、心血を注いで努力をつづけ、今日の無念をはらすつもりです」

四三の話が終わると、みんなはいっせいに手をたたいた。

「そうだッ。がんばってくれよ」

「次の機会を待っているぞ」

温かい激励が彼の胸に沁みた。

翌日から、何事もなかったように四三は学友たちの間に帰っていった。帰国後の第一の心配は一学期の授業を欠席し、試験も受けていないことだった。担任の三宅米吉教授を訪ねると、「ご苦労だった。競走には敗れても、めったに行けない外国を自分の目で見たことが何よりの収穫だ。だがその間学校に出なかったことは考えねばなるまい。大変だろうが一週間後に追試験をするからがんばってくれ」という。

たった一週間で一学期の全科目の勉強を――さすがの四三もびっくりしたが、〃オリンピック選手が落第でもしたら日本スポーツ界のためにも良くない〃と思いなおして猛勉強を始めた。

友人のノートを借り集め、ネジリ鉢巻で机に向かう。遠征の疲れも何もあったものではない。午後十時の消灯の後は図書室へ行って二時、三時までがんばりつづける。睡眠時間はわずか二、三時間だ。それに帰国第一日から朝の練習、冷水浴、登校、放課後の練習といった日課もすでに復活していた。

普通の人にはちょっと想像もできない一週間の努力であった。それをやりとげ、試験も無事パスすることができたのはマラソンで鍛えた四三の体力と闘志の所産ともいえるだろう。

再出発

〔〝電信柱練習法〟を編み出す〕

帰国後の四三の毎日の練習は学友たちが目を見張るほどの真剣さだった。

練習にも工夫をこらした。早朝練習のあとフロ場で水をかぶると、そのまますっぱだかで、オイチ、ニッ、オイチ、ニッと猛烈な足ぶみ訓練である。

「オイ、オイ、すっぱだかで何やってるんだ」

ある朝、学友が四三の異様な練習ぶりをみて尋ねた。

「外国の舗装路を走る練習だ」

「エーッ」

友人はあきれ顔で目を見張る。

「日本には舗装道路が少ないだろう。さいわいフロ場の床はコンクリート張りだ。絶好の練習場というわけさ」

四三の解説に友人はまた驚いた。

放課後の練習には、耐久力とスピードのミックスを考えた。ストックホルムのマラソンで圧倒された出だしのスピードの強化である。そのころ、練習コースの道路脇に電信柱が立ち始めていた。間隔は四、五十メートル。その十本分を全力で走り、心臓が爆発しそうになると、次の十本分を軽く流して呼吸を整える。十回、二十回とその繰り返しだ。四三はそれを《電信柱練習法》と名づけた。戦後のヘルシンキ五輪で有名になった〝人間機関車・ザトペック〟のインターバル・トレーニングにそっくりである。さらにはピッチを上げる訓練、歩幅を伸ばす工夫。徒歩部の仲間の二倍から三倍の激しさである。

走ることは四三にとってすでに体育の限界を越えていた。ぶっ倒れたっていい。とにかくオリンピックで勝つことが目標だ。雨の日も、風の日も、たとえ体の調子が悪くても、四三は練習を休まない。

つらいときはストックホルムの無念さを思い出した。檜舞台のレースではどんな悪条件にぶつかるかもしれない。それを理由に負けることはもう許されないのだ。いかなる条件のもとでも実力いっぱいを出しきる。それが四三の練習のねらいであった。

〔母と兄の激励に発奮〕

まもなく二学期の試験だ。連日の勉強と練習に追われて、帰国後の四三は息つくひまもない。郷里の春富に帰ったのはその年の暮れ、学校が冬休みに入ってからであった。前年の夏以来、一年三ヵ月ぶりの帰郷である。

家じゅうのものが喜んでくれたし村の人たちも洋行帰りの四三を英雄のように迎えた。レースに敗れたことなど、もう田舎では問題にしていなかったのだが、長兄の実次としては、弟の四三が多くの期待を受けて晴れの檜舞台に出場しながら完走もできずに帰ってきたことが残念でならないようだった。

「世間さまに申し訳がない」という兄に、四三は遠征中の一部始終を話した。外国のようす、外国人の体格、スポーツ技術の差、マラソン・レースのこと、その敗因…そしてこの無念をはらすために命がけの努力をつづける決意であることなどを――。

四三の話を聞いて、兄は納得し、喜んでくれた。

「そうだったのか。敗北も仕方ない結果だ。しかし四三、今言った言葉を忘れるなよ。お前が男であるか否かを示すのは今後の精進いかんだ。しっかりやれ。その努力に対してオレもできるだけの助力をする」

かたわらの母も息子たちの熱い決意に目をしばたたかせた。

「そうですよ、四三。次の機会には必ず勝って世間さまのご期待にこたえてください」

〝一、二年前までは、走ること自体に大反対だった母や兄が、今は命をかけても走れという。オレはもう何の心配もなくマラソンに没頭できるのだ〟

四三はこみあげるうれしさでいっぱいだった。このときの母と兄の励ましが、マラソン一本に生きる彼の将来を決定づけたともいえるだろう。

大正二年（一九一三）の春が来て、四三は東京高師の最高学年になった。徒歩部の室長であり、練習の責任者だ。四三の練習には求道者のような真剣さがあふれていた。と同時に後輩たちの指導にもずいぶん気を使った。

学校体育の一環としての高師運動部だから、部員の中には走ることの得意でない者もいる。そういう部員のために四三は次のような計画を立てた。走ることを好きにならせる――これが最大の目標である。そのために初めのうちは強制を避けた。

「初めから激しい訓練をやれば体をこわしたり、イヤになったりする。練習は徐々にやれ。まず歩くんだ。そして歩く速度を早める。慣れたらゆっくり走れ。しだいに距離をのばせ。スピードを上げろ。それからが本格的な競走だ」

四三は後輩たちにこう言ってきかせた。競走の意欲が出るようになれば練習の苦しさが楽しみに変わり、どんな強制にも耐えうるようになるのだとの確信からであった。

指導者としてまったく適切な配慮である。そして四三のまじめな性格と下級生への思いやりが徒歩部ぜんたいを温かい雰囲気で包んだ。上級生と下級生との間に兄弟のような親しみが生まれた。四三のおかげで走れなかった者たちが走れるようになり、さらに日本的な選手がぞくぞくと出てきた。四三に対する周囲の信頼は絶大だった。

そして夏になった。ストックホルムの惨敗以来、夢にまでみた耐熱練習のチャンスがやってきたのだ。七月十日、夏休みに入ると同時に四三は千葉県館山の北条海岸へ出かけた。北条は一年生のころ夏の水泳訓練をしたところである。富士を眺めながら徹底的に走りまくってみようという計画だ。先輩の紹介で高橋という家に泊まることにした。

一般的な考え方からすれば、朝、夕の涼しい時を選んで走るのが最も効果的かもしれない。しかし目標はオリンピック制覇にある。五輪開催の時期は四年ごとの七、八月だ。オリンピックと暑さは切っても切れぬ関係にあるように思われた。次期ベルリン大会まで夏は三度しかやってこない。それに距離とかスピードの訓練はいつだってやれる。夏という条件をフルに生かすのは耐熱訓練以外にない。四三は最も暑さの厳しい午後一時から三時までの間を練習時間に選んだ。この練習は地獄のような苦しみであった。

〔真夏の浜辺で耐熱練習〕

宿舎は高橋という民家だが、三度の食事だけは、ちょうど夏季水泳訓練で体育科の生徒が泊まっていた近くの高師寮でとることにした。朝起きると軽い散歩、高師寮での朝食、それから午前中は生徒と一緒に海へ飛び込んで泳ぎまわる。昼食の後、宿舎へ帰って一時間ばかりの昼寝、午後一時からが本格的な走る練習だ。

暑さに耐えることが目標だからもちろん帽子はかぶらない。シャツ姿の四三は、勢い込んで灼熱の北条海岸へ走り出した。目標距離は北条から那古船形までの往復八キロだ。ところが、このわずか八キロが死ぬほどの苦しさだった。照りつける真夏の太陽、砂浜から跳ね返ってくる炎のような熱気。呼吸もできずクラクラと目が回る。しまいには目の前がまっ白になって、六キロ付近でぶっ倒れてしまった。なめてかかった八キロの距離がどうしても完走できない。

二日目も、三日目も同じ結果だ。歯を食いしばってがんばった。ストックホルムでの口惜しさを思い出しては、もうろうとかすみかける意識にムチ打った。だが体や手足はまったく言うことをきかない。一週間経ち、一ヵ月が経っても、やはり駄目だった。

焼けつくような海岸の道路を走っては倒れ、倒れては走る四三の姿を見て、近所の農家や漁師たちは「気でも狂ったのではないか」と驚きの目で見た。四三にしても、このさんたんたる結果に気が気ではない。

〝こんなザマではオリンピック制覇なんて、とてもじゃない。暑さに対してはまったくだらしない体質だ。もう駄目なのかもしれない〟

宿舎に帰っては考え込むことの方が多くなった。何度あきらめかけたか知れない。だが、そのたびに思い出すのは故郷の母や兄の言葉であった。〝駄目なら駄目でもかまわん。これがやりとげられないのならオリンピックの夢も消えるのだ。死ぬまで走りまくろう〟

四三はヤケクソになった。そのうち北条へきてからちょうど四十日目の八月下旬、いつもの通り、ヤケクソで駆け出した彼はいつの間にか那古船形までの往復八キロを走りこなしてしまった。途中いく度かグラついたり、倒れかかったりしたが、ムチャクチャにがんばりつづけているうちに八キロを完走したのである。天にも昇るうれしさだった。

翌日は初めから思いっきり走ってみた。走れる。呼吸はあいかわらず苦しいがどうにか完走できるのだ。さらにその翌日には富浦まで距離を伸ばして往復十マイルを駆けた。これも征服できた。やがて二十マイルに挑む。苦しさは倍加したが、これも何とか走りこなした。

九月に入ると炎天下の練習が面白くなった。目標の第一段階に達した喜びが四三の心に余裕をもたせた。練習にどん欲な四三は、海辺を使っての補助運動もやってみた。水の中を走る訓練である。膝までの水を蹴散らして走るわけだが、水には抵抗があるから足はなかなか進まない。百メートルも走ると脚をとられてひっくり返る。これを我慢してヒザを上げるように走りつづけると脚、腰、腹筋の格好の鍛錬になった。初め二百メートルもつづかなかったのが、やがて二千メートルくらいは休みなしに走り通せるようになった。

〝何事でもその気でやれば必ずできるものだ〟

房州の練習で四三は満々たる自信をつかんだような気がした。初めのうちは「気がふれたのではないか」と笑っていた近所の人々も、このころには彼が有名なオリンピック選手の金栗四三だと知ったらしい。子どもたちが宿舎へ遊びにきたり、練習中は「がんばれよッ」と声をかける村人も出てきた。

走るときは鬼のようなすさまじい形相だが、ふだんは人なつっこい四三である。正体が知れると、彼はたちまち浜じゅうの人気者になった。その大変な人気にあやかって近くの人力車夫が「カナクリ屋」という看板を掲げた。金栗選手のようにスピード満点、という意味らしい。これには四三も驚いたり、テレたり…。

九月十日、二ヵ月間の耐熱練習を終わって東京へ帰った四三の体は銅像のように黒々と光っていた。

高師卒業

〔ベルリン五輪への執念…教職につかず〕

秋はマラソンの練習にも快適のシーズンだ。距離の練習、スピードの強化――面白いほどに四三の計画は進んだ。大正二年の十一月、陸軍戸山学校で開かれた第一回日本陸上競技選手権大会では2時間31分28秒の大記録を出したのである。

冬になると、とくに寒い日を選んで耐寒訓練をした。凍りつくような寒さの中で忍耐力を養うのだ。徒歩部員も目を見張る激しい練習の毎日だった。

そして大正三年の春がめぐってきた。

高師四年間の生活もあと十日あまりとなった三月の初め、卒業予定者全員が講堂に集められた。卒業後、中学校教師として全国に散っていく生徒たちに対して、文部省からの赴任地の発表である。嘉納校長の訓辞があって係から次々に氏名と赴任校名が読み上げられた。

四三は名古屋の愛知一中だった。愛知一中――四三には思いあたるフシがある。同校の校長は日比野寛で、明治四十一年ごろから生徒全員に走ることを奨励し、自らも先頭に立って走りつづけている名物校長だ。前年の暮れごろ日比野校長と会ったとき「金栗君、ワシは走るのが好きじゃ。生徒にもやらせとるが指導者がいなくて困っとる。よかったら卒業後ワシの学校に来てくれないか」と話があった。日比野が直接文部省に談じ込んで、四三獲得に成功したものらしい。

その夜、四三は考えた。日比野校長の気持ちは分かるが、自分としては他に大きな目標がある。大正五年に予定されているベルリン・オリンピックにはぜひとも出場し、勝たなければならない。そのためには研究科に残って存分の練習をつづけ、そのかたわら全国各地を回ってマラソン熱を普及し、新しい後継者もつくり上げたい。以前から考えていたことが土壇場になって急に頭をもたげたのだ。

翌日、四三は生徒係監事の吉田を訪ねて次期オリンピックへの情熱をぶちまけ、それまで教職にはつきたくないから愛知一中への赴任をとり消してくれと頼んだ。しかし吉田監事は首を横にふるばかり。

「金栗君、君は高師に学んだことを何と考える。四年間官費の教育を受けておきながら、今さら教員になりたくないとは何事か。教職につくことは高師卒業者の義務である」と叱りとばすしまつだ。

四三は「日本スポーツのためです」と天下国家を論じ、特殊の事情だから、と粘ったが駄目だった。意を決して、四三はその日のうちに東海道線の下り列車に乗った。日比野校長と直接交渉して文部省に赴任とり下げを申し出てもらおうというのである。

校長室を訪ねると日比野校長は大喜びだ。

「おう金栗君、来てくれたか。よかった。よかった。実はワシも悩んでいたんだよ。単に走るということからスポーツにまで発展させたいと思ってね。しかしながらワシは素人だ。行き詰まっていた。だがもう大安心だ。君が来てくれたから百万の味方を得たも同然だ。将来のオリンピック選手も育ててほしい。大いにやってくれ」と手放しの歓迎ぶりである。

四三は本意を言い出しにくくて困ったが、どうしても言わねばならない。

「先生、まことに申し訳ありませんが、今日は御校への赴任をとり消していただこうと思って伺いました」とおそるおそる切り出した。

「えっ。何だって」

日比野校長は意外だと言わんばかりに驚きながら「理由を聞かしてもらおう」とうながした。

四三はオリンピックへの計画を述べ、昨夏は耐熱練習もやり耐久力の点でもスピードの点でもどうやら自信ができかけた。あと二年みっちりやれば最高の条件でベルリンへ行ける。そのときまで一年間待ってほしい、と頼んだ。

日比野校長は大きくうなずいた。

「金栗君、君の気持ちは分かった。心配するな。文部省へはワシが話をつける。その代わり研究科へ進んでも年に二、三回は愛知一中へきてくれるね」と念を押し、四三もそれを約束した。

高師へ帰って嘉納校長に事情を話すと「君にそれだけの決心があるのならいいだろう」とむしろ喜んでくれたようであった。

後輩を鍛える

〔厳しい指導にもあふれる人間味〕

愛知一中への奉職を断った四三は、嘉納校長の許しを得て研究科に籍をおくことになった。

三月中旬の卒業式が終わると、いつまでも大塚の高師寄宿舎にいるわけにはいかない。三年間住み慣れた徒歩部の部屋に別れを告げて、当時小石川茗荷谷にあった有斐学舎へ移った。有斐学舎は在京熊本県人の学生寮である。ここから研究科の授業に通うわけだが、授業といっても週に二、三回、それに主任の乙竹岩造教授が四三の大目標を知って大目に見てくれるから、四三は思う存分の練習ができた。

例によって朝の練習、冷水浴、食事といった順序で一日のスケジュールが始まる。午前中は研究科の授業に出たり、読書をしたりして過ごす。午後になると高師の寄宿舎へ出かけ、徒歩部の後輩たちをひっぱり出して、ゴシゴシと鍛え上げ、自身も血のにじむような練習に没頭するのだ。

四三には次期オリンピックでの雪辱という目標があるからその張り切り方はたいへんなもの。徒歩部の部屋への り込むと、さっと練習着に着がえ「さあいくぞ」とどなってまっさきに校庭へ駆け出す。そして運動場のまん中に仁王立ちになって「まだか、まだか」と後輩たちが出てくるのを待つのである。

先輩の四三がこの調子だから、後輩たるものたとえどんな理由があってもさぼるわけにはいかない。みんなが集まると「今日はこんな練習をやるが、どうか」と一人一人の顔を眺める。もちろん全員が賛成せざるを得ない。あるときは短い距離でスピードを上げ、あるときは長い距離をじっくりと走り込んで耐久力の練習。その途中も自ら先頭に立ったりしんがりについて励ましながら面倒をみた。四三のはち切れんばかりの気合いに、後輩たちはありがたがるやら、迷惑がるやら…。それでもいつの間にか一人前の長距離走者に育て上げられていった。

こうした毎日だから、四三の全身は日にやけて年じゅうまっくろである。卒業後にのばし始めた髪の毛もしだいに長くなった。四三の毛はちぢれっ毛だ。気合いを入れながらも彼特有の細い目はいつも笑っている。徒歩部の後輩は四三に「お釈迦さま」なる尊号をたてまつった。

このお釈迦さま、勤めもないのに、なかなか懐ぐあいがいい。練習が終わると徒歩部の一同をひきつれて、近くの牛肉屋へ繰り込んだり、まんじゅうをご馳走したりしては「今日はほんとによくやった。明日から強くなるばい」と言って励ますのである。練習はつらいが、人間味あふれる指導をする四三にみんなよくなついた。もっとも四三の金の出どころは後輩たちにとって長い間ナゾであったが…。

四三特有の精神的、肉体的薫陶を受けて、この弟子たちはみんながんばり屋。その中からたくさんの成功者が出た。スポーツマンとしても社会的な地位からいっても一流ばかりである。まず一年後輩の多久儀四郎。熊本県玉名郡石貫村の出身で、同郷ではあるし、四三から最も愛され鍛えられた一人である。主として中距離を練習し上海の極東大会では二種目に優勝をとげて気を吐いたが、後年東京の本郷中学勤務中に病いに倒れた。

ついで短距離百、二百メートルに活躍し芝浦の極東大会にも出場した東口真平。玉名郡旧玉水村の出身。四三を運動記者に、とスカウトしかかった大物好きの朝日新聞に、嘉納の直命で身代わり入社した。長く運動部長として夏の甲子園中等野球の隆盛の基を築き、後に取締役編集局長を務めた。戦時中の昭和十七年からジャワ新聞の社長になったが、終戦直前の二十年七月十三日、シンガポールへ向かう途中の飛行機事故で殉職した。戦後に東口杯青年陸上大会が開かれたほどの人物だった。

その他、かつて熊本大学の地質学教授として有名だった遠藤誠道理学博士（東大講師・福島県出身）、千葉県の教育委員、日本陸連の審判部長でみごとな白髪の渋谷寿光（神奈川県出身）、東京理化工業所長の小野田忠理学博士（福島県出身）、実践女子大学長で国文学の権威山岸徳平文学博士（新潟県出身）、同大学教授で『東西名言辞典』や『教訓例話辞典』を著した有原末吉（熊本県玉名郡南関町出身）、同じく熊本の出身で元近江絹糸取締役赤塚勝次、元学習院大学教授宮原治（福岡県出身）など数え上げればきりがない。いずれもあまり歳は違わないのに、四三から子どもあつかいされ、じっくりと鍛え上げられた人々である。

四三から叩きこまれたマラソン精神のおかげか、その弟子たちも七十歳近くになろうというのにみんな元気いっぱい。宮原治や山岸徳平は今もハゲ頭を振り振り連日校庭を駆けて若者たちを驚かせている。

〔名ランナー多久儀四郎を育てる〕

「単に走ること、強くなることだけが目標ではない。マラソン練習の過程で重要なのは精神の鍛練である」と四三は言う。精神鍛練はもちろんふだんの練習にもふくまれてはいるが、とくに重視したのは盛夏と厳冬の訓練だった。

夏――暑さにうだって徒歩部の後輩が昼寝でもしていようものなら大変である。「オイッ、せっかくの暑さを無駄にする法があるかッ」と気合いを入れて、帽子もかぶらず郊外へ駆け出していく。後輩たちは目もくらむような炎暑の中を四三の後につづく。

冬――雪でも降り出すと四三はがぜん張り切った。徒歩部の部屋にやって来るが早いか、火鉢を囲んでいる後輩をしり目に練習の準備だ。

「今日は涼しそうだなあ。部屋にいるとはもったいない、もったいない」と大声を出しながら雪の町へ走り出す。先輩がこの調子だから、部員たちも仕方なく後を追っかける。手も足も感覚をなくして転びそうになりながら、四三の後ろにつづいて歯を食いしばった。

この荒行を終わると四三はみんなを集めて、にこやかに語るのである。

「君たちも大したもんだ。偉いぞ。今日あたり他校は練習を休んだろう。われわれは練習量において一日分リードした。きっと強くなる」

四三はまた競技指導のうまさにも定評があった。各人の力と性格をうまく見抜いて、叱ったり、おだてたり千変万化の指導ぶり。そして秘められた素質をいつのまにかひっぱり出してしまうのである。

熊本が生んだ日本陸上界黎明期の名中距離ランナー多久儀四郎も、実は四三の指導と激励でたたき上げられた一人だった。多久は玉名中学でも東京高師でも四三の一年後輩で「金栗さん、金栗さん」と四三をしたい、四三も弟のようにかわいがった。

その多久も、高師入学当時は足こそ速かったが神経質で気が弱かった。東京へ出てまだ一ヵ月くらいのころ「どうも都会の暮らしは性にあいません。神経衰弱になったので学校をやめます」と言ってきた。四三は驚いたが、かねてから多久の俊足を知っていたので「大の男が神経衰弱とはなんちゅうこつか。走れ、走れ。走ってそぎゃんとは吹き飛ばせ」と強引に徒歩部の練習にひきずり込んだ。

授業が終わると、毎日グラウンドにひっぱり出して走らせる。一週間も経つと足も腰も立たなくなるほどくたびれたらしい。ある日いつまで待っても多久が出てこないので、部屋をのぞくとフトンをかぶって本を読んでいる。

「この野郎ッ」と四三が大喝すると、飛び上がって驚いたが、やがて泣き顔になって「今日ばかりはこらえて下さい」と言う。「いかん、いかん。その気の弱さが神経衰弱の原因だッ」

むりやりたたき出された多久が走る。その後ろから四三が背中をこづきながら追いかける。止まると蹴っとばす。こんな日の連続で、多久はワタのように疲れるから夜は熟睡する。そのうち神経衰弱もどこかへふっとび、もともと素質のある選手だから走ることも好きになり、強くなった。

二、三年生になると中距離ではもう高師のNO・1だ。駒場の招待レースにも高師代表として出場するようになったが、多久の走りっぷりはいつも前半が消極的で、一高の沢田、慶応の津村といった選手には卒業の年まで後塵を拝しつづけた。

四三が気合いを入れる。「何ちゅうザマか。高師にいる間、とうとう優勝もしきらんで。もうやめてしまえッ」

この叱咤に奮起した多久は「よし、そんならやる。金栗さん、もういっぺん走らしてくれ」といって出場したのが、卒業の前年、大正三年十一月の極東大会予選。スタートと同時にすっ飛ばし、ナメてかかった沢田、津村を振り切って勝った。

「金栗さん。どうです」と鼻のあたまをなでる。

「まだ甲の上ではない。第一、お前は数学科のくせに頭が悪いぞ。そんな力があって今までなぜ負けたんだ」

二人は肩をたたいて笑い合った。

このときの自信が翌年の極東大会で、八百、千五百メートルの二種目優勝という大活躍をひき出したのである。多久の性格をたくみにつかんだ四三の名指導ぶりであった。

〔雨・雪の日、正月も休まず〕

多久はもともと素質のある選手だったので、四三もちょっと手荒な鍛え方をやったわけだが、弱い選手は弱いなりにうまくひっぱっていく。当時のもようを四三の弟子の一人宮原治は次のように語っている。宮原は学習院教授のころ欧米に遊学、ロンドンのウィンザーマラソンに出場したり、ウェブスターのオリンピック競技史を訳したりした文武両道の猛者である。

「明善中学時代、運動の経験一つない私は、走ることなど好きでもなし、むろん速くもなかった。それが徒歩部に籍をおくようになったのは、生来の無器用ゆえにあちこちの部から入部を断わられ、仕方なく特別のお情けをもって金栗さんに拾っていただいたからである。徒歩部の部屋では、朝起きると全員が室長金栗さんに率いられて、だだっ広いフロ場へ行き、寒中でも水をかぶらされ、ハダカのまま体操をやらされる。放課後はまた晴雨にかかわらず、寒暑を問わず練習に駆り出された。その練習だが、私がどんなに遅くても金栗さんは小言を言わない。手をどう振れとも、足をどう上げよとも言わない。仕方がないから金栗さんがゆっくり走られるときにその後ろへ回って、文字通り足あとを踏んだり、手の振り方をまねたりしたものである。

私の練習は八キロぐらいを歩いたり走ったりすることから始まったが、日を追うに従って苦しいものになっていった。強い練習の翌朝は足がはれ上がって竹杖にすがりながら便所に通うほどだが、それでも授業を欠席することは許されなかった。しかし、とにかくこうして最初は一キロもつづけて走れなかった私を、三年後にはフルマラソンの選手にしたて上げてしまわれた。思えば私が金栗さんに弟子入りしたのは五十年もの昔になるが、死ぬほどイヤだった教員生活に生き甲斐を感じ、やがて七十に手が届こうとしながら、なお毎朝水を浴び、暇さえあればトコトコ走って日々を楽しむことができるのも、まったく金栗さんの感化であり、おかげである」

また四三の愛弟子の一人秋葉祐之はこう語っている。

「私が高師に入ったのは大正五年、徒歩部の主事は渋谷寿光さん、部長は石川林四郎教授。金栗さんはすでに高師を出られた後で部の顧問格だった。理科に籍をおいていた私は毎日八時間の授業があり、それが終わって寄宿舎へ帰ると金栗さんが待っていて練習にひっぱり出された。大塚の学校から埼玉県の蕨町まで往復三十キロ、ただもくもくと金栗さんの後を走る。校庭へ帰り着くと、二百メートルのトラックを五、六周力いっぱい走らされ、最後に百メートルの直線コースを二、三度すっ飛ばす。クタクタに疲れた後入浴、夕食という順になるのだが、寄宿舎のフロはすでにドロドロによごれ、食堂も片付いてしまっている。そこで水をかぶって体を洗い、宝亭という近くの西洋料理屋へ出かけて金栗さんから夕食のご馳走になった。このような毎日だが、冬の間は道が暗く、風も冷たくて随分つらかった。腹がすいて板橋あたりでさつま芋や大根をもらい、よくナマで食った。こうして満一年、雨の日も、雪の日も、休暇でも正月でも金栗さんは休ませてくれなかった。おかげで私も二年生になるころは東京の大学専門学校長距離界のNO・1といわれるくらいにたたき上げられた。

金栗さんは手しおにかけた弟子たちの記録がぐんぐん上がっていくのがうれしくてしようがないといった様子。いつも温顔に笑みをたたえてはげましてくれた。しかしいざ練習となると厳格そのもので酒、タバコはもちろん、電車に乗ることも喜ばれず、常にこまかい注意が与えられて違反は許されなかった。今どきこんな話をしたら誰でも笑うだろうが、当時の私たちは金栗さんの人格と実力に全幅の信頼をおいていたからこそやれたのだと思う。

大正七年、芝浦で開かれた極東選手権大会の十マイルに54分、二十五マイルマラソンに2時間28分と二つの優勝ができたのも、お供をして下関—東京間、樺太—東京間の走破ができたのも、みな金栗さんのおかげだろう。私は六十歳を過ぎた今、千葉県の田舎の教育長を務め、かたわら一町五反の田畑を耕やし百羽以上のカナリヤの飼育、加えて牛、豚、鶏を養い、しいたけ数万本の栽培をやっていける頑健な体と、粘り強い心を保っているのも、金栗さんから受けついだマラソン精神の賜だと思っている」

このように四三の後輩たちに対する指導の効果は大きかった。

全国行脚で体育振興

〔理解のない校長を啓発〕

高師の徒歩部で後輩たちを鍛えるかたわら、四三は全国的なマラソン普及にも力を入れた。けた違いの体力をもつ外国人選手を負かすには、それ以上の立派な人材を探し出さねばならない。自ら猛練習でストックホルムの無念をはらすことはもちろんだが、素質のある選手を鍛え上げて将来にそなえることも務めのように思われた。

そのためには高師の後輩だけでは範囲がせまい。東京じゅうを探し回っても、それほどの素質をもった者がいるかどうか——。やはり全国の青年の中から掘り出さねばなるまい。考えぬいたあげく、四三は全国の師範学校を巡って、マラソンの普及に乗り出すことにした。師範学校を選んだのは、三、四年後には教員となり、子どもたちを指導する彼らにスポーツの重要性を説いて将来の好選手を育てさせようとの考えからであった。

四三は全国各地に散っている高師の先輩、同輩たちに手紙を出して、その趣旨を伝え、OKの返事があるとさっそく出かけて行く。行くさきざきでは講堂に生徒たちを集めてオリンピックの話をし「何事をやりとげるにも健康な体がなければ駄目だ。初心を忘れぬ強い闘志と忍耐力を養うにはマラソンの練習が一番である」と説いた。

話が終わるとグラウンドへ出る。ストックホルムに行ったときの日の丸のユニフォームを着て運動場を走るのである。三十周も四十周も…。いささかの疲れもみせず機械のように走る四三を見て、みんな驚き目を見張った。四三の後ろには、ハダシになった生徒たちが走っては休み、休んでは走るといったぐあいで、入り代わり立ち代わりゾロゾロとつづく。走った後で毎日の練習法、食事のとりかた、いかに手を振り、足を動かすか、苦しいときの呼吸法…などをていねいに教えた。

金栗四三の名を全国どこへ行ってもほとんどの人たちが知っているのが強みだった。四三が来ると知って近くの町や村から見物に出かけてくる者もずいぶんいた。四三のマラソン行脚を聞いて「オレのところへ来てくれんか」「ワシのところの生徒に気合いを入れてくれ」と先輩たちからの申し出もある。

四三は師範学校の他小学校へも中学校へでも頼まれれば気軽に出かけていった。話しべたの四三だが、その熱心さとネームバリューのおかげで教師も生徒も喜んでくれて、彼の人気はすばらしかった。しかし、全ての学校が好意的であったわけではない。

高師の先輩もおらず、ツテもない学校では直接、校長室にのり込んでマラソン普及の趣旨を述べるしかない。中には訳の分からぬ校長もいた。

「君が日本一の金栗君だか何だか知らんが、私の学校にはそういう必要はない。わが校にはすでにスジ金が入っているんだ。それに生徒たちが将来、車ひきになるわけでもあるまい。車夫のような練習のやり方を神聖な講堂でやるとは何事です」

こういう校長に対してはさすがの四三も腹が立った。しかし怒ってしまってはせっかくの大目標もガタガタにくずれてしまう。それにこのくらいのことで天下の金栗が腹を立てて帰ったと言われても残念しごくだ。まず校長の啓発からだ、とばかりに低姿勢でジワジワと話し込む。外国の事情、オリンピックの話、教育の根本は知育、徳育、体育の三つであってその一つをも欠かしてはならない、といったぐあいに粘るのだ。

四三の熱心さに負けて「それでは」というところもあるが、どうしても駄目だという学校では体育教師をまるめ込んだ。体育教師ともなれば四三のことはよく知っている。

「校長があの調子だから、実は私たちも困っているんだ」と四三の主張に共鳴して、そっと自分の担当時間を提供してくれた。こうして四三は卒業後の三年間に全国約六十の師範学校のほとんどを講演、指導で走り回った。

このおかげで大正から昭和にかけて各地の師範学校が学生スポーツの指導的な立場で、多くの好選手を生み出したともいえるだろう。

史上初の合同練習会

〔驚異の世界記録…効果てきめんの暑中訓練〕

大正三年の夏、四三はふたたび千葉県館山の北条海岸へ出かけた。前年の耐熱練習の結果、同年秋の第一回日本陸上競技選手権大会に早くも世界的な快記録をマークして、その効果てきめんなことに自分ながら驚いたほどだから、その張り切りようも尋常ではない。五月ごろからさかんに夏季練習の計画をねったあげく「こんないいトレーニングをオレ一人だけではもったいない」と大日本体育協会の会長だった嘉納治五郎にもちかけ、賛同を得て体協主催の夏季練習会というかたちにつくり上げた。

この催しが各校合同の組織的な練習会としては日本最初のものである。高師後輩の橋本三郎、宮原治、渋谷寿光、有原末吉をはじめ東大のスプリンター明石和衛、秋田師範の榊信之助、愛知一中の柴山、長野師範の赤羽など十数人が集まった。

世界記録を樹立しゴールする瞬間

七月十日から二週間、安房中学の校庭を借りての練習だ。午前中は四三がストックホルムからもち帰った円盤、砲丸、ヤリなどを使って、走ること以外の補助訓練。午後からは例によって暑いさかりの海辺を駆けるのだ。日本的な柔道選手で短距離、投てきにも強かった宇土虎雄に「円盤はなあ、こぎゃん、ぐるっときゃあめぐって投ぐっとばい」とコーチした話は有名である。

二週間のスケジュールが終わると、全員がそれぞれの故郷へ引き揚げる。四三はその後も一人残って九月十日までのまる二ヵ月を暑さに耐えてじっくり走り込んだ。

このおかげかどうか、十一月の第二回日本陸上競技選手権大会でまたまた大記録を生んだ。陸軍戸山学校から青梅街道を通って田無町までの往復二十五マイルのコース。四三はしょっぱなからトップに立ち、そのまま2位以下を大きくひきはなし、2時間19分30秒の驚異的な世界記録をつくったのである。

四三のゴールがあまり早かったので、マラソンのスタート後、一応グラウンドの門を閉めた役員がまだそこに来ておらず、快記録で帰りついた四三が「オーイ、帰ったぞッ」と大声でわめいたため、あわてて開けてくれたという珍談も残っている。役員たちは「オレたちがボンヤリしていなかったら金栗の記録はもっと良かったろう」と残念がったという話だが、とにかく2時間19分30秒は想像を絶した世界的な大記録であった。

「この調子ならベルリン・オリンピックで金栗の優勝まちがいなし」とみんなが手放しで喜んだ。以下2位が橋本三郎、3位有原末吉、4位宮原治といったぐあいで、上位は房州の合宿練習に参加した高師の後輩たちで占められた。もちろん嘉納会長も非常なご満悦。陸上関係者たちも、あらためて夏季練習会のすばらしい効果に目を見張った。

房州の練習会は大正五年までつづけられたが、第二回の大正四年からは嘉納会長も姿を見せ、全国から参加する選手もふえてぐっとにぎやかになった。

〔ナシ売り女性への優しさ〕

大正五年の夏季練習会のときであった。房州はナシの名産地で、ナシ売りの女性がよく合宿所にもやってくる。若い者ばかりだから、時には女性をひやかしたりしながら、みんなよくナシを買っては二つも三つも食べた。ある日、女性のもってきたナシの中に子どもの頭ほどのものがあった。

「こんやヤツはいったい、いくつくらい食えるもんだろうか」

選手の一人がそんなことを言い出した。ふつうのナシは一個一銭だが、これは三銭で、一つ百匁もあるというシロモノである。

「せいぜい四つか五つだろう」と誰かが言う。

「いや、そんなに食えるもんじゃない」となかなかのにぎやかさだ。そのうち四三と有原が、「なんだ、四つ五つだなんて意気地がないぞ。オレなら十個くらいは簡単に食える」と言い出した。

ところがナシ売りも面白い女性で「もし十個食べられたらお代はいただきません。その代わり駄目だったら一個食べても十個分払って下さい。明日大きいのを持ってきます。覚悟しておいて下さいよ」と言って帰った。

翌日、まさかと思っていると、その女性が房州じゅうのナシの中から、大きいものばかり選んだのではないかと思われるようなみごとなやつを二十個もそろえて持ってきた。四三と有原は昼めしを食べたばかりでギョッとしたが、前日タンカを切ったてまえ、引っこむわけにもいかない。

そのうち他のナシ売りや近所の人々もたくさん集まって、にぎやかなナシ食い競争が始まった。果物はむきようで大きくも小さくもなるというので、ナシ売りの女性ができるだけ皮をうすくむく。またシンをどのくらい残すかも問題で、これはいちいち女性の検査を受けた。

三つ、四つ、五つ…二人は平気な顔でムシャムシャと食べつづける。八つ、九つとなるころにはさすがにナシ売りの顔も青ざめてくる。そして最後の十個目を四三と有原が同時に食べ終わった。周囲は「すげェ、すげェ」と拍手かっさい。気の毒なのはナシ売りの女性だ。高いナシを二十個もただで食べられた上「天下の金栗さんをなめた天罰だ」と若い者たちにヤジられる。カラになったカゴをかついで、彼女はしおしおと帰っていった。

これだけで終われば笑い話ですむが、この事件にはオチがついた。人情家の四三のことである。見物人が散ってしまった後、女性の後を追っかけて「ナシ売りさん。約束だからナシ代を払うわけにはいかんが、今日のはすばらしくうまかった。こんなうまいもんを食わしてくれたお礼だよ。とっときなさい」と二十個分六十銭を払った。ナシ売りの女性が涙を流して感激したのはもちろんだ。これを聞いた有原はじめ合宿の者たちもみんな四三の優しさに感動した、との話が残っている。

四三の弟子たちは、この有原以下そろいもそろって消化力ばく大であった。競技者たるもの酒やタバコはけしからんが、食うのならなんぼ食ってもいい。その代わり食っただけは確実に消化しなければならないというのである。したがって弟子たちはいずれも常人の二、三倍の消化力をもっていたが、その双へきは宮原治と橋本三郎だといわれている。

あるとき、宮原の主催でスキ焼き会が開かれた。集まった者たちはそれぞれ動けないほどに食べたが、まだ相当量残っている。宮原は主催者として食べ残すわけにもいかず、一人もくもくと最後の飯ビツ攻撃をつづける。そのうち上体を直立したまま宮原が「ウーン」とうなり出した。のどもとまでいっぱいに食い込んで上体が曲がらないのだ。「出る、出る」とかすかなうめき声。まわりの者は洗面器をとりにいくやら背中をさするやらの大さわぎ。

しかし、このとき四三すこしもあわてず、ふところから静かにとりだした丸薬を、まー文字にひき結んだ宮原の口へ押し込んだ。宮原は上体を棒のようにまっすぐにしたまま目を閉じている。みんなどうなることかと注視する。やがてのどもとまであった食べ物はスーッと消化してしまったらしい。宮原は上体を曲げて平常に返った。実にたくましい消化力――。これにはみんなあきれたが「熊本の毒消し丸の威力をみよ」と四三だけがニコニコと満足そうだった、との話もある。

以来、熊本の毒消し丸はマラソン仲間の常用となり、宮原には「毒消し」というアダ名がついた。

堅忍持久

〔テニスや碁でも見せた粘り〕

四三が説くマラソン精神の中核は《堅忍持久》である。

彼をはじめその弟子たちもみんなこの精神に徹して、健康に注意し、体力を養い、それぞれに粘りと闘志を発揮したが、さすがに四三はこの点でもＮＯ・１であった。どんな単調なことでも、一度やり始めたらトコトンやる。決して自分からやめるとは言わない。練習でもふだんの生活でも「あきらめた」とか「退屈した」とかの言葉を弟子たちは聞いたことがないという。

四三は日常の運動としてマラソンの他によくテニスをした。技術の点でも素人ばなれした相当な腕だったが、金栗庭球の真価を発揮したのは粘りと闘志である。ふつうの人間なら「これは駄目だ」とあきらめる球でも四三は最後の最後まで追っかけて打ち返す。相手が難球を飛ばして「もう勝った」と力を抜いたとたん、四三の打ち返したボールがサッと飛び込んでくる。さらに、決して自分から「やめよう」とは言わない。どんなテニスの名手でも、さいごには「金栗さん参りました」とその堅忍持久にカブトを脱いだ。

房州の合宿では、暇なときによく碁を打った。碁といっても本格的な囲碁は神経をすり減らして練習のマイナスになるというので五目ならべやはじき落としだ。どちらも単調な遊びで、たいていの者なら五、六回もやると飽きてしまう。ところが四三は何十回、何百回やっても、初めと同じ調子でいっこうに退屈する気配もない。彼の相手をおおせつかる弟子たちは、そのうちシビレを切らして「完敗です」と碁石を投げ出すのが常だった。

四三にすれば勝敗は問題でなく、何事も最後まで我慢しつづけるという精神訓練が目標なのだから、相手もたまったものではない。こうなると遊びも単なる楽しみではなく、四三の相手を務めるかぎり文字通りの苦行だ。最後には彼が碁盤の前に坐ると、そこらにいた者たちがコソコソと逃げだして相手がいなくなった。

マラソンを志してからの四三はほとんど病気らしい病気をしたことがない。弟子たちは「金栗さんはセキ一つしたことがない。まったく頑健な身体だ」と驚いたが、その健康とても幼少のころの病弱な身体を強くするため、コツコツとつづけてきたたゆまざる鍛練の結果である。彼は意志の力で病弱を克服し、人並み以上の健康をつくり上げたともいえるだろう。

弟子たちから「不死身の金栗」と言われた四三だが、その全盛時代にたった一度だけ、病気で寝込んだことがある。大正五年夏の合宿練習のとき。房州には新鮮な魚が多いので、みんなよく食べたが、どういうわけかあるとき、四三だけが中毒症状を起こした。このときばかりはさすがのマラソン精神の権化もまいったらしく「しばらく練習を休ませてくれ」と寝込んでしまった。

まったく珍しいことで弟子たちも「金栗さんが自分から休むというのなら相当なものだ」とびっくりしたり「無病自慢の御大が青魚にあたったとは…。ご本人もさぞ口惜しかろう」と同情したり、ちょっとした騒ぎになった。家の中にいてもタラタラと汗の流れる夏のさかりだ。それに耐えて四三は毛布をかぶったまま神妙に寝ている。もちろん飯も食べない。

「そんなにヤセ我慢するとかえって衰弱しますよ」とおかゆを勧めても「病気もなおらんうちに食うのは意思薄弱の者がやることだ」と言って受けつけない。とうとう三日間を絶食のまま過ごしてしまった。

「三日も飯を食わずじゃ、御大もずい分まいったろう」とみんながうわさしていると、四日目の練習時間に四三はのこのこと起きてきて「さあ出かけよう」と言う。「もう二、三日休まれたら…」とみんなで止めてみたが「大丈夫だ」と先頭に立って駆け出した。

四三としては、絶食後の体でどのくらい走れるものか、を試してみるつもりだったのだろう。弟子たちも〝こんなときに御大に負けてたまるか〟とみんなが目の色を変えて競いあったが、十キロ余りを走ってさいごの一キロで簡単に抜き去られてしまった。「金栗さんは三日ぐらい食わなくても人並み以上に走れるんだ」と弟子たちは四三の不死身のがんばりに感嘆した。

〈後年有名になった「人生はマラソンなり」「マラソンは体力、気力、努力なり」という金栗精神の原点ともいえるだろう〉

〃ベルリンの夢〃去りぬ

〔第一次世界大戦ぼっ発〕

四三の提唱で始められた房州の夏季合宿練習は、やがて関東学生マラソン連盟の誕生へと発展していった。盛夏の北条海岸で寝食をともにし、苦しい練習に耐え抜いた若者たちは東京へ帰った後も年齢や学校の違いを越えて親しい交流をつづけた。当番校を決めて、週に一度ずつそこのグラウンドに集まり、四三を中心になごやかな研究会・練習会が開催されたのである。

この効果は大きかった。東京をその起点としてマラソン熱は、野火のように全国各地へひろがっていった。後輩たちの育成に情熱を注ぐかたわら、四三自身の練習もまた火を吐くような激しさだった。

大正四年の夏、茗荷谷の有斐学舎から小石川宮下町に小さな家を借りて移り住み、自炊暮らしの不自由さを克服しながら、いよいよ翌年に迫った第六回オリンピック・ベルリン大会への大きな夢をふくらませた。

外国の食事に慣れるためパン食の練習をした。ベッドの上で寝る訓練もやった。夜学に通ってドイツ語の勉強も続けた。暑さに対する自信も、距離の征服も全てが計画通りに進んで、後は二度目の檜舞台を待つばかりであった。

その年の秋には四三のそれまでの努力と功績をたたえて大日本体育協会から功労章が贈られている。

そして、待望の大正五年がやってきた。四三は数え年二十六歳、競技者として脂の乗り切った時期である。ストックホルムの雪辱を期して教職にもつかず走りつづける激しい精進を知り、大会ごとに世界の記録を更新していく四三を見て、人々はみな「ベルリンでの金栗の優勝は疑いなし」とうわさしあった。日本スポーツ界もあげて彼のオリンピック制覇を期待していたのだが…。

運命は皮肉だった。第六回オリンピックのベルリン開催は、明治四十五年（一九一二）に決定し、ドイツ全土は四年後の大会にそなえて着々と準備を進めていた。大正三年六月にはベルリン郊外グルネワルドに壮大なオリンピック競技場が完成し、その月の二十八日、競技場開きを兼ねて全ドイツのオリンピック第一次予選陸上競技大会が開かれた。

ところが同じ日、サラエボでオーストリアのフェルディナンド公が暗殺され、欧州全土を戦乱にまき込む第一次世界大戦の口火が切られたのである。

しかしIOC(国際オリンピック委員会)本部はあわてなかった。開戦当初のドイツの圧倒的な快進撃からみて、この戦争は短時日のうちに終了するものと甘く見ていた。だが大正五年になっても大戦は終わらず、第六回のオリンピックは中止する他はなかったのである。

この知らせを聞いて、四三は言葉をなくした。ベルリンのスタジアムに高々と日章旗を掲げる日を夢見て努力に努力をかさねてきたのだ。だが、その夢は欧州の戦乱のためにかき消されてしまった。目の前がまっ暗になった。その日のために、生活の全てを犠牲にしてきたのに、その苦労もむなしかった。泣くにも泣けぬ気持ち——夢を奪われた四三は放心したように二、三日は練習する気にもならなかった。

嘉納を訪ねると、心から同情してくれた。しかし嘉納は再起の励ましも忘れない。

「金栗君、残念だった。私も悲しい。だが、落胆を新しいスタートに結びつけることこそ君の務めだ。オリンピックはまた四年後にもある。おそらく年齢からしてもあらゆる条件からしても君の勝つ機会はベルリンにあったろう。実に惜しい。四年後まで今の調子を持続できるかどうか疑問だ。しかし金栗君、一つの目標を立て、その目標にむかって最大の努力をはらってきた君の行動は誇っていい。たとえオリンピックで日章旗を掲げることができなくても、それに相当する自信をつくり上げた君はスポーツマンとして申し分ないと思う。君のおかげで関東一円の学生たちの士気がどんなにふるい立ったことか。これからも気を落とさず若い人たちの先頭に立ってがんばってほしい」

嘉納の言葉は強く、温かだった。四三もやっと元気が出てきた。

四三の生涯をつらぬくマラソン人生のうち、この大正五年、数え年二十六歳のこの年こそ、心身ともに最高潮の時であった。この大会がもし中止になっていなかったら、四三はおそらくベルリンの空に日章旗を掲げていたことだろう。日本スポーツ界のためにも惜しい逸機であった。

四三の郷里熊本でも、ベルリン大会の日本代表を期待され精進をつづけていたボクシングの永松英三、体操の中島政徳、陸上競技の宮川行雄、水泳の飯田寿平らにとって不意に生涯の大目標を奪われたショックは大きかった。

初の教壇

〔神奈川師範に奉職〕

ベルリンの夢を奪われた四三は、さらに四年後の大会を期して新しいスタートを切った。だが、いつまでも教職につかず走ってばかりいるわけにもいかない。

嘉納に相談すると「そうだな。東京の近くの学校に勤めて、後輩の指導に力を入れるかたわら自分の練習もつづけたらいいだろう」と言う。しかし四三には二年前の日比野寛との約束がある。四三は愛知一中を訪ねて日比野校長に会った。

ベルリンの夢は消えたが、これからも力をおとさず次の機会をめざして努力したいという四三の決意を聞き、また東京の近くにいてほしいという嘉納の意向も知って、日比野は大きくうなずいた。

「金栗君、その意気だ。今後も大いにやってくれ。君は今や日本陸上界の中心人物だ。愛知一中だけが私するのはもったいない。中央にあってがんばってくれ。その方が天下国家のためになるだろう」

日比野の快諾を受けて東京に帰った四三は、嘉納の世話で大正五年の新学期から鎌倉市の神奈川師範に勤めることになり、愛知一中へはその年、高師を卒業した後輩の多久儀四郎が行った。

神奈川師範に赴任した日、里村校長は講堂に全生徒を集めて「今日、本校に国宝ともいうべき金栗先生を迎えた。本校の名誉であり、諸君のためにもこの上ない喜びであろう」と感激のあいさつをした。嘉納の声がかりではあるし、あまりにも有名な金栗四三だ。生徒たちも「国宝来たる」の紹介に歓声を上げた。

四三は着任した日から生徒たちの先頭に立ってかねてからの計画を実行し始めた。授業終了の鐘が鳴ると同時に職員室を飛び出してマラソンの練習である。初歩の練習から始めてしだいに走る量をふやしていく。郊外を走ったり、グラウンドを回ったりみんなヘトヘトになるまでやらされるが、四三の人なつこい笑顔とその勇名をしたって、徒歩部員はたちまち二倍、三倍にふえた。

国宝先生が先頭に立って走るのだからその後につづく生徒たちも大いばりだ。徒歩部の練習が始まると同じ運動場の野球やフットボール部の生徒はサッと場所をあけてくれた。

四三は東京高師地歴科の出身。したがって神奈川師範での担当科目は地理であった。いうなればマラソンはまったくの余技というかたちだが、生徒たちのほとんどは体育の先生とばかり思い込んでいたらしく「金栗先生は地理も教えるのか」とびっくりした。

勉強家の四三は教材をよく暗記していてほとんど教科書を使わない。教壇に立つと仁王立ちのまま目をつぶってとうとうと講義した。予定の授業が終わって時間があまると、金栗流の人生論を一席ぶつのがとくいであった。「人生は誠意と健康が第一、第二がひろい知識だ」とまず誠意の重要さから人生論の幕があく。「私の講義はまじめに出席しておれば、それだけで七十五点。それ以上は試験の成績をくわえる。したがって落第点なし」

生徒たちはワッとどよめく。

またいわく「勉強といっても一つ一つこまかいところまで記憶の要はない。たいがいのところを覚えたら、後の時間は書物を読む力を養うことだ。学問が好きになればそれで結構。あまり無理をするな。無理しすぎると学問がイヤになる。そしたらおしまいだ。何ごとも朗らかにやれ」

生徒たちは「もの分かりのいい先生だなあ」と大喜びである。若いににあわず悟り切ったような四三の話に「金栗先生はマラソンより人生論の方がもっと達人らしいぞ」との評判もたった。

南蛮鉄のように黒光りする体には日本一のファイトが燃えたぎっている。しかしそのファイトも生徒の前ではチラともカゲをみせない。たえずニコニコ顔だ。いたずらをしても、忘れ物をしてもただニコニコ笑っている。お釈迦さまのようなその笑顔は、生徒にとってたまらない魅力だったし、無言の指導力をもっていた。

「悪いことをしたときなど、どんなに叱られるより、殴られるより、金栗先生の笑顔の方が効いたものだ。笑いながらジーッと見つめられると恥ずかしくて恥ずかしくて…」と当時の生徒たちは語っている。四三は先生というより、むしろ良き兄貴であった。

四三は生徒たちを弟のようにかわいがった。教育というものは教室内だけに限られるものではない。生活の全てが教育の場だ。この信念があるから、学校以外のチャンスもフルに活用した。ともに学び、ともに走り、ともに食べ、ともに語るといったやり方で、休みの日など生徒たちを連れてよく郊外へ出かけた。ピクニックといっても四三のことだから決して乗り物は使わない。歩く距離も相当なものだが、生徒たちは天下の金栗さんと朗らかに笑いながら遠慮のない雑談をかわすのを無上の喜びとして彼の後について回った。

徴兵検査

〔決まっていた〝不合格〟〕

初めての教職についた大正五年の五月、四三は郷里熊本の菊池で徴兵検査を受けた。

このときすでに数え年二十六歳。徴兵適齢の満二十歳はとっくに過ぎていたが、当時は学生、教員の徴兵延期が行われていたころで彼もその例にならったのである。一緒に検査を受けた青年たちはほとんど、そして担当の軍医や兵士もマラソンの金栗を知っていたようだ。「お前が金栗か。やはり鍛え抜いただけあってみごとな体格だ」と赤銅色の四三のガッチリした体を見て目を細めた。

体格検査の後の口頭試問でも、一般の者には「お前は兵隊が好きか」といった平凡な質問だったが、四三に対しては「兵隊は一分間に何歩あるくか」という特別の質問である。さすがの彼もこれには面くらった。

「ハイッ、軍隊のことはよく分からんでありますが、自分たちのマラソンでは一分間に九十歩から百歩ちかく足をかわすのが普通であります」と答えた。本来ならピントはずれの返答でどやしつけられようが、将校は「ほほう」と感心したような目つきで四三の顔を眺めている。

「君はオリンピックに行ったそうだが、外国人の体格はどうか」

「ハイッ、全般的には日本人よりもすぐれているようであります。食物や生活環境の相違からだとも思われますが、自分としても一人でもよけいに外国人並みの体をもつ青年をつくろうと日夜努力をつづけております」

こんな調子で四三の面接は、他者の二倍ちかくも時間がかかった。

全体の検査が終わって係官から講評があり、いよいよ結果発表となったが、どうしたことか、兵隊としての資質十分と思われた四三は第一乙種となった。平和な大正時代のことだ。現役として入営するのは甲種合格者で、その中にさえクジのがれというのがあった。これもしかし、後になって日華事変から太平洋戦争に入ると、第一、第二乙はもちろん、ひょろひょろの国民兵役さえ赤紙で召集されることになる。

四三の第一乙という結果に、彼のことを知っている者たちは不思議そうな顔である。「へえー、金栗さんが第一乙だってねえ。あれでどこか悪いところがあったのかな」

それよりもっと不思議がったのは本人である。落胆こそしなかったが、けげんな顔で実家への道をとぼとぼと帰った。甲種合格でなかったことを母や兄に報告すると、二人とも「そうか、よかった、よかった」と喜んでくれる。「不合格がどうしてそんなにめでたいんですか」と四三は二度驚きだ。

しかし兄実次の話を聞いてやっと納得がいった。なんと四三の徴兵検査には秘かな八百長工作が行われていたのである。

ストックホルムの敗北後、悲壮な再起の決意を語り、全てを犠牲にしてマラソン一本に精進している四三をたのもしく思っていた兄が「弟のご奉公はマラソンを通して国威を発揚するにある。同じご奉公なら一兵卒となるよりオリンピックで勝つことの方が大事だ」と考えてその工作をやったのだという。

当時、春富村の助役をしていた兄は村長の安辺英雄に相談する。安辺村長も物分かりが良く「なるほど、もっともな話だ。その方が春富村のためにも名誉だ。一肌脱ぎましょう」とかねて知り合いの連隊区司令官のところへ出かけたのだった。司令官もまた軍人にしては珍しく話の分かる人間でたちどころにOK。

「金栗四三君は嘉納治五郎先生の愛弟子にして、日本運動界の王者である。しかも教員という立場にあって帝国の青少年を指導しているたのもしい人物だ。金栗君を一兵卒として軍隊にとじ込めるのはもったいない限り。現在のまま運動界の指導的立場において、幾百幾千の若者を教育し、将来の強兵をつくり上げる方がより以上のご奉公かと思われる。貴下の善処を期待する」といった意味の司令官の私信がひそかに軍医のところへ届けられた。こうなればコトは簡単である。

「ごもっともなお考えと思います」という軍医の返事が司令官に届いて、四三の乙種合格は事前に決定していたのであった。

話を聞いて四三は感激した。彼にしても、もし軍隊生活を送ることになれば、その期間のマラソン練習はどうなることか――と心配していたところだし〝オレのマラソンにみんながこんなに期待してくれる〟と思うと感謝の気もちでいっぱいだった。

玉名中学時代の目の結膜炎による海軍兵学校受験不合格についで、二度目の軍人になる機会をのがした四三は、ついに軍隊の味を知らぬまま今日に至ったのである。

独逸学協会中学に活気注入

〔給料なんか適当に…〕

鎌倉の神奈川師範で一年間の教員生活を送った四三は、翌大正六年の春から東京関口台町の独逸学協会中学に移った。「鎌倉にいてはやはり不便なことが多い。もっと近くにいて日本の体育界に筋金を入れてくれ」という嘉納治五郎の要望からであった。

神奈川師範奉職中も週に一回は大塚の高師徒歩部へ出かけて後輩たちの面倒をみていたのだが、嘉納にすれば絶対の信頼をおく愛弟子の四三を膝元に呼びよせておきたかったのだろう。勤務先についても嘉納が二、三校の候補を選んでくれたが「どうせ勤めるのなら、いたずら坊主が多く、スポーツもあまり盛んでないところの方がやりがいがあります」という四三の意向で独逸学協会中学に白羽の矢を立てたのである。

独逸学協会中学は明治十六年、北白川宮能久親王を総裁とし西周、桂太郎、山脇玄らの有力者が中心となり、ドイツ文化を移植する目的で設立された学校である。名前の通りドイツ語の教育にはとくべつに力を入れ、将来の医者をめざす子弟たちが、遠く関西、東北からも集まってくる名門校で、大正の初めごろまでは学習院と並び称せられるほどの気品のある学校だった。

ところが欧州大戦の影響でドイツ株が急落し、四三が赴任したころは斜陽校の一つに数えられていた。生徒たちの成績もあまり芳しくない。加えて医者の息子が多く、金回りの良さにまかせて遊びほうけたり、わんぱくを働いたりする生徒も相当いる学校である。

校長はドクトル長井長義。理学、薬学の博士で、日本にビール、サイダーの製法を初めて紹介したという人物だ。教頭は有名なドイツ語の谷口秀太郎。四三はまず同校を訪ねて谷口教頭に面会した。嘉納からもすでに話が通っていたらしく「実はさいきん軟弱な者や悪童がふえて悩んでいたところです。昔日の面影をなくしたわが校の校風を、あなたの力で立派に立てなおしてほしい」と谷口教頭は大喜び。

四三も「力いっぱいやってみましょう」と決意を述べて、よもやま話がはずんだが、ふと真顔に返った谷口教頭が、きまり悪そうに切り出した。

「実はね、あなたの月給をいくらにするか問題なんですよ。ご承知の通り学校自体がいささか金回りも悪くなっているしご希望通りにはいきかねるとは思いますが、一応ご意見を聞いておけとの校長の意向でしてね」

神妙な顔で聞いていた四三は笑い出した。

「谷口先生、私はもっと重大なことかと思いましたよ」

これには谷口教頭もびっくりしたようだ。

「いや、いや。私立学校では教職員の給料は大きな問題で…」

「先生、私は御校のことをいろいろ調べた上で、ひとつやってみようと思ったんです。給料なんか適当に決めて下さい」

谷口教頭はすっかり感激した。これを聞いた長井校長もすこぶるご機嫌で「さすがは嘉納先生の秘蔵っ子だ。そういう教師こそわが校に必要である。できる限りの待遇をしよう」と神奈川師範時代と同額の四十五円が支給されることになった。現在（昭和三十五年）の金にして二万五、六千円だ。官立の学校ならいざ知らず、私立学校の若手教員としては破格の待遇であった。

スタートがこの調子だから独逸学協会中学での教員生活は万事スムーズに運んだ。生徒たちは有名なマラソンの金栗先生を迎えて大張り切り。黒の詰襟服に黒のボタン、黒ずくめの質素な身なりの四三が教壇に立つと、他の時間は授業がやれないほどに騒ぎたてる悪童たちもシーンと静まりかえる。そしてけんめいに彼の講義を聞き、ノートをとるのだ。四三は例の調子でたんたんと地理の授業を進める。

講義がたまたま北欧とかロンドン、パリといったところにくると、四三はよく脱線した。自分の足で歩いたところだから話は微に入り細をうがって、教科書にないようなこともしゃべるのである。オリンピックの話、欧州人の風俗、習慣…生きた地理の勉強に生徒たちは大喜びだ。

「国際人金栗先生の講義はさすがに大したもんだ。暴れん坊も静かになる」と他の教員たちも、四三の生徒に対する影響力の大きさに舌をまいた。

〔中学京浜駅伝で2位に導く〕

神奈川師範時代と同じく、四三はここでも生徒たちを郊外の行軍によく連れ出した。例によって四三の率いる行軍は土曜日の夜から始まる。午後の六、七時ごろから二食分の弁当をもった生徒たちが集まり大宮とか筑波山あたりまで夜通しテクテクと歩きつづけるのである。夜の行事というのは中学生たちにとって初めてのこと。しかし金栗先生の引率というので生徒たちは喜ぶし、父母も「それなら安心、うんと体を鍛えてきなさい」と笑顔で送り出す。

ある年の冬、学校から埼玉県川越までの往復強行軍が行われた。相当の距離だから無理があってはいけないというので、集まったのは上級生の足自慢二十数人。ところがその中に一年生の行山丙午という少年がまぎれ込んでいた。「金栗先生が行くならボクも行く」と言ってきかない。

一日目は行山もみんなと一緒に歩き通したが二日目、蕨の宿を通り中山道を板橋へと向かうころにはどっと疲れが出たらしい。冬の日はとっぷりと暮れ、肌を刺すような筑波下ろしに雪さえ舞い始めた。幼い行山はしだいに一行からとり残されそうになる。凍りつくような寒さと疲れでベソをかきながら、それでも半走りに一行の後を追っかけていたが、そのうちとうとう歩けなくなってしまった。

どうなることかとみんながカタズをのんで見守っていると、ニコニコ顔の四三がひょいと行山をおんぶし「さぁ行こう」と歩き出した。その周囲を生徒たちが軍歌を歌って歩きつづける。四三の歩調はそれまでとちっとも変わらない。そのうち行山は四三の背中でスヤスヤと眠ってしまった。行山少年も今は医学博士になり、どこかの大病院の院長室におさまっているという。息子か弟のように生徒たちをかわいがる四三の一面であった。

四三がこの学校に赴任してから「独協に名物ができた」「学校内が明るくのびのびとなった」という評判で四三は人気の中心だったが、たった一つだけ生徒から恨まれることがあった。四三が監督に来ると試験のさいのカンニングができないというのである。

他の教師は教室じゅうを行ったり来たりして警戒するからかえってスキができる。ところが四三は教壇のまん中に突っ立ったまま一歩も動かない。隣をのぞき込んでも、話しかけても知らん顔でニヤニヤ笑っている。「金栗先生は知ってるんだ。あのニヤニヤにはかなわん。あれじゃあカンニングなんかやれん」というぜいたくな不満。しかしこれがかえって四三の信用を高める結果になった。

毎日の練習は学校を出て、目白の方へ走ることが多かった。学習院のちかくではよく下校中の秩父宮殿下にお会いしたし、女子大の前ではたくさんの妙齢の女性たちに出会って、生徒たちは張り切ったものだ。それに週二、三回は高師徒歩部との合同練習だ。いい目標もあるし独協の徒歩部はメキメキ力をつけていった。

大正八年ごろから東京—横浜間の中学京浜駅伝が行われ、これに出場した独協チームは神奈川師範についで第2位を占めた。「ほう、金栗の鍛えた学校がやはり1、2位を占めたか」と嘉納治五郎も大いに満足したし、独協の職員、生徒も大変な喜びようだった。

徒歩部の行事は徒歩部だけで、という信念から四三はしばしば独自の計画で大会を開いた。いずれも独協徒歩部主催である。

あるときなど、全国から有名マラソン選手を集めて大レースをし、中学の対抗競走、仮装行列さらには模擬店まで開くなど大がかりな独協大運動会を催して、職員たちを驚かせたことがある。四三の名前で招待状を出すのだから有名な選手もぞくぞく集まる。したがって好記録も出た。このことを翌日の新聞がデカデカと書き立てて、初めて学校側が知ることになる。

「職員会議にもはからず、勝手にあんな催しをやるなど出すぎた行為だ」とひがんだような発言もあったが、結局「独協の人気をあおる結果になったのだからわが校としては非常にプラスだ」という意見が圧倒的で、いよいよ金栗株は上がるばかりだった。

その後、後輩や父母からも「さいきん独協の名前が世人の注目の的になり、往時の勢威をとりもどした格好で喜びにたえない」という手紙が舞い込んだりして、校長、教頭をはじめ全職員を感激させた。

〔悪童の罪をかぶった元気者〕

独協徒歩部に鈴木武という元気者の生徒がいた。後に靖国神社の宮司や大日本青少年団長を務めた鈴木孝雄陸軍大将の長男で、終戦内閣の総理大臣鈴木貫太郎大将の甥にあたる名門の御曹子だ。学問はあまり好きではなかったが若いながら親分肌のさばさばした男で、走り高跳びやハードルなどをしていた。徒歩部の中でも「いちばんの金栗先生信者」を自称して、下宿にもよく遊びに来たし、四三がかわいがった生徒の一人である。

その鈴木がある日たいへんなことをしでかした。同校では十二月一日から六日までを規律週間と決めて、とくに厳格な教育を行い、この期間は教室のストーブもいっさい焚かないことになっていた。最上級生で元気者の鈴木が適任だということで規律委員長に選ばれ、六日目まではこの週間もスムーズに運んだが、最終日に事件が起きた。

学校としてはこういう機会をたくさんつくって、たるんだ生徒の気分をひきしめようとのねらい。しかしストーブの火を消されて寒さにふるえる生徒たちにすれば迷惑至極。「規律週間に名を借りた節約だ。いくら経営が左まえだといってもあまりにケチくさい」と不平タラタラである。鈴木ももちろん不平分子の一人。委員長である手まえ実動には移さなかったが、過激分子の爆発的行為にまきぞえをくった。

その日は小雪のチラつくすごい寒さだった。いつものように四三の引率で徒歩部の生徒が郊外を一走りした後、鈴木が練習着を着がえようと教室へ帰ってくると四、五人の悪童たちが集まって机やイスをたたきこわし、片っぱしからストーブにほうり込んで暖をとっている。

「ほほう、とうとうやったな」

「なあ鈴木、いくら規律週間だって学校のやり方はあくどいぜ。みせしめのためだ。ハッハッハッ。これでやっとスーッとしたわい」

「気持ちは分かるが、ちょっとやりすぎじゃないか」

そう言いながら鈴木も愉快そうに笑う。みんなでさんざん悪タイをついたあげく、悪童たちは「後を頼むぞ」と言い残して帰ってしまった。

〝大変なことになった〟と思いながら鈴木が散らかった机の破片をかたづけていると、運悪く鬼少尉といわれた横山生徒監が見回りにやってきた。ひょいと教室をのぞくと、あかあかと燃えるストーブの中に鈴木がこわれた机やイスを投げ込んでいる。

「おいっ、こらっ。何をしとるかッ」

横山は血相をかえてどなりつけた。しかし鈴木はふりむきもせず、平気な顔でせっせと破片を拾ってはストーブに投げ込んでいる。その不敵な態度に逆上した横山は、文字通り鬼少尉の形相すさまじく、躍りかかるようにして鈴木の襟をつかんだ。

「こらっ、鈴木ッ。規律委員長ともあろうものがなんちゅうことだ。公共の器物をこわして暖をとるとは言語道断。共犯は誰だッ」

「はいっ。ボクの単独犯行です」

鈴木はシャーシャーたるものだ。

怒り心頭に発した横山は「けしからん、けしからんっ」とわめきながら、鈴木を教員室へひっぱっていった。

びっくりしたのは、汗を拭いて着がえをしていた四三である。

「鈴木が何かやりましたか」

「何かやったかどころじゃないッ。机をこわしてストーブにほうり込んでいるところを現行犯で捕まえたんです。かねて不穏の空気があることは知っていたが、規律委員長が自ら大逆の罪をおかすとはッ」と歯の根もあわぬ興奮ぶりだ。

話を聞いて四三は〝はて…〟と思った。鈴木は一緒に練習を終えて、五、六分前に学校へ帰ってきたばかりである。たった五、六分の間に机をこわし、ストーブを焚きつけることができるものだろうか。それに練習で汗をかいたはずだしストーブの必要はない…。しかし横山生徒監は鈴木の単独犯だと主張する。

〝ははあ、こいつめ。他の悪童をかばったな〟

そう思った四三は、そっと鈴木を呼んで聞いてみたが、やはり「私がやりました」と神妙である。だがその目には、罪をおかしたような気配はチラとも見られない。鈴木の性格を知り抜いている四三には、鈴木が何かのまきぞえをくっているのだとしか思えない。

カンカンに怒っている横山生徒監をなだめようと、自分の推察を説明するのだが、横山は四三が鈴木をかばい、もみ消しをはかっているのだと勘違いしていちだんと怒り出す。

この一件は翌日、横山生徒監の口から谷口教頭へ報告された。鈴木のやったことが事実ならこれは当然退学処分だ。驚いた教頭はさっそく四三を呼んで事情を聞いた。その説明はもっともと思える。その上「鈴木の件にはかねて面倒をみている自分にも一半の責任がある。もし彼を退学処分にするなら自分も一緒に辞める」と四三は言う。教頭も四三説に同調したが、生徒監の鬼少尉が「大問題だ」とがなり立てるので、ついに緊急職員会議が開かれた。

職員会議の雲ゆきはどうも退学処分に傾きそうだ。そこで四三が立った。事のいきさつを話し、犯人はまったく鈴木とは思われないことを説明した後、四三はここぞとばかりに熱弁をふるった。

「鈴木は断じてそんな生徒ではない。根は正直な人間だし、何事にも熱心な男だ。考えてみれば現在の本校には〝良いことは自分、悪いことは他人に押しつける〟といった卑怯な雰囲気が充満している。学友の罪を一身にひき受けようという鈴木の決意こそ、この学校に欠けているものだ。彼の行為はたるみ切った校風への警鐘とも言える。全生徒にそのくらいの気概がなければ本校の再興もおぼつかない。これからは自分が責任をもつ。卒業も来年に迫っている鈴木に対して退学だけはごかんべん願いたい」

四三はさらにつづけた。

「ここでもう一つのお願いがある。鈴木の他に犯人がいると思われるが、それを今後決してあばきたてないでほしい。彼らは十二分に後悔もしていようし、鈴木の態度に感服しているはずだ。ただ鈴木が犯人としてでなく規律委員長としての責任を問われるのなら文句はない」

職員会議はもめにもめたが、結局四三の説得力が功を奏して鈴木は退学処分を免れたのである。

この会議が終わってまもなく当時静岡県三島の旅団長を務めていた鈴木孝雄少将が軍服のまま息せききって駆けつけた。学校からの電報で〝さては息子のやつが公金の使い込みでもやったのか〟と家じゅうの現金をかき集めてとんできたのだ。

いかめしい軍服姿の少将が「このたびは」とひら謝まりするのだから、さすがの鬼少尉もすっかり恐縮。おそるおそる「実は…」と事のいきさつを説明したが、これを聞いて鈴木少将もホッとしたらしい。しかしとりあえず全職員、生徒の前で「オヤジの不徳のいたすところで…」と詫びを入れたから、さすがの大事件も一応ケリとなった。

その後少将は四三を訪ねて、ていねいにあいさつした。

「まったく驚きました。武のやつが男子にあるまじき行為をやったのではないかと思いました。しかし、言うなればコトが破廉恥行為でなくて幸いでした。それに職員会議ではあなたに大変お世話になったようで、お礼の申しようもありません」

安心と同時に、親分肌の義侠行為を最後まで主張しつづけた息子に対して、かえって満足しているようすでもあった。

「実は私も若いころ元気者でしてね。停学をくらったこともありました。息子には私から何も言わないつもりですので、今後のことはどうぞよろしく。もし退学処分にでもなれば、金栗先生、あなたに身柄をおあずけして、性根をたたきなおしていただきたいと思っていたところです。とにかくご迷惑をおかけしました」と非常な感激ぶりである。四三も「いえ、いえ。私も坊ちゃんの元気者ぶりはかねてから頼もしく思っていたんですが、こんどの件でまた見直しましたよ」

少将は喜んで帰っていった。

このことがあってから鈴木はますます四三になつくし、教員間でも父母の間でも四三の教育者としての信頼は大きくなるばかりだった。

五十三次駅伝競走

〔日本初の雄大レース…五百キロを走破〕

東京関口台町の独逸学協会中学で教鞭をとった大正五年から九年までの五年間は、四三にとっても元気いっぱいの時期であった。学校での教育の他に自らを鍛えることも忘れず、さらには校外の体育指導、マラソン奨励にも大いに力を入れた。肉親の子どもと同じようにあふれる愛情を注ぎながら、いつも温かく見つめ励ましてくれる恩師嘉納治五郎への報恩の意味もふくめて、四三は日本の体育振興のために走り回った。

東海道五十三次を走る日本初の駅伝競走、極東選手権、東西対抗への参加、下関—東京、日光—東京、樺太—東京間の走破、富士登山競走、関東大学箱根往復駅伝競走の企画実行…四三のこの五年間の業績は数え上げればキリがない。

中でも大正六年四月二十七日から三日間にわたって春の東海道にくりひろげられた五十三次駅伝競走は、空前の雄大なレースであり、戦後の《駅伝時代》のきっかけをつくった大行事として注目される。

大正六年（一九一七）は、日本の首都が京都から東京に移されて五十年目にあたり、東京上野では奠都《てんと》記念の博覧会がにぎやかに開かれていた。その協賛行事の一つとして読売新聞が何か画期的な運動競技会を計画することになり、当時読売の社会部長だった土岐善磨と大村幹記者に案をねらせたのがそもそもの始まりである。

二人はいろいろと頭をひねった結果、五十年昔の奠都の情景にちなんで京都から東京まで東海道を走り継ぐマラソン・リレー・レースをやろうということになった。マラソンのことなら——と二人はまず独逸学協会中学に四三を訪ねた。

レースは京都三条の大橋をスタートし、百二十九里（五百十六キロ）を昼夜兼行で走破し東京上野の博覧会場にゴールインしようとの計画である。こういう雄大なレースは日本でも初めてだし、おそらく世界にもその例はなかったろう。四三はもちろん双手を挙げて大賛成である。

彼らはさっそく本格的な企画、実行に乗り出した。準備委員として明石和衛、森久保善太郎らが加わり、四三の奔走で大会会長に嘉納治五郎、同副会長には当時の神宮皇学館長だった陸上競技界の大先輩武田千代三郎を迎えることに成功した。この趣旨を聞いて嘉納、武田の両元老も非常に喜んでくれ、とくに武田はこの大会のために「奠都記念東海道五十三次駅伝強歩競走」という名称を考えてくれた。「宿場駅を伝って走る」という意味だ。《駅伝競走》という言葉を発明したのはこの時の武田千代三郎であり、もちろんこの大会が本格的な駅伝レースの始まりであった。

計画は着々と進んだ。全行程五百十六キロを二十三の区間に分け、関東、中部、関西各マラソン界の精鋭をすぐって三チームによる争覇レースとすることになった。

関東チームは四三が総大将となってメンバーの選抜、編成にあたり、中部は当時「五十二歳のマラソン翁」として知られた日比野寛を総帥として多久儀四郎以下の愛知一中職員、生徒で編成した。関西は真殿三三五（後の谷三三五）を中心としてチーム編成を始めたが結局、不成立に終わり関東、中部の二チーム出場ということになった。愛知一中は前校長日比野の時代から全校マラソンをやり、金栗の代わりに多久儀四郎を教官に迎えて張り切っているマラソン学校だ。計画発表と同時に猛烈な練習を始めて「関東なにするものぞ」と気勢を上げる。

関東側は高師、一高を主軸に精鋭をつのり、四三の指揮でこれまた連日の練習にはげむ。相手が中学生のチームだけに関東としては絶対に負けられないレースだ。四三は日本地図をひろげて各区間の地形を調べ、各選手の強弱と特徴を考え合わせて慎重な作戦をねった。主催の読売新聞も、何しろ空前の大行事挙行とあって、土岐部長以下その準備にてんてこまいだった。

その計画がデカデカと紙面をかざり、『東大三浦内科の金子、福島両医学博士が競走後の選手の血液、尿を医学的に研究する』『金栗四三氏の意見としてはだいたい四十二、三時間になりそうだ』との記事もあいついで掲載され、人気は刻々と高まっていった。

〔関東が大差で勝つ〕

大正六年四月二十七日午後二時、京都三条大橋に大会委員木下東作医博の号砲がとどろき、押しかけた群衆が二つに割れて、関東、中部のトップランナーは走り出した。

『選手今三条大橋中央の起点を出発せり。快晴無風。関東組飯塚博氏紫の運動服鮮やかに、中部組多久儀四郎氏赤の運動服軽し』

京都から東京の読売新聞本社へ第一報が飛んで、世紀の大駅伝は歴史的な熱戦の火ブタを切った。

日本の駅伝史をかざるこの大会のコース中継地と両チームのメンバーは次の通りである。

【コース中継地】京都—草津—水口—北上田—亀山—四日市—長島—名古屋—知立—藤川—豊橋—新居—見付—掛川—藤枝—静岡—興津—吉原—三島—箱根—国府津—藤沢—川崎—東京

【関東軍メンバー】

一　区＝飯塚　　博（二二）一高
二　区＝河野　利雄（二一）一高
三　区＝竹内広三郎（二六）高師
四　区＝生田喜代治（二四）早大
五　区＝田中　省吾（二二）高師
六　区＝田中　芳男（二二）高師
七　区＝中司　正嘉（二二）東洋協会
八　区＝山岸　徳平（二四）高師
九　区＝福島　熊男（二一）一高
十　区＝赤塚　勝次（二二）高師
十一区＝松浦　松男（二四）高師
十二区＝志崎九五郎（二二）高師

十三区＝吉積　泰（二四）一高
十四区＝秋葉　祐之（二二）高師
十五区＝加藤　武男（一九）一高
十六区＝広野　友七（二三）高師
十七区＝佐藤　卯吉（二三）高師
十八区＝菅村道太郎（二〇）一高
十九区＝有原　末吉（二七）高師
二十区＝佐々木　等（二六）高師
二一区＝小野　田忠（二三）高師
二二区＝井手　伊吉（二七）茂木銀行
二三区＝金栗　四三（二七）高師
補　欠＝中島　直人（二六）高師
同　　＝杉内　恒（二六）高師
同　　＝高田　正次（二一）高師
同　　＝金持　嘉一（二二）高師

【中部軍メンバー】＝愛知一中

一　区＝多久儀四郎（二六）職員
二　区＝阪野　英一（一八）五年
三　区＝寺島鍬次郎（四四）職員
四　区＝山田　鑑（一八）三年
五　区＝小出鐘之助（一六）二年
六　区＝祖父江弘（一六）三年

七　区＝野崎　光三（一九）卒業生
八　区＝加藤　　勇（一六）四年
九　区＝森田勝之助（一六）三年
十　区＝横地　信三（一六）二年
十一区＝水谷　　繁（一五）二年
十二区＝江口　育良（一六）二年
十三区＝賀古　御蓋（一八）五年
十四区＝六鹿　梅礼（一九）五年
十五区＝近藤　与助（二八）有志
十六区＝松井　直吉（一七）三年
十七区＝梅原　半二（一五）二年
十八区＝水野　銈昇（一七）二年
十九区＝青山　義親（一七）三年
二十区＝松田　盛一（一九）五年
二一区＝池山　　靖（一五）二年
二二区＝小堀　四郎（一六）三年
二三区＝日比野　寛（五二）前校長
補　欠＝中西　秀雄（一八）四年
同　　＝神谷　　栄（一六）三年

京都―草津間の第一区は、絶対の信頼をおかれた中部の多久儀四郎が途中から腹痛を起こして関東の飯塚がリード、六区の長島までは関東の優位だったが、七区で中部の野崎が先頭を奪い、地元名古屋に到着したのは翌二十八日の午前一時すぎであった。

　ここで、沿道警護の都合上三時間の調節を行って出発したが、関東は山岸徳平の力走でふたたび中部を抜き返し、そのまま十二区の見付までは関東有利のレースがつづいた。その間、まだ鉄橋だけで人の渡る橋のなかった浜名湖では風雨の中を船でおし渡り、両軍選手、伴走者ともずぶぬれの激戦であった。

その後、十三区の見付―掛川間で関東の吉積がアキレス腱を切って倒れ、中部側が盛り返したが、二十区の箱根―国府津間で関東が三度目の首位を奪い返した。

　こうして関東側最終走者の四三がタスキを受けたのが二十九日午前十時五分。疾風のようなスピードで東京市内へ入ったのは午前十一時ごろだった。伊皿子坂下にかかるころは歓迎の大観衆が沿道いっぱいにくり出して電車は立ち往生、札の辻では四三までが満足に走れぬ騒ぎだ。

日本橋をはさんだ白木屋、三越の両呉服店の窓も鈴なりの観衆がけんめいに帽子やハンカチをふる。四三は走る。紫のユニフォームもかろやかに人垣を押しわけ、満開の桜と嵐のような拍手に迎えられて上野博覧会場のゴールに入ったのは午前十一時三十四分。関東側が合計41時間44分で勝ち、中部は五十二歳の日比野マラソン翁の力走もむなしく1時間24分の大差で敗れたのである。

　春らんまんの桜と奠都記念の博覧会で上野の山、不忍池のほとりは数万の人出でにぎわっている。その雑踏を押しわけて、四三と日比野の二大マラソン王が意気揚々と駆け込んだのだから、ゴールの華やかさ、盛大さは想像を絶するものがあった。

　ゴールに待ちうけた本野一郎外務大臣が四三に飛びついて握手を求める。ひさ子外相夫人が大輪の花束を贈る。新聞記者にとりまかれた四三は「品川までは追い風だったが、市中に入ると向かい風になり、砂塵と群衆の雑踏甚しく閉口した」とレースのもようを語った。

　土岐社会部長の閉会の辞、博覧会会長武井守正男爵から四三に優勝盾と参加章の贈呈、金崎読売新聞主筆のあいさつ、嘉納治五郎、本野外相の演説、それに岡田文部大臣、山川東京帝大総長の祝辞がつづく…。日本初の大駅伝競走は、大成功のうちに終わった。四三をはじめ両チーム関係者は喜びのひとみを濡らして互いの健闘を讃えあった。

とくに最高の責任を担って大会の前後一週間をがんばり通した土岐善麿の喜びは形容できないほどのものであった。その感激のもようを『駅伝競走の追憶』と題する随筆の中で土岐は次のように述べている。当時の主催者の苦心のあとがうかがえて興味深い。

◇　　　　◇

この大計画がいよいよ実行に移されることになり、そのため読売新聞の紙面が極度に緊張したことは言うまでもないが、もっとも興奮したのは全責任を負った発案者の僕と大村幹記者であった。新しい記録的な事業に対する全スポーツ界と東海道五十三次各駅、並びに全東京市民の興味の集中。僕等二人は、この計画が失敗したら一緒に新聞社をやめる覚悟であった。

四月二十七日午後二時、一発の砲声を合図に東海道駅伝競走は第一コースへ。三条大橋の中央から東山の落花を浴びて突進したのは、関東側が一高の飯塚博君、中部側選手が愛知一中教諭の多久儀四郎君。京都へは大村君が行き、東京には僕が残った。電話にかじりついて、この出発の情景を大村君から聞いたとき、僕の眼から流れた涙は今でも忘れがたい。

彼等は走る。彼等は走る。日が落ち、夜が更け、朝が来る。彼等は走る。彼等は走っている…。今ならばこれもほとんど何でもない事業なのだ。費用の点において、設備の点において、人員の点において、通信機関の点において、当時の読売新聞社の事業として、僕等の困苦と苦悩は、外部の想像のおよばないものがあった。京都でやとい入れた一台の自動車、それがまず、鈴鹿でさまたげられる。大井川が越せない。箱根で遮断される。その箱根は真夜中だ。ことに僕等の予算はずれになったことは、五十三次の一区間ずつリレーを終わった選手は、そこに定められた宿所で一段落のつもりであったのが、彼等は余勢をかって交代した新選手を応援するため次のコースを一緒に走る。コースが進めば進むにしたがって、東京へ近づけば近づくにしたがって、その数はいよいよ加わる。

それに選手以外沿道応援の走者やら何やらが、遠慮もなく宿泊所で食事をとる。一時に七十人も泊まり込んだところもある。そういう費用はすべて見込んでなかったわけで、そんな指令やら統制やらに僕は文字通り一睡のひまも得られなかった。前後一週間、僕は徹夜の不眠不休をつづけたが、よく死ななかったものである。

東京入りの前日、見付ふきんで関東の吉積選手が負傷して一時間ちかくも遅れたが、加藤選手の力走で静岡着のときは二十分差にこぎつけた。箱根を突破したのは関東が有原君、中部が青山君、この二選手を囲んで手に手にカンテラ、懐中電灯をにぎりつつ、二つの大集団が闇の嶮路を突破する。川崎では関東が四十分も先んじて金栗選手が出発する。遅れて日比野翁が青年をしのぐ老マラソン王の意気を若々しいユニフォームに包んで春らんまんたる都大路を走る。彼等は走る。彼等は走る。銀座―日本橋―御成街道―上野…。

万歳、大成功。僕はあの時、あのゴールの花と人の渦巻きにもまれながら、大村君とホコリまみれの手を握り合って、無言のまま涙をこぼしあったあの瞬間の感激を、今も僕の生涯のもっとも尊い記憶の一つとしている。

富士の合宿

〔高地トレーニングの元祖〕

三年間の房州夏季合宿練習会でどうやら暑さに対する自信をつかんだ四三は、大正六年から場所を富士山麓の御殿場に変えて新しい構想の練習会を始めた。

高師在学中、二度の登山で得た貴重な体験を生かそうとの試みである。上りずくめの山坂を走るのは非常なつらさだ。そのうえ富士山ほどの高さになると山麓から山頂までの間に急激な気温、気圧の変化があって、マラソンに必要な内臓力強化にはもってこいの練習ができる。四三のねらいはここにあった。《高地トレーニング》の元祖ともいえるだろう。

同年の第一回練習会に集まったのは東京の学生長距離の第一線選手約二十人。御殿場口の橋本屋旅館に泊まり込んで連日富士登山の練習である。御殿場の駅から登山口の太郎坊までが約三里、さらに頂上まではおよそ四里の道のりだ。この往復十四里を連日登ったり下ったりの猛練習——さすが足自慢の選手たちも後半は足腰たたずの疲労こんぱいぶりで、合宿十四日間を一日も休まず登り通したのは御大の四三ただ一人だった。

練習会が終わった翌日の大正六年七月二十二日、太郎坊から頂上の金明水まで四里の富士登山マラソン競走が開かれた。時事新報社の主催でこの年が二回目。最初の大会は大正二年の七月で、早大の伊達甚太郎が優勝している。第二回大会には、合宿を終わったばかりの四三門下が全員出場。四三と名古屋からはるばる駆けつけた日比野寛らが審判にあたったが、1位が高師の秋葉祐之、2位が早稲田の生田喜代治で上位のほとんどを合宿練習組が占めた。

この競走は以後ずいぶん長くつづけられたが、大正八、九年ごろから富士登山の常勝将軍として気を吐いたのが高師の栗本義彦。栗本は後に熊本県の体育主事や五高の体育教官を務めたりして熊本のスポーツ振興にも大いに働いた人物で、日本体育大学の学長というわが国体育界の大御所である。

ついで有名なのが農大出の古田島忠、明大の下村広次、それにトヨタ自動車販売KKの副社長をしている慶応出の青木好之、さらには高師の佐藤秀三郎、山岸徳平、独逸学協会中学在学中でただ一人の中学選手だった飯郷好五郎など多士済々。

政界の爆弾男・自民党の河野一郎も金栗門下の異色的存在で、弟の河野謙三（参議）と一緒に早大競走部の選手として参加した。一郎はそのころから鼻っ柱が強く鉄の心臓をもったファイターだったが、初めのころは走る方はあまりパッとせず、いつも一行の後からのこのこと、それでも大きく胸を張ってゴールに現われた。むしろ弟の謙三の方が走力は一枚上であった。

この富士の練習にも多くのエピソードが残っている。

合宿所にあてられた橋本屋の主人が徹底した金栗信者だった。まだ四三がまったくの無名だった明治四十四年の夏、二度目の富士登山を試みたとき泊まったのがそもそもの始まりで、その年の暮れの羽田の予選で彼が大記録を出して優勝したり、ストックホルムの遠征が決まったときはカゲながら赤飯を炊いて祝ったというほどのファンである。四三からこの合宿の交渉を受けたときも、もちろん二つ返事。宿じゅうをすっかりはき清めて選手たちの到着を待った。

宿賃もほとんどただのように安い。それに連日、栄養満点の豪華な料理が出るのだ。四三たちが気の毒がっても「いやいや、私もわずかばかりのご奉公だと思いましてね」と、とりあわない。

御殿場のちかくには乳牛がたくさんいて牛乳も豊富。選手たちが疲れて帰ってくると大ハガマいっぱいにわかした牛乳をサービスしてくれる。初めの日は全員が珍しさにガブガブ飲みすぎて下痢をした。翌日はキリキリと腹が痛んで練習もおぼつかない。四三もその日だけは登山訓練をやめようと思ったくらいだが、元気者の一人が「金栗さん、自分の好意が練習中止を招いたと聞いたら、あのおやじ、切腹すると言い出しますよ。人助けと思って練習はやりましょう」と言う。「それもそうだな」と全員がフラフラで駆け出して行った。

その他大正十年ごろの登山競走でトップを切っていた明大の下村広次が復路で倒れ、二、三日意識不明がつづいて四三も青くなったなど多くの逸話を残した。

下関—東京間走破

〔秋葉の大冒険…伴走を快諾〕

四三門下の俊秀の一人に秋葉祐之というランナーがいた。千葉師範のとほうもないがんばり屋で、マラソン精神を地でいったような男である。秋葉も実はひょんなことから四三に走る素質を見出され大成した選手だ。秋葉自身の思い出話によれば、マラソン入門の動機は次のようなものであった。

◇　◇

大正三年秋、千葉師範では校庭から船橋の大神宮まで約二十キロの競走が行われました。私はその時、四年生（十八歳）で付属小学校一年生の教生をやっており、この期間の成績が過去三年間のそれにも匹敵するというので、教材や教授法研究でてんてこまいでしたが、土井校長の「走らない者は卒業させない」という訓示におどかされて、やむを得ず参加したのです。といっても途中三キロのところに格好の竹ヤブがあるので、そこまで走って隠れてしまおうというずるい計画。私は、小さいときから競走に出たことはなかったのですが、剣道や弓道は有段者だったし野球も水泳もテニスも何でもござれの万能選手だったので、他の生徒より強かったのでしょう。二キロも走るころには一人飛び抜けてトップに立っていました。あと一キロで例の竹ヤブ…誰にも気づかれずに隠れることができると内心ほくそえみながら走っていると、すぐ後ろで大きな足音がします。こりゃ都合が悪いぞと思っているとその男の人が「さあ行こう」と大声でどなりました。この気合いを受けて負けず嫌いの私はやめるどころか大いに敵がい心をもやしての力走になってしまったのです。しかしこの人が一歩走るとき私は二、三歩走らねばついて行けません。いくらがんばっても落伍しそうです。ところが私が弱りかけると、その人もスピードをおとし、私が元気づくとまた速くなるのです。歯を食いしばって走っているうち、いつのまにか船橋のゴールに入りました。「よくやったなぁ」と褒めてくれましたが、私は言葉も出ません。その人こそ当時東京高師の研究科におられた金栗四三先生だったのです。私は生まれて初めて走って優勝したわけで、その時、金栗先生から「おまえは見込みがある。

うんと練習してみなさい」と言われたのが、マラソンを志す気になった最初でした。

◇　◇

その秋葉祐之が大正八年五月のある日、ひょっこり四三の宿へやってきた。

「先生、私もおかげでどうやらいっぱしのマラソンランナーになりましたが、いよいよ来年は卒業です。高師徒歩部に籍をおいた記念に、今夏はひとつ持久力のテストをやってみたいと思いますが…」

「ほう、どうやって？」

「下関から東京までの七百五十マイルを走ってみたいんです」

神妙な顔できり出した秋葉の雄大な計画には、さすがの四三も度肝を抜かれた。

「へエー、よくも考えたもんだな。それを一人でぶっ通しに走るのかい」

「はい。ついてはそのことでお願いに上がったんです」

「何だね」

「計画は立てたものの、どうも一人では心細いので、先生にご伴走願えたら幸いなんですが…」

「なんだ、大構想をねる人物にしては気が小さいな」

笑いながらも四三は大満足である。弟子が師匠の考えもおよばない大冒険をやってみようと言い出したのだから、四三にしても賛成せざるを得ない。「よかろう」ということで二人は日本地図をひっぱり出してさっそく日程とコースの検討を始めた。

走るさきざきの宿舎の世話は全国に支社、支局をもつ朝日新聞に頼むことにして、同社運動部に東口真平を訪ねた。東口はその前年、四三が朝日新聞から運動記者として誘いを受けたとき「金栗は新聞記者として働くより、まだまだ第一線に立って走りつづけるべきだ」という嘉納治五郎の考えから四三の身代わりに入社していた。

二年前には読売新聞が京都―東京間の五十三次駅伝をやって人気を博した後なの

下関東京走破日誌

下関―東京走破　ゴールする四三ら（大正8年8月10日）

で、朝日としてもひとつ何かやろうと思っていたところだ。東口も頼んできたのが先輩の四三と後輩の秋葉という親しい間柄だし、この二人ならネーム・バリューも大いにあると考えて幹部に相談の結果、「途中の諸雑費くらいは朝日でもとう。がんばって下さい」ということになった。

〔瀬戸内海のなぎに悩む〕

四、五日がかりで雄大な計画はねり上がった。山陽道、東海道の主要都市をぬいながら下関―東京間千二百キロのコースを二十日間で走り抜こうというのである。一日平均六十キロ、しかも真夏である。

「よほど慎重な準備をしておかないと、途中でへたばりでもしたら赤恥をかくぞ」

二人は翌日からさっそく準備にかかった。今までやっていた練習の距離を伸ばして、今日は千葉県の木更津へ、明日は横浜へ…と連日二十里（八十キロ）ちかくを走ってなおいっそうの体力強化に努める。足袋も今までの布底をやめて、ハリマヤに工夫させてつくったゴム底のマラソン足袋を用意する。

毎日長い距離を走るのだから途中で飲んだり食べたりもしなければならない。そこでパンツの尻に現金を入れる小さなポケットをこしらえる。ユニフォームもこの大行事にふさわしいやつを、というのでそれぞれの胸に「金栗」「秋葉」と染め抜いた丸いマークをつけた。行くさきざきの宿舎は朝日新聞の東口が手配連絡してくれる。

その間約一ヵ月半。万端の準備なった二人は、七月二十一日下関に着き、翌二十二日の午前六時、なかよく肩を並べて東へ東へと走り出したのである。

第一日の下関―船木町間は張り切りすぎていたせいか午前十一時ごろには目的地に着いてしまった。

「先生、何だかモノ足りん感じですね」と秋葉が言う。しかし四三は「いやいや、大計画はじっくりやることが大切だ。なめてかかると後で大変なことになる」となかなか慎重である。

二日目は船木―富の海間、三日目は富の海―玖珂間。初日よりわずかにスピードをおとして順調に走りつづける。心配した暑さも房州の合宿練習にくらべればまだラクだった。

ところが四日目、広島県に入るころから予期せぬ事態が起こってきた。『金栗、秋葉の二選手、下関―東京間七百五十マイルに挑む』といった記事が新聞に出始めたのだ。その日、その日の予定コースもくわしく書かれている。そのためか、走り抜ける村や町に二人の壮挙を見ようとする人たちがしだいに多くなった。あるところではシャツ、パンツ姿の中学生や青年たちが待ち受けて、一緒に走ったり自転車の伴走をしたりで大変なにぎやかさだ。

田舎の青年たちは「天下の金栗」「俊足の秋葉」と一緒に走るのがうれしくてたまらない様子。「オレは金栗さんより速かった」という自慢のタネをつくろうとして、けんめいの競走をいどんでくる。相手は二、三キロの短い距離だが、こちらは六十キロを二十日間も走り通そうというのだから四三は落ちついたペースを崩さない。しかし秋葉はまだ若いだけに負けん気も人一倍。田舎者に負けてたまるか、とばかりにブンブン飛ばすのだ。「あんまり無理するなよ」と四三が声をかけても「なあに大丈夫ですよ」と極めて威勢がいい。

暑さはそうでもなかったが、二人は完走という目的のために、大事をとって日射病よけの日おおいのついた運動帽をかぶった。

広島—本郷、尾道—岡山…青年や中学生たちの伴走はいよいよ数をましていく。各地の朝日の支局前には社旗が飾られて「がんばれ金栗、秋葉選手」ののぼりも見える。二人は沿道の人気者だ。

昼間の暑さはまず我慢できるとして、そのうち夜のムンムンするような暑さが彼らをむしばみ始めた。くせものは瀬戸内海地方名物の朝なぎ、夕なぎだった。一日の予定を走り終わって宿舎に落ちつくころ夕なぎがやってきて、そよとも風は吹かない。夜、床についてからも同じだ。暑苦しくて安眠ができない。睡眠不足のまま押し通しているとやがて疲れが出た。

「先生、やはりおっしゃったとおりになってきましたね」

「ウム、これからまだまだ苦しいことが起こるぞ。油断めさるな…」

「ハッ、殿も何とぞご用心のほどを…」

疲れた体をさすりながら、まっくろに日やけした四三と秋葉は顔見合わせて笑い合った。当時の新聞は『宿舎での両選手は牛乳とカステラを食い、女あんまに体をさすらせつつ、元気さまで衰えず』と書いている。

〔負傷しつつ頑張った秋葉〕

予想外の困難はまだまだたくさんあった。

四三の全国巡団のコーチや東海道駅伝のおかげで、地方にも相当のマラソン熱が起こっている。それに金栗、秋葉の名前も天下に聞こえている。コース途中の村役場あたりでは、テント張りの両選手接待所が設けられ、村長をはじめ村会議員らが盛大に出迎えたところもあった。そういうところを知らん顔でサッと走り過ぎるわけにもいかない。そしてちょっとあいさつするだけのつもりが、湯茶やサイダーの接待があったりして五分、十分に延びてしまう。それが日に五、六ヵ所ではとどまらないのだから予定時間も大きく狂った。おまけに水分をとりすぎて胃がおかしくなり、飯が食えない。

これが青年や中学生たちの集まりになるともっと大変。「ちょっとマラソンのお話を」「オリンピックの講演をやって下さい」となる。この計画の目的の一つには地方へのマラソン普及もあるのだから断わることもできない。そこここにひっかかって目的地に着くのはたいてい夜になった。

岡山から那波を過ぎて明石へ。明石では地元有志の歓迎宴に名物明石ダイの刺身が出て、二人とも「会ったとき笠を脱げ」で食いに食ったが、その晩から激しい下痢。翌日の明石―大阪間は横腹を押さえ、青くなりながらどうにかたどり着くというしまつだった。

大阪に着いた七月三十一日の夜から秋葉の足首が異様にはれ上がった。過労とねんざが合わさってズキズキと痛むらしい。医者に見せても速効の治療法はないという。

「とうとう最悪の事態がやってきた」

二人の表情がくもる。

「秋葉君、無理してはいかんぞ。大望を抱いて中途挫折も残念だから明日からオレ一人で行く。君はまだ若いし将来がある。あきらめた方がいいと思うのだが…」と四三。しかし秋葉は悲壮な顔で首を横に振った。

「先生、秋葉はそんな意気地なしとは違います。それにこの計画を言い出したのは私でした。たとえ足が折れても、死んでしまっても…行きつくところまでは行きます」

涙まで浮かべてて頑強に言いはる秋葉だった。

翌日からの秋葉は地獄の責め苦のような難行軍だ。タラタラと脂汗を流し、歯を食いしばって痛みを耐える。大阪—草津—伊勢—亀山—名古屋。四三がさきに着いて宿の準備をし、歩いたり走ったりの秋葉は夜遅くなって宿屋にたどり着く。そのがんばりにはさすがの四三も舌をまいた。

だが、それも豊橋までが限度だった。八月五日、例によって四三は夕方までに目的地の袋井へ先行して秋葉を待ったが、夜の十二時を過ぎ一時になっても秋葉はやってこない。〝途中で倒れたんじゃないか〟と心配で、いてもたってもいられない。途中にある朝日新聞の支局に電話をしたが消息なし。午前二時ごろになってやっと浜松までたどり着いた秋葉から電話がかかった。

「先生ッ、残念です。とうとう予定が崩れました」

その声は無念さにふるえていた。

「そうか。もうこれ以上無理をするな。オレだけで計画をやりとげる。足を大事にしろよ」

四三はホッとしたものの、同時にガックリと疲れを覚えた。袋井—静岡—沼津—国府津。四三は予定通りに走りつづける。ところが驚いたことに四日目の午後九時ごろ、もうとっくに東京へ帰ったとばかり思っていた秋葉がひょっこり国府津の宿に姿を見せた。何度か東京行きの列車に乗ろうと思いながら、ついにあきらめきれず、昼夜兼行で歩きつづけてきたという。その底知れぬがんばりに、四三は涙を流して感激した。

「秋葉ッ、お前は、お前はがんばるなあ——」

驚きと喜びに声もつまった。

翌日は肩を並べて箱根を越し横浜までゆっくり走った。

八月十日、いよいよ東京入りだ。慎重を期して品川までは一緒に歩き、それからゆるやかなピッチで走り出した。沿道の声援は嵐のようだ。

午後二時、二人は宮城前に着いた。高師の先輩、後輩、独協中の生徒、新聞記者、一般ファン…千人を超す盛大な出迎えの人垣の中に四三と秋葉は走り込んだ。

周囲の称賛のウズにもみくちゃにされながら、花束を抱いた二人は無言の笑顔でしっかと握手をかわした。やがて日比谷の松本楼で多数のファンを前に二十日間の経過報告。二人は感激に目をうるませながらその成果を語るのだった。

この壮挙以来、明大の沢田英一、出口林次郎組が樺太—東京間を走ったり、東京から郷里までを走りつづけるマラソン帰郷組が出たりして、個人の長距離走破が流行した。

金栗足袋

〔試作かさねた数百足〕

ストックホルムでの敗北以来、四三が考えた研究課題の一つにマラソン足袋の改良があった。この工夫改良に積極的な協力を惜しまなかったのが、後に《金栗足袋》で名を売った東京ハリマヤ運動具店の創立者黒坂辛作である。

黒坂は明治十四年、兵庫県姫路市の生まれ。二十一歳のとき単身東京へ出て大塚仲町の市電停留所前に小さな足袋屋を開業した。店が高師に近かった関係で、春秋二回の校内長距離競走のころには高師の生徒たちが押しかけた。四三もやがてその一人になったが、ハリマヤの足袋はいわゆる座敷の日本足袋で、適当なハキ物がなかった当時は、これを屋外の競走用にも使っていたのだ。

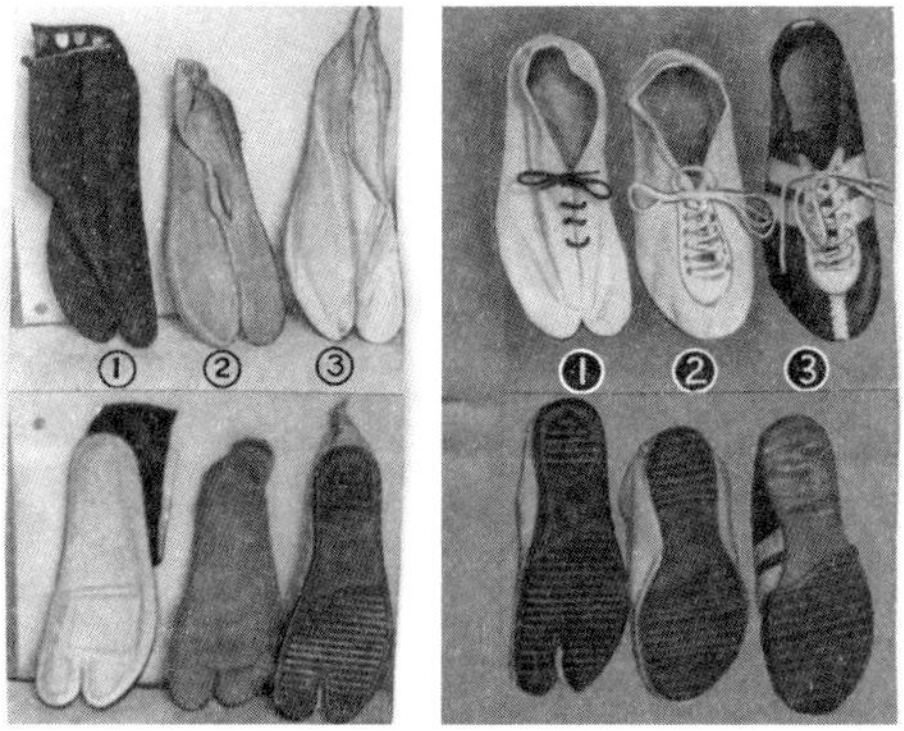
金栗足袋の変遷

黒坂が本格的に競走用の足袋に取り組んで研究を始めたのは明治四十五年。ストックホルム遠征直前の四三に頼まれてからである。もともと室内ではく足袋だから砂利だらけの道路の競走に使えばたまったものではない。たちまち底が破れて使いものにならなくなる。改良の第一段階はつまさきとかかとに二重、三重の厚布を縫いつけて耐久性をますことから始まった。

四三がストックホルムの大会ではいたのはこの第一段階のもの。しかしその結果は思わしくなかった。布底では舗装道路からのショックが大きいし、足首までもある深い足袋は走る動作に無理がある。帰国後の四三はさっそくハリマヤを訪ねて再度の工夫をたのんだ。彼の熱意と温厚な人柄にすっかり感じ入っていた黒坂はもちろん二つ返事。「金栗さんのためなら」とネジリ鉢巻で走りよい足袋の作成にとりかかったのである。

まず足首の動きをスムーズにするため、上部をくり抜いて浅くしようとした。黒坂は試作品を作っては四三にはかせ、その結果をみてまた悪い点をやりなおす。練習にも欠かさず自転車伴走をして、そのはきぐあいをみる。黒坂も四三に負けない粘りと闘志をもっていた。一度やり始めたら徹底的にやり抜くという性格だ。

選手と足袋屋が一体となったマラソン足袋の研究はそれから数年。その間に何十足、何百足の試作品がつくっては捨てられ、捨てられてはまた新しい型に生まれ変わっていった。真夜中でもいい思いつきが浮かべば、ガバッとはね起きて仕事場に座り込む黒坂だった。

苦心は四年後にみのった。あい変わらずのハゼ付きだが、型だけはどうやら現在のものに近づいてきた。これが改良の第二段階だった。

次はゴム底の研究だ。黒坂は板ゴムの仕入れに大阪まで出かけて行く。もち帰ったゴムを足袋の底型に合わせて切り抜き、縫いつける。しかしこれは底が平面で、雨が降るとツルツルすべるのだ。四三はナイフでゴム底に凹凸をつけてみた。これなら調子はいい。黒坂があちこちのゴム工場を駆け回って、やっと特製のゴム型をつくってもらった。こうして凹凸のあるゴム底をつけた第三段階の足袋は出来上がった。

大正八年に四三と秋葉が下関—東京間千二百キロを走り抜いた際に使用したのが、この足袋である。連続二十日間、しかも山陽—東海道を走り通すのにこの一足だけで十分だったと聞いて、黒坂は躍り上がって喜んだ。四三たちがファンの歓声に包まれて宮城前に帰り着いたとき、黒坂は二人が脱ぎ捨てた汗とホコリにまみれた足袋に頬ずりして泣いた。この感激がハリマヤをふつうの足袋屋からマラソン足袋屋へ転向させるきっかけとなったのである。

〔山田敬蔵のボストン優勝に貢献〕

マラソン足袋の改良にあたって、黒坂は一つの信念をもっていた。「決して職人気質を出すな。名人になってもいけない」というのである。小さいときからコツコツとたたき上げられて、やっと一人前になる職人の世界は苦労が多いだけに排他的だ。年季を入れ、経験とカンに頼ってつくり上げた作品に対しては、第三者の批評をまったく受けつけない頑固さをもっている。名人といわれ、達人といわれる職人ほどそういう気質でこり固まっている。

しかし、あまりに我を押し通す職人は、客の要望も聞かずに、かえって迷惑をかけることがある。黒坂はそれをいましめたのである。

「職人は謙虚になれ。選手の気もちこそ第一のものだ。人によって走法も足の大小もクセも百人百様だ。選手たちが最も喜んではいてくれる足袋を…」

これが黒坂の信念であった。頼まれれば競走用のシャツでもパンツでも、客から言われるままに何度もつくりかえては届けた。この精神を受けついでハリマヤは大きく成長したのである。

マラソン足袋も大正末期からかかとのハゼをやめ、甲にヒモをつける近代型へと進化した。この型は戦後までも一般に愛用され、昭和十一年、ベルリン・オリンピックで優勝した孫基禎、同二十七年のボストンマラソンに初優勝した田中茂樹もこれをはいて世界の王座についたのである。古来の日本足袋のはき心地の良さを温存しながらの改良作であった。

しかし、黒坂にも悩みがあった。戦後、足先の割れはキック力を分散するということで外国並みに靴型への改作を迫られたときだ。足袋屋からの出発ということが黒坂の頭にしっかとくい込んでいたのだ。彼は迷った。しかし選手第一という金言がピンピンと胸に響いてくる。彼はついに靴型のマラソンシューズ製作へ踏み切った。そしてその成果が山田敬蔵のボストン・マラソンでの大記録優勝となって返ってきたのである。当時七十の坂を越していた老職人はボロボロ涙を流しながら「よかった。よかった」と子どものように部屋中を歩き回って泣いた。

「大塚のハリマヤ」が今日の隆盛を築いたのは、四三のおかげだった。大正八年、ゴム底の足袋を完成した黒坂は《金栗足袋》という名称を考え出した。マラソンといえば金栗の名を、金栗といえば誰でもマランンを連想する。そのすばらしい名声を利用して大々的に売り出そうというのである。当時はまだアマチュアリズム問題もやかましくはなかったし、黒坂の熱心さに心を打たれていた四三も「いいでしょう」と返事したのだった。

ハリマヤは「今後ますます足袋の改良に力を入れ、金栗さんの名を恥ずかしめないようがんばります」と一札を入れ、同年から「金栗足袋」を正式の登録商標として出発した。

❶本ランニング足袋は金栗先生の実験指導により、改良に改良を加えて完備を期した良品なり。

❷大正八年夏、金栗、秋葉先生が下関―東京間七五〇マイルを本ランニング足袋にて走破せられその耐久力を事実に証明せられたり。
❸本ランニング足袋は軽快にしてはき心地よく、足を痛めず、かつ廉価にして遠足用にも適当の良品なり。

こんなうたい文句で金栗足袋は飛ぶような売れ行きだ。このときから昭和十七、八年ごろまで金栗足袋は全国の運動会に必ず使用された。この足袋をはいて走った人の数は数百万人にも上るだろう。大正十三年ごろアマチュア問題がうるさくなったときには、すでに金栗足袋は普通名詞化していたし、四三が名声を売るような人物ではないとの周囲の信用もあって何の問題も起こらなかった。

その黒坂は八十一歳。息子の勝蔵に店を譲って隠居の身だが「金栗先生が元気な間は、私だって遊んでいるわけにはいかん」と毎日店に出かけていく。

「金栗先生の偉さは底知れない。ハリマヤが今日の地位を築いたのもまったく先生のおかげだ。スケールが大きすぎて私たちにはかえってピンとこないくらい。与えても求めることのない太陽のようなお人だ」

辛作老は老いの目をしばたたかせながらこう語っている。

日光―東京間走破

〔持久力の限界に挑戦〕

暑さに耐える訓練も、内臓力を高める登山練習も、スピードの強化も、そして二十日間の下関―東京間走破も、四三は考えられる限りの体験を積んだ。鍛え抜かれた五体には自信と烈々たる闘志がみなぎっている。

〝もうやることはないか〟

四三は頭をひねって次の計画を考えた。

〝そうだ。日光―東京間百三十キロを一気に駆け抜けてみよう。人間の身体がいったいどれくらいの持久力をもっているか試すのだ〟

四三は鈴木武や飯郷好五郎など徒歩部の主だった選手をつかまえて相談した。独逸学協会では四三の提唱ですでに過去四回の十マイル競走をやっていたし、大正八年十一月はちょうどその五回目の予定日だ。第五回の記念レースに、ひとつ大がかりな駅伝競走をやってみようというのである。もちろん生徒たちも大喜びだ。

四三の計画は、日光―東京間百三十キロを自分は一人で駆け通し、独協徒歩部員はこれを十区間に分け三チームを編成、この他に高師徒歩部で五区間の一チームをつくらせて、競走のかたちにしようというのだ。

土曜日の授業を終わった四三は生徒たちをひきつれて東京を出発。途中の各駅でそれぞれの担当者を降ろして配置につかせながら日光へついたのはもう日がくれてからだった。

日光駅前の交番で巡査と談笑しながら四三は出発の午前零時を待った。「日光東照宮の参道はまっ暗で、あまりスピードを出すと危険ですよ」と巡査が言う。ケガをしては大変なので四三は提灯を借りて暗闇の参道をスタートした。生徒たちの出発点は宇都宮の県庁前、それまでは四三の独走だ。暗闇の足もとを注意しながらゆっくりと駆けつづけて宇都宮に着いたのは明け方の七時ごろだった。

ここから独協と高師の駅伝組が走り出す。番外で宇都宮師範の生徒も伴走した。いくらマラソン王の四三とはいえ、もう相当の距離を走ってきているし、〝先生に負けまい〟と交代でがんばる生徒たちのスピードにはとてもついていけない。その間隔は区間を追うごとにひろがっていく。

真夜中に出発して東京到着が夕方の予定だから途中で飯も食わねばならない。ところが不覚にも財布を日光に忘れてきた。昼ごろまではどうにか我慢して走りつづけたが、とうとうたまらなくなって菓子屋に飛び込み「マラソンの金栗、金〇〇銭也を借用仕候」という借用証を書いて、どうにか腹を満たすしまつ。

千住にかかるころにはすでにゴールインした生徒たちが自転車で迎えに来ていた。四三は再度の空腹でフラフラだ。生徒の一人から金を借りるが早いか道ばたのうどん屋にかけ込んでガツガツと食う。それからまたゴールの目白へむかってまっしぐら。無事百三十キロを走破してゴールしたのは午後八時だった。

二十時間の連続マラソンに、さすがの四三もぐったりした。生徒たちに声をかける元気もなく、ヨロヨロした足どりで下宿へ帰った。

尿にはまっ赤な血がまじっていた。その夜は極度の疲労で寝つかれない。翌朝もまだボーッと頭がかすんでいた。しかし自分で計画した練習のために学校を休むのは良心が許さない。いつもの時間に学校へ姿を現わした四三を見て「金栗先生は四、五日学校を休まれるかもしれんぞ」とうわさしあっていた生徒たちはびっくりした。

教壇に立った四三だが、口はきけない。生徒たちに本を読ませるだけの型破り授業ではあったが、とうとう一日中イスにも坐らず立ったままで押し通した。金栗先生のがんばりはたちまち学校じゅうにひろがった。他の教員たちも「金栗先生を見ろ。強固な精神力さえもっておれば、どんなことだってやれるんだ」と生徒たちを激励し、自らも教師の範だとして四三のがんばり精神を褒めたたえた。

この催しは当時の雑誌『中学世界』にもデカデカと掲載されて大変な評判になった。四三も〝人間、相当走ってなかなか死ぬもんじゃない〟という自信を深めた有意義なレースだった。

大正八年には、この他にも四三のマラソン入門十周年を祝う金栗先生走界十年記念運動会を生徒たちが開いてくれたりして、四三にとって思い出深い年であった。

箱根駅伝

〔四大学が天下の嶮に挑む〕

〝マラソンは孤独な競技である。個人の練習ではいかにがんばっても、そこには限度があるし、面白味も少ない。そこで長距離レースをチーム競技に仕立て各大学間にせり合わせてみたらどうだろう。対抗意識が生まれれば、各校とも力の入れようが違うし、選手もはっきりした自分の責任が生じて、練習のつらさも克服できるだろう。それは将来のマラソンの普及・向上にも大きな効果を生むに違いない〟

こう考えた四三は、後輩の山岸徳平、渋谷寿光らの協力を得て、大正八年の暮れ関東大学対抗駅伝競走のプランをもって各学校を回り、参加を呼びかけた。その趣旨に賛同して即座に出場を確約したのは高師、早稲田、慶応、明治の四校だったが、他の学校も部員を強化して次回からは参加したい、と乗り気である。

四三はさっそく報知新聞社に寺田稔彦を訪ねた。寺田は早大出の少壮記者、後に京城日報に移って文名をはせた人物だ。翌年にアントワープ・オリンピックを控え「一人でも多くの好選手を」と運動界ぜんたいが張り切っていたときだけに、寺田も四三の持ち込みプランに大賛成。幹部も了承して報知新聞が初の関東大学駅伝を主催することになった。

四三、寺田の他参加四校の委員が集まって大会の具体的な計画をねり始める。コースは初め「日光―東京」「水戸―東京」「箱根―東京」が候補に上がったが、四三の提案で箱根―東京間に決まった。距離は三コースともほとんど同じだが、どうせやるなら風光明媚、登り、降りの変化と史跡に富む箱根八里の天下の嶮に挑んだ方が男らしくて面白いという理由である。

次は大会の期日。これも「心身錬成のためには酷寒か酷暑に限る」と四三ががんばって翌大正九年の二月開催に決まった。それから大会規則の問題である。「各自良識をそなえた大学の選手ともあろうものが、監視の審判つきでなければ競走をやれないというのではいかにも残念だ。選手たちを信用しよう。審判員と称するものはオレ一人で十分だ。規則も簡単なものでいい」と四三が言い出したため、他のメンバーもそれに賛成した。

区間は東京―鶴見―戸塚―平塚―小田原―箱根の五つに区切り、東京―箱根間の往路が第一日。二日目は初日の到着順に箱根を出発して東京までの復路を走る二日がかり一チーム十人編成ということに決まって、参加四校はそれぞれ猛練習に入った。校内で予選会をする学校、箱根まで出かけて実地のコースを踏むチーム、合宿練習をやるやらユニフォームをそろえるやら…前景気は上々で発案者の四三も悦に入っていたが「箱根の山登り区間を受けもつ早大の三浦弥平、慶応の二木、明治の沢田英一、高師の大浦留市らが近道の研究をしている」と聞いて驚いたりした。

大会の期日が迫ったある日、四三は報知新聞の寺田、朝日新聞の東口らとコースの下検分に出かけ地元箱根町の青年団員に会った。大会の趣旨を話すと青年たちも大喜び。「それじゃ、私たちは審判でもやりましょう」と言う。四三も天下の大学生が近道の研究をしたりして、後でもん着でも起こったら大変だと思っていたところなので「それなら間道の見張り番でもしてもらうか」ということになった。

さらに、そのころ小田原中学の教員をしていた後輩の渋谷寿光も「道案内かたがた生徒たちを伴走させましょう」と申し出て四三たちを感激させた。

大正九年二月十四日。第一回関東大学箱根往復駅伝競走の第一日である。早、慶、明、高師四校の選手はそれぞれ土曜日の授業が終わってから配置につき、第一走者が報知新聞前をスタートしたのは午後一時だった。東京市内を一気に駆け抜けて鶴見―戸塚―平塚―小田原へと伴走者も加えた四つの集団が進んでいく。

小田原の中継所をすぎると夜になった。懐中電灯を持ったり、提灯で足もとを照らしたり…。芦の湯以西の間道の入口には地元の青年団が赤々とかがり火をたいて見張っていた。そして選手通過を知らせる猟銃の響きがズドンズドンと闇の箱根路にこだまする…。今から思えばまったく夢のような光景であった。

午後八時すぎ明治の沢田が箱根町のゴールに入り、ついで高師、早稲田の順。しんがりの慶応二木がたどり着いたのは十時に近いころだった。

〔名をあげた早稲田の河野一郎〕

二日目は朝から大雪になった。初日の1位校明治の山口六郎次がスタートするころから降り出した雪はしだいに激しくなり、しんがりの慶応青木好之が出発したときには二寸ほども積もっていた。

箱根路は文字通りの悪路で審判用の自動車も頂上までは行けず、最後の選手を送り出した審判長の四三と寺田は、雪の難路を駆けて小涌谷の電車停留所へ急いだ。途中で間道を抜け、いくどか雪にすべって転びながら、やっとのことで小涌谷へ着いたとき、雪はもう一尺以上も積もっていた。電車で小田原へ、それから待たせてあった自動車に飛び乗って報知新聞前のゴールへと急いだのである。

レースは初日から好調にトップを走った明治が二日目も九区まで首位をつづけていたが、最終区鶴見―東京間を走った西岡が、ゴールまであとわずかの尾張町で高師の茂木善作に抜かれてしまった。

高師の初優勝…自分が提唱して始めた大会に母校の選手たちが勝ってくれたのだから、審判長の四三も躍り上がらんばかりの喜びよう。それに沿道の声援も予想以上に盛大だった。「大成功、大成功」――四三と寺田は手をとり合ってその盛況を祝った。

この第一回大会に出場した選手のうち、高師の大浦留市、茂木善作、早稲田の三浦弥平の三人は四三とともに、同年ベルギーのアントワープで開かれた第七回オリンピック大会のマラソン日本代表に選ばれ「箱根駅伝の効果はやくも表わる」と関係者を驚かせた。

第二回大会は東京農大、法政、中央も参加して七校にふえ、前年以上の盛大なレースになった。このレースは出口林次郎、沢田英一、得能末吉、山口六郎次、下村広次などのそうそうたる顔ぶれをそろえた明治大学が優勝した。またこの大会からスタート、ゴールが日比谷公園に変更され、区間ごとの記録も計ることになったが、当時はまだストップ・ウォッチを用いるまでにはいかず、中継所のボンボン時計を頼りにおおまかな記録を算出した。

第三回大会は東大農学部、日本医科大、日大が加わって十校となり、早稲田が勝った。往路の一日目は山登りの名人栗本義彦の大活躍で高師が首位に立ったが、二日目の七、八区で早大の河野一郎、謙三兄弟に抜かれた。当時の早大には河野兄弟の他に行田重治という俊足がいて第四回大会にも連続優勝をとげている。

ところで早稲田の河野一郎だが、そのころから相当の〝実力者〟だったようだ。優勝祝賀会に出された賞品も「オレが最高の殊勲者だ」と言ってそっくり強奪してしまうほどの強心臓の持ち主であった。また彼は在学中の大会を通じて必ず小田原―平塚間の第七区をうけもった。誰が何と言っても「オレにはオレの考えがある」と言ってきかない。後で分かったことだが、「オレの考え」というのは選挙に出るための地盤づくりであった。

河野は神奈川県平塚の出身。学生時代から大政治家を夢見ていた彼は、将来の選挙区となる地元を走ることによって大いに名を売っておこうと考えたのである。郷土の人たちのヤンヤの声援を受けて河野兄弟はさっそうと駆けた。駅伝の河野兄弟は箱根駅伝の名物でもあった。兄の一郎は代議士で自民党の実力者、弟の謙三は参院議員としてともに国会で活躍している。

第五回、六回大会には八島健三、永谷寿一を主力とした明大が勝った。

箱根駅伝は年を追って盛んになった。と同時に選手資格の問題でいろいろとトラブルも起こった。中学四年修了以上が大学予科の入学資格となっていたが明大、中大などには特科生という夜学生がいて正科と同様に認めていた。これに対して早大、高師などが「中学も満足に出ていない者が選手として参加することは大会の権威にかかわる」と言って騒ぎ出したり、「早大には浅草の車夫が混じっているのではないか」などともめたりした。

大正十四、五年のことでこれもまもなく円満解決、年ごとに人気を高めたこの大会からは、次々と国際的な名選手が誕生した。

四三の創案になるこの箱根駅伝は、今も早春の呼び物として毎年一月に行われている。沿道の人たちは「この駅伝が通らなければ、正月が来た気がしない」と言う。伝統に輝くこの駅伝競走は、戦後、テレビ放映が始まったころから全国的にも大きな人気を集める名物行事になった。四三が周囲の協力を得て、日本長距離界に残した偉大な企画の一つである。

船上の秘密

〔もの思いにふける四三〕

大正九年四月。国内二度目のオリンピック予選に勝った四三は、ふたたびマラソン日本代表に選ばれ、ベルギーのアントワープで開かれる第七回大会へ参加することになった。

遠征日程はアメリカ回りで約五ヵ月。その間勤めである独逸学協会中学の授業にも出られない。心苦しく思った四三は谷口秀太郎教頭に辞職を申し出た。しかし谷口教頭は「やめなくたっていいだろう。帰国後はまた今まで通りやってもらうんだから」と言う。

「でも授業もしないで俸給をもらうわけにはいきません。一応、辞職というかたちにして下さい」

四三のたっての願いで谷口教頭もしかたなく了承した。

第七回のオリンピック日本選手団は嘉納治五郎を団長とし、辰野保、深井健夫の両役員、選手は陸上競技の野口源三郎（高師ＯＢ）、加賀一郎（明大）、山岡慎一（東京帝大）、蓮見三郎（日歯）、大浦留市（高師）、佐野幸之助（松江青年）、益田弘（慶大）、斎藤兼吉（高師）、それに金栗四三（高師ＯＢ）をはじめとする三浦弥平（早大）、茂木善作（高師）、八島健三（小樽中学）のマラソン組、水上競技は内田正練（北海道帝大）と陸上を兼ねる斎藤兼吉、庭球が熊谷一弥（三菱合資）、柏尾誠一郎（三井物産）といった顔ぶれだった。

五月十四日、横浜の桟橋には選手団の同窓、先輩、家族、体育関係者が大勢つめかけた。オリンピックに向かう日本選手団の出発である。四三には独逸学協会中学の職員、生徒たちがにぎやかな見送りと激励にやって来た。

桟橋と船のデッキには赤、青、黄…色とりどりのテープがはなやかに飛び交う。「ボーッ」と出帆の汽笛。桟橋に起こる「万歳、万歳」の歓声…四三たちを乗せたＫＯＲＥＡ丸は静かに動き出した。

〝こんどこそ、きっとみなさんのご期待に沿うようがんばってきます。お母さんも兄さんも見ていて下さい〟

八年前、ストックホルム大会出場のため新橋駅をたったときとはまた違った静かな闘志と感激を覚える四三だった。〝オレはもう数え年三十だ。こんどやらねばもう二度と機会はめぐって来まい〟——四三はもうベテランであった。

船は房総沖から太平洋へと乗り出していく。最初の目的地サンフランシスコまでは二週間の旅だ。こんどは選手団の人数も多い。マラソンなど長距離だけでも六人の選手がいるのだ。船中はいつも朗らかな笑い声に包まれている。波は静か。甲板の上では体操や適当な走る練習もできた。ストックホルム遠征のときに味わった孤独感が夢のようだった。

〝日本のスポーツ界も発展したもんだ〟——八年前のことを思い浮かべて四三は感慨にひたった。

二日経ち、三日過ぎ、単調な船旅がつづく。このころになると、若い選手たちを包んでいた初の海外遠征という感激もしだいにうすれて、退屈気味だ。船の中を用もなく行ったり来たり、互いにたあいもない雑談に花を咲かせて時を過ごしていた。

そのうち、選手たちの退屈をふっ飛ばすような事件が船内に持ち上がった。夕食がすむと全員が甲板に出て散歩する習慣ができていた。そういうとき、四三はたいてい人より遅れて、一人ゆっくりと歩いている。そして時々立ち止まっては後ろを向き、日本の方を眺めて何やらモノ思いにふけっているようすだ。注意してみると内ポケットから紙切れのようなものを取り出してジーッと見つめている。

最初のころは、誰も気にとめなかったが、毎日それがつづくうち誰かが「金栗さんは変だなあ」と言い出した。「金栗さんは何を見ているのだろう」とみんなが不思議がる。「はるか日本の空を眺めてはハガキを読んでいるらしい」と言う者もある。「いやハガキではあるまい。お守り札だろう」「お守りにしてはちょっと大きいようだ」「そしたら何だ。金栗さんにもきっと秘密があるのだろう」

想像は想像を生んで、船内はにわかににぎやかになった。明けても暮れても見えるのは太平洋の海原ばかり。単調な船の旅だ。そんな状況だから四三の秘密を未解決のままでほうっておくことなどできようもない。「誰でもよい。その秘密をさぐった者には賞として何かおごろう」ということになった。

〔〝石部金吉〟のロマンス〕

船内にそんな騒ぎが持ち上がっていることなど四三は知る由もない。二、三日後のある日、例によって夕方の甲板散歩に四三だけがポツンと遅れて歩いている。探偵役を買って出た若い選手が、物かげに身をひそめて四三の行動を見守っていた。四三はいつものように、はるか日本の空をのぞんで秘密の紙切れを胸のポケットから出した。どうも女性の写真らしい。顔まではははっきり見えないが、物かげにひそんでいた探偵君は「美人の写真」と推定した。やがて写真をポケットに収めた四三は、また歩き出す。その時ふと探偵君がしゃがみ込んでいるのを見つけて「オイ、どうしたんだ」と聞く。探偵君はしどろもどろ。事の真相をしゃべるわけにもいかない。「ちょ、ちょっと腹痛を覚えたんで…」とコソコソ逃げ出した。

「金栗さんの秘密は実に意外なものだった」という情報がサッと流れて、船内はハチの巣をつついたような騒ぎだ。「意外も意外、金栗さんは若い美人の写真を抱いてアントワープへ向かわれるのだ」と知れわたった。だが、その美人がはたして誰なのか——と新しいナゾと興味がわいてくる。「石部金吉かと思っていた金栗さんに、ロマンスがあろうとは…」と嘆ずる者。「毎夕その美人を思い出しては写真にほおずりしながら、切々の情を訴えてござるのだぞ」と妬く者もいる。

「そう妬くもんじゃない。金栗さんだって人間だ。恋物語の一つや二つあったっていいではないか」「そうだ。そこに金栗さんの人間らしいところがあるんだ」とそれぞれ勝手なことを想像してにぎやかなことである。しかし、秘密の一端を握っただけでおさまらないのは若い者たち。「美人は何者であるかを究明する必要がある」と言い出した。

年長者にしても、相手が石部金吉の標本みたいに言われている四三のことだ。その「ピンクの秘密」には大いに興味がある。衆議一決、全員が協力して美人写真の真相究明に乗り出すことになった。

究明といっても、四三は選手団の中では過去にオリンピックの檜舞台を踏んだ唯一の選手であり、大先輩である。失礼のないように、一夕紅茶会を開くことになった。席上、それとなく秘密を聞き出し、場合によってはその美人の顔を拝ませていただこうというねらいである。

そんな計画があろうとはつゆ知らず、四三はいつものニコニコ顔で紅茶会に出席し、オリンピックの話などに花を咲かせていた。まわりは神妙な顔で話に聞き入っている。そのうち誰かが例の探偵に目くばせした。待ってました、とばかりに探偵君が攻撃の火ブタを切った。「金栗さん、ところでですねぇ。先日見ておられた写真の主はいったいどなたさんですか」

突然の質問に四三はキョトンとした顔だ。「すばらしい美人だというじゃありませんか。探偵のやつ、チラと眺めたとたんにびっくりして腰を抜かしたそうですよ」とまぜっかえす者が出る。〝大人げない連中だ〟といった顔をしていた者も、つい調子に乗って紅茶会はいよいよ目的に一歩にじり寄った。

「お差し支えなかったら、僕たちにもその美人をおがませていただけませんか。目の保養に…」『毎日見えるのが海ばかりではもう飽き飽きしてしまいました。金栗さん、全員の士気を鼓舞する意味で、そのロマンスをちょっぴりでも語ってくれませんか」「金栗さん、みんなにあまり心配かけるのは罪ですよ」「何だったら、金栗さんの恋物語に協力の一つもさせていただきたいと思っているんです」

他にも野良犬が集まってワン、ワン吠えたてるように、あちらから、こちらから質問やら希望がぞくぞくと飛び出した。四三はくすぐったいような顔で、別に弁解がましいことも言わない。「ふん、ふん」とおとなしく聞いていたが、あまり激しく吠えたてるので、仕方なく内ポケットの美人写真をうやうやしく取り出した。みんなの目は吸いつけられるようにその写真に集中する。

〔ナゾの美人の正体〕

四三が珍しくもポッと頬を染めて、卓上に置いた写真は、うわさの通り若々しい美人だった。しかも令夫人然とした落ち着きのある女性であった。今まで騒々しくわめきたてていた面々もひっそりとなってその写真を見つめている。手にとって眺めながら「ウーム」とうなる者もいる。

やがて一人の選手がおもむろに質問した。「金栗さん、この美人はいったいどういう方ですか」

四三はただニヤニヤと笑うだけで、「あんた方の想像にまかせたい」と言う。その間にも、写真はあっち、こっちとひっぱりだこだ。そのうち、写真の裏に氏名が書いてあるのを一人が見つけた。

「金栗スヤ、金栗スヤ…いったいどなただろう?」「妹さんにしてはあまり似ていないようだ」「親類の人か?」「奥さんじゃないのか」「しかし金栗さんが結婚されたっていう話は聞いたことがないぞ」

紅茶会はふたたびにぎやかになった。四三はあい変わらずニンマリと笑っている。一人が聞いた。「金栗さん、失礼ですが、この方…奥さんですか」

四三は静かにうなずいた。どよめきが起こる。「なーんだ。そうでしたか。奥さんだったのですか」

長いあいだの船中の謎は一瞬に解決してしまった。しかし、まだ興奮のおさまらない者もいる。「金栗さんはいつ結婚されたんだろう?」「自宅へお伺いしても、奥さんらしい人影はついぞ見かけたことがない。不思議だ」

だが、それ以上のせんさくは誰もしなかった。「金栗さんの人間としての愛情のこまやかさをオレは初めて知った。涙がこぼれそうだ」とタメ息をつく者もいる。

騒ぎはおさまり、四三はあらためて、故郷に残したままの妻を思った。「お釈迦さま」と呼ばれ、〝石部金吉〟のように思われていた金栗の、優しい愛妻家の一面であった。

見合い、結婚、単身上京

〔養子となって池部家を継ぐ〕

ここで四三の結婚のいきさつについて書かねばなるまい。

話は大正二年にまでさかのぼる。高師卒業を翌年にひかえてマラソンと学問にけんめいの努力をつづけていたころ、郷里の兄から「養子に行ってはどうか」という便りを受けとった。

四三の伯母の夫の妹にあたる幾江という女性が玉名郡小田村（現玉名市上小田）の池部家に嫁いでいたが、主人に先立たれ、子どももないので、四三に池部家を継いでもらえまいかと、長兄実次を通して話がもち込まれていたのである。

兄も初めは賛成ではなかったが、幾江のたっての希望を断わり切れず、四三さえ承知ならというまでに話は進んでいた。四三は卒業前の試験勉強と、ベルリンのオリンピック制覇をめざしての練習で頭の中はいっぱいのときである。しかし別に反対する理由もない。ずっと東京にいてもいいのなら、という条件で兄にまかせた。

四三が池部の家を継ぐことを承知したと聞いて、幾江は大喜び。「それでは、ついでに四三さんが嫁をもらってくれれば」と言い出した。池部家は資産家である。大きな家にたった一人暮らしの幾江はよほど寂しかったのだろう。同家を継ぐことを決心した四三が、結婚してくれれば、もうお家安泰、安心して老後を過ごせる。

急ピッチの話の進展に実次はびっくりし、四三もめんくらったが、これも幾江の強力な主張に押し切られてしまった。

幾江が一人の女性を四三の嫁にと推せんした。池部家を継ぐことだけは承知したものの、結婚など考えてもいなかった四三だ。それにその結婚の相手がどんな女性か――四三は一度も会ったことがない。しかし兄はすっかり気に入っていた。

「相手のお嬢さんはしっかりした人だ。オレの目に狂いはないから安心してまかせてほしい。それにお前のマラソンへの情熱についても非常な理解を持っている女性だ。卒業式がすんだらすぐ帰って会ってみなさい」

兄から結婚前提の見合いについて、決定的な通知を受けたのは、高師卒業を間近にひかえた大正三年の早春であった。

〔妻と養母の深い理解〕

見合いの相手は同じ玉名郡の石貫村に住む医者の一人娘で春野スヤといい、熊本の尚絅高女出身だった。

東京高師を卒業してまもなくの大正三年四月八日、四三は故郷の春富へ帰り、翌日初めてスヤと会った。彼は帰郷の直前に名古屋の愛知一中を訪ねて奉職を断わり、今後は高師研究科に籍をおいてベルリン大会まではマラソンの精進をつづける決意であることなどを話した。スヤもすでに幾江や実次からその話を聞いていたようで「あなたのご決心は十分分かっているつもりです」と語るのだった。

その翌日の四月十日、二人は小田村の池部家で、晴れの結婚式を挙げた。四三は数え年二十四歳、スヤは二十三歳の春であった。

こういういきさつだから四三の結婚にははなやかなロマンスというものはない。また今のようにハネムーンの甘さもなかった。結婚式から五日目、四三はまた単身東京へ出ていったのである。

オリンピック制覇の宿願を達するまではマラソンの練習に専念させてほしいという四三の強い希望からであったが、幾江と新妻スヤの深い理解がなかったら、四三も存分の活躍はできなかったろうし《日本マラソンの父》と呼ばれる現在を築くこともできなかっただろう。

池部家家族写真（四三、妻スヤ、中央妻の弟と義母幾江）

しかし、承知の上とはいってもスヤとしては悲しく、寂しい日々の連続であった。養母幾江との二人暮らし、昼の間はどうにか気をまぎらすこともできたが、夕暮れになるとたまらない寂しさが襲ってくる。夜は幾江と差し向かいで縫い物の針を運ぶ。床に入っても寝つかれぬ夜がしばしばだった。

だが、四、五日おきに届く四三の便りを見ると、何ものをも犠牲にしてマラソンへの情熱を燃やす夫の気持ちが、泣きたいくらいに分かるのだ。スヤは歯を食いしばって寂しさに耐えた。年に一、二回は四三が小田へ帰り、スヤも時折上京して彼の下宿を訪ねることはあったが、結婚後五年あまりはほとんど別居生活であった。ただ、二人が正式に池部の家を継いで夫婦養子になったのは大正十一年以降のこと。それまでは、「金栗」を名乗り続けていたし、東京での暮らしもまったくの一人者であったから、よほど親しい人以外は彼の結婚を知らなかったのである。

養母となった幾江も、四三にとっては大きな恩人であった。財産はあるし、あととりの若夫婦もできた。その安心感が四三のマラソン精進にも惜しみない援助を送る結果となった。高師卒業後、教職を断って研究科に籍をおいていた四三が、無収入にもかかわらず、全国を巡回コーチしたり、後輩たちの面倒をみたりでせいいっぱいの活躍ができたのも、幾江の理解と月々四、五十円の仕送りのおかげであった。

また四三にしても、自分の思う存分のわがままを許してくれる養母や妻に対して、限りない感謝の気持ちがあった。彼はよく手紙を書いた。巻紙に毛筆でしたためられたその便りには、当時元気いっぱいでマラソン普及のため全国を駆け回っていた彼の活躍ぶりが書かれていた。その二、三をここに記しておこう（原文のまま）。

◇　　◇

今夏の予定がつぎのやうにたちました。十日頃東京発、先づ群馬県の妙義山に登り、次に浅間山に登り、草津温泉に至り徒歩にて長野市に出でここには橋本三郎もをりますから大に御馳走をやらせ様と思ます。之より同県の松本市により出来るならば当地の女子師範等にてマラソンの話をし、そのあと山梨師範を訪ね、富士川を船にて下り途中日蓮宗の本山身延山を拝し、富士山に登りて横須賀より船にて昨年行きました房州の北条に至る筈です。この旅行も平凡な処で危い処もないと思ひます。途中から又一々御通知しますから日本地図でもひろげて御覧になれば一目で分るかと存じます。

昨年の房州練習会には高等師範生を率ゐて行きましたが本年は、此外に全国の有志を集めて練習させる積りで、先般私の行きました秋田師範からも申込みが来てゐます。私以外に明石（和衛）という上海（極東大会）に行きました者も一緒に行き、いろいろ世話をするはずで先づ二人でやる考へですが、青年の元気のある奴とのんきに暮すのは面白くあり後の楽しみとなります。先は右迄、御自愛を祈ります。

七月四日

母上様

四三

（四三が結婚した大正三年のもの）

養母幾江に対してはこまごまと近況をしたため、妻のスヤには折にふれて感ずるところを書き送った。その文面には四三らしい素朴な愛情とマラソンへの深い思いがあふれている。

◇　◇

スヤ、大寒もあけたが余寒が甚しいから母上の身体も注意してあげねばならぬ。一月余も九州から東京まで各処で学生青年等と盛に談じ走り、幾分か彼等に奨励刺激を与えたやうで心中大いに満足している。（中略）

扨て此度各学校を巡回して或は講演したり走ったり、或は多くの人に接して寸暇もなき日もあった。それに一人でやるから大分疲れもある。というて休みも出来ず、然るに何の故障もなく、或は彼等が私を敗してやらうとの大勇猛心の者と競走して兎に角感心させて面目を落さずにきたのは、是迄の長き間の身体の鍛練と心の修養の然らしむる処。これは一朝一夕ではとても出来ない。スヤも少しずつ身体の注意なり又心の修養をやらねばならないよ。

殊に途中久留米で見た独逸の捕虜共、雨のふる日も幾時間かは散歩したり運動したりしてゐる。敵国に捕はれ乍らかく身体を大切に他日の大成を果さんとするのは感心で吾々日本人の模範とすべきである。此の習慣の出来たのは思ふに西洋婦人が運動好きであるほか運動についての考へがあるからで人の妻となり母となりて子女を教育する時にも、日本婦人の運動に趣味なき者が子供を教育するに比して大いに異る。之が子供の頭に染み大人となりても常に運動し、身体が丈夫であれば勉強も出来、大業が出来る。この事を考へてスヤなども今一人身の時から此方面のことをやっておかねばならぬ。

其の方法は簡単で無駄の時を費さず、或は家の回りを散歩するとか或は竹箒でかどを掃除するとかで何でも働くことより初め、朝などは例の冷水まさつをやれ、其れが済んだら手を挙げたり身体を屈伸して体操をやる。之をやる時間とて五、六分だ。怠けてはいかん。毎日忘れずに必ずやれよ。之をやれば自己の身心を丈夫にするほか長生きもする。又子弟の丈夫なる基ともなり大にしては国家の前途の為也、健全なる精神は健全なる身体に宿るのである。

先右迄一言思ふ処を述べておく。

二月六日　四三

スヤ殿

（大正四年のもの）

◇　◇

母上、愈明日は未明から住み馴れた房州北条をあとに歩いて東京に帰ります。五、六年も夏を過した処ですから名残も惜まれ又雑踏する空気の悪い東京へ帰るのもいやな感が致します。然し是迄養った心身の英気を以て勉強もしまた走りも思い切ってやる積りです。

本年は地方から集まった練習生も少なくなく、少こしの失敗もせず遠方から来た人に満足させて帰したるは大いに嬉しく思うてゐます。本晩は最後の別れと存じまして色々世話に預った当地の中学の先生を招いて大いに食ふ積りです。田舎の事で物価も安く非常にたすかります。

スヤ、先般送ってくれた金子慥かに受けとった。御蔭で助かった。蚕でさぞ忙しく且つ骨折ったろう。然し我慢して大にやるべきである。私のかくがき大将になりて遊ぶのも私一身の為ならず。他の青年子弟を教育して走りの上手をつくり、明後年愈日本で外国人を集めて大競走大会（芝浦の極東大会）がある其の準備の為である。一身を以て帝国の為に尽す考へだ。

秋風の吹けば夕も淋しかり
はまべさまよふ人もゐなくて
浪よするはまべは今も変らねど
つどひし人はいま何処にや

黒々と男らしくもなりにけり
花の都にいざ帰りなん
健在で暮せよ。又追って手紙も出さうよ。先日は熊本に行ったとか。しかも御目出度い儀式に列したとか、御馳走もあったろう。
九月七日
金栗四三
母上様
スヤ殿
（大正四年のもの）

◇　◇

スヤもまたよく夫への便りを書いた。こうした優しい手紙のやりとりが、離れ離れに暮らす若い二人の心の支えであった。

アントワープへの出発直前、夫の遠征準備の手伝いにとはるばる上京してきた妻を「私は今郷里も妻も忘れて祖国のために走ろうと思っている。気を散らさないでくれ」とすげなく追い返した四三――、その夫の心情を知って寂しく帰っていったスヤ――。

マラソンのためには、全てを犠牲にし、悲しさにも寂しさにも耐えてきた若い日の二人の生活であった。

アントワープ大会

〔ブルックリンで溜飲下げる〕

第七回オリンピック・アントワープ大会へ向かう日本選手を乗せたKOREA丸は、途中ハワイに寄港、在留邦人の盛んな歓迎を受けた後、ふたたび平穏な航海をつづけて五月の末、サンフランシスコに入港した。

これからアメリカに約一ヵ月間滞在しさらに大西洋を横断して目的地アントワープに乗り込む予定だが、米国に一ヵ月間というゆっくりしたスケジュールを組んだのは「若い選手たちにスポーツ王国といわれるアメリカの現状をじっくり見学させ、将来の日本体育の振興に役立てよう」との嘉納治五郎団長の主張からであった。選手団はサンフランシスコを振り出しにアメリカ各地を巡遊し、西洋文化とスポーツの新しい息吹をいっぱいに吸いとった。

当時の米国は排日気分の盛んなころである。四三たち陸上選手は見学の暇をみては、各地の学校のグラウンドなどで盛んに練習をしコンディションの維持に努めたが、困ったのは水泳の選手たちだ。プールというプールはほとんど白人の専用で有色人種は全て「オフ・リミット」。六月二十日ごろニューヨークに着き、ここでオリンピック選手だからという大使館筋の紹介を得て、やっとプールでの練習にありつくというありさまだった。

ニューヨークには二週間以上も滞在し、大使館や在留邦人たちの歓迎攻めで四三たちも楽しい日々を過ごした。しかし、笑顔で迎えてくれる邦人たちの言動の端々に排日に悩む生活の暗い影を見出しては、ふと寂しさを覚えたものだ。邦人たちの暮らしも想像したほどにラクではなかったのである。

七月五日。ニューヨークの町は独立記念祭の祝賀行事にわきかえり、方々で記念運動会が開かれた。日本選手も招かれてブルックリンの運動会に出場したが、当時の米国と日本のスポーツ・レベルには大きな開きがあった。トラック競技では日本のオリンピック選手が名もない米人選手にコロコロとひねられ、応援にかけつけた邦人たちを口惜しがらせた。米人の観衆は自国選手の強さにヤンヤの拍手を送り、日本選手にひややかな罵声をあびせるものすらいる。

負けん気の四三はピリピリとマユをふるわせ、観客席にいた大浦、佐野、三浦、茂木、八島の長距離陣を呼び集めた。「今日は練習の過労で出場を見合わせていたが、もうじっとしておれん。最後の一万メートルに全員出場しよう。そして毛唐どもを蹴散らしてやるのだ」

他の五人も短距離陣の不振に歯がみして口惜しがっていたところだ。四三の言葉に全員賛成。

「それっ」とばかりにたちまちユニフォームに着がえてグラウンドへ飛び出した。このようすを見て、帰りかけていた邦人応援団もふたたび腰を下ろす。一万メートルは郊外を走るレースだ。四三たち日の丸のユニフォームをつけた六人はゆっくりとしんがりからグラウンドを走り出した。邦人たちはまた暗い顔になった。

しかし、それから三十分も経ったころ、まず四三が先頭を切って競技場へ走り込んできた。邦人席からワーッと歓声が上がる。つづいて茂木、大浦、八島、三浦、佐野。日本選手が一団となってゴールに飛び込んだのだ。邦人たちは躍り上がって大喜び。7位の米人選手は、はるかに遅れていた。

「ザマァみろ」「マラソン日本」「ヤンキーども思い知ったか」

第７回オリンピックアントワープ大会出場日本選手一行記念写真（前列右から３番目）

四三たちは喜びの握手攻めでもみくちゃ。老人たちは母国選手の大活躍にポロポロと涙を流しながらうれし泣きした。その夜、日本選手団が感激した邦人たちの大晩さん会に招かれて、大いに男を上げたのは言うまでもない。会場をゆるがす「君が代」の大合唱がいつまでもつづいた。

翌七月六日、ニューヨークに別れを告げた選手団は英国船オリンピック号でロンドンへ。ここにも約一週間の滞在。気候はいいし、イギリス人たちは親切だ。四三は連日ものすごい練習をつづけて最後の仕上げにけんめいだった。

ロンドンは八年前、ストックホルムの敗北後、傷心の一人旅でさまよい歩いた思い出の地。そのとき一緒に出場した三島弥彦が正金銀行ロンドン支店に勤務しており、久しぶりに旧交を温めることもできて懐かしい毎日であった。

〔レースを前にヒザの痛み〕

七月二十三日、嘉納団長はオリンピックの経験のある四三をともない、現地の準備のため他の選手団より一足先にアントワープに向かった。二人は開催地の委員たちと打ち合わせた結果、郊外にちかい女学校の寄宿舎を借りて、日本選手の宿舎にあてることにした。電車やバスの騒音もない静かなところで、選手たちの練習にも便利だと考えたからであった。

四三はストックホルムの体験を生かして、連日宿舎の準備に余念がない。北欧特有の白夜を避けるために窓に黒幕をはる。選手たちが慣れぬベッドに寝てフトンをずり落とし風邪をひいたら大変だというので、マットを床の上に下ろして畳のような暮らしができるようにする。オランダの大使館から駆けつけてきた小川昇三等書記官に頼んで米、味噌、ラッキョウ、ナス漬けなど日本食の材料を集める。そして炊事係には、現地で日本料理屋を開いていた畑中というコックに話をつけて滞在中のいっさいの面倒をみてもらうことにした。

こうして十日後、選手団がアントワープ入りしたときには万端の準備が整っていた。その周到さにはみんなが舌をまいた。

「さすがは金栗さんだ」

「檜舞台の経験ゆたかな御大のおかげだ。こりゃァ日本にいるのとちっともかわらん」

選手たちは口々に四三のすばらしい受け入れ体制に感謝した。

新設のオリンピック・スタジアムは、アントワープ市の郊外にあった。ストックホルムよりいくらか豪華な感じだ。到着の翌日、全員でこの競技場を見学し、八月五日からそれぞれのコンディションに合わせて種目ごとの練習が開始された。

暑さに悩まされたストックホルム大会のときにくらべて、アントワープの気温は日中でも十七、八度から二十四、五度ぐらい、時折雨が降ったがまず快適な気候条件だった。郊外の田舎道を走るマラソン・コースは、なだらかな起伏の連なりである。ところどころに石畳の舗装路もあるが、全般的にはどうやら平凡な条件のように感じられた。

大会は八月十四日の開会式に始まり二十三日まで十日間。マラソン・レースは最終日にちかい二十二日に行われることになっていた。四三を中心に三浦、八島、茂木のマラソン勢は徐々に調子を上げていく。

十二日の午後、三浦弥平が「金栗さん、全コースを走ってタイムをとってみようと思うが」と言う。レースまでにはまだ十日ある。「ゆっくり走るのならいいだろう」と三浦一人が走り、他の三人は自動車で伴走した。

三浦は格別がんばるという風でもなく坦々と全コースをカバーしたが、タイムは前半が1時間19分、後半が1時間21分で計2時間40分であった。2時間30分前後で走れば優勝も可能という見通しである。「ラクに走ってこの記録なら」とみんな大いに自信をつけた。それに三浦はこの四人のうちでも弱い方だ。その三浦が相当の記録で軽く完走したのだから、四三たち三人は、早くも世界制覇の夢を大きく感じとった。

だが、四三には思わぬ伏兵があった。ロンドン滞在中、全英選手権兼オリンピック予選のマラソン・レースでミルという選手が2時間37分40秒で走ったのを見たが、その好走に刺激されて練習をやり過ぎていたのだろう。ひざのあたりがわずかながらチクチクと痛み出したのだ。

〝こんどこそは〟と慎重に慎重を期していたつもりの四三にとっては、大変なショックだった。

〝こんなことでまた失敗をやらかしては…〟

心の焦りが日を追って大きくなっていく。他の選手に気付かれては全体の士気に響く、と思った四三は夜遅く、たった一人で浴そうにつかりながら、痛みの出た脚をもんだりさすったりするのだった。

ふだんは何ともないのだが固い道路を走ると異様な痛みを感ずる。レースの日は刻々と迫ってくる。追いつめられたような重苦しさが四三の胸の中にどんよりと淀んでいた。

〔〝今度こそ勝ちたい…〟〕

大正九年八月十四日は第七回オリンピック・アントワープ大会の開会式。アンベルス寺院で祈禱式があり、メイン・スタジアムでは華やかな入場式が行われた。日本選手団は役員がシルクハットにフロックコートの正装、四三たち十五人の選手は白いブレザーコートにそろいの黒ズボンだった。

この大会から、近代オリンピックの創始者クーベルタン男爵の考案になる青、黄、黒、緑、赤の輪を組み合わせた五輪旗が高々とメイン・ポールにひるがえった。

翌十五日から主会場の陸上競技は開始された。在欧の邦人やアントワープ入港中の大阪商船乗組員が、連日スタンドに陣どって声援もさかんだ。しかし日本選手の成績は芳しくない。短距離の加賀、中距離の山岡、蓮見、長距離の大浦、佐野…マラソンを除く日本陸上陣は全て第一次予選で姿を消していった。予想されたこととはいえ、落胆の連続だ。いきおいみんなの期待は最後のマラソンに集中する。

若い選手は、十日前の三浦の試走結果に気を良くして自信満々だ。四三も、もうほとんど足の痛みを感じなくなっていた。

〝勝てるかもしれない〟と思う。だが、四三にはストックホルムのにがい経験がある。自分をふくめてマラソン組四選手の高ぶる覇気をおさえようとけんめいだった。

八月二十二日。小雨まじりの風が吹くいやな天気であった。朝起きるとみんなが顔を合わせてニタリと笑う。しかし朝食は進まず、顔には眠れぬ夜の疲れがあわくにじんでいた。四三の顔色も暗い。三十分ほど軽い散歩、そしてまた全員がベッドにもぐり込んだ。頭はボーッと眠いのだが、寝つかれない。転々と寝がえりをうつ彼らのベッドには、興奮のため息が潮騒のように流れていた。

午後二時、四人はそろって競技場へ。四時がマラソンのスタートだ。出場選手は四十人。すべり出しはやはりすごいスピードだ。だが四三はもう驚かなかった。若い三人をひきいて徐々にピッチを上げる。雨が降っていた。日の丸のユニフォームからポタポタと水滴がしたたり落ちる。ストックホルムの猛暑とは逆にかじかむような寒さがアントワープの近郊を包んでいた。

「寒さに注意しながら自分のペースで走れ」

こう指示を与えると四三はスルスルと日本選手のグループを抜け出していった。調子はいい。しだいに先行する外国人たちを抜いて順位は少しずつ上がった。

折り返し点の手前で先頭のギッハム（南アフリカ）にあった。2位はフィンランドのコーレマイネン、3位にはイタリアの選手がつづいている。四三は25位で前半を折り返した。心配した足の痛みもでない。後半の追いこみは急ピッチ。

〝こんどはやれるぞ〟

応援の自動車の群を縫って快調のペースをつづけた。面白いように抜ける。三十キロ付近でギッハムを競りおとした四三はいつの間にか5位にのし上がっていた。

後半には自信のある四三だ。雨と風と寒さ…悪条件の難レースの中で微笑さえわいてくる。苦しかった過去八年間の生活がチラチラと浮かんでは消えた。〝こんどこそは勝ちたい〟〝だが快調なときほど急激な故障が起こりやすい。それに寒さも最大の敵だ〟―四三の頭は野心と不安が重なりあって小さなウズをまいた。

三十五キロ地点も快調なピッチで走り抜けた。

〝これからが勝負だ〟

体じゅうがキューンとひきしまってくる。前方に4位を行く選手のカゲが見えた。横腹を押さえてよろめくように走っている。

〝あいつは抜けそうだ。そしたらオレは4位。もう一人抜けば待望の上位入賞が果たせるのだ〟

四三は無意識にスピードを上げていた。大望達成も間近…いい知れぬ緊張がピリピリと体内を駆けめぐる。

〔ふたたび破れた夢〕

そのとき、四三は左の足首に異様な鈍痛を感じた。ハッとして思わずペースをゆるめる。

〝ついに来たか〟

ガーンと頭を殴りつけられたようなショックだった。

〝ストックホルムの二の舞いか〟

底知れぬ不安が、なだれのように全身を押し包む。だが、四三は走りつづけた。大望寸前という緊張の余韻が、彼に立ち止まることを許さなかったのだ。目の前がまっくらになるような悲嘆にくれながら、それでも彼は走った。

足の痛みはしだいに本格化し、足首からふくらはぎ、そして大たい部へとはい上がってくる。わずかな古傷が、雨と寒気にさらされて、体内への放電を始めたのだ。キリッ、キリッと鋭い疼痛——やがてものあたりが硬直して動かなくなった。

四三はついに歩いた。ビショ濡れの体が、ガタガタと寒さにふるえる。三十八キロ地点に渡欧中の柔道家会田彦一五段が立っていた。

「もう少しだ、がんばってくれ」

気は焦る。体は動かない。走ったり、歩いたり…そのうち、今までに抜き去ってきた外国人たちが二人、三人と四三を置きざりにして前方の雨の中へ消えていく。降りしきる無情の雨、頬をつたう水の流れに口惜し涙がまじった。

夢はふたたび消えた。痛む足をひきずりながら、四三が悲壮な姿でゴールインしたのは16位、記録は2時間48分45秒であった。茂木が20位、八島21位、三浦24位、いずれも意外な寒気に打ちのめされての敗退だった。優勝はフィンランドのコーレマイネンで2時間32分35秒8、四三に故障さえ起こらなかったなら、当然出せたはずの記録だったのだが…。

こうして、さいごの期待をかけられたマラソンも敗れて、日本陸上陣は総くずれ。クロールの泳法すら知らなかった内田、斎藤の水上陣も全滅した。

しかし熊谷一弥、柏尾誠一郎のテニス勢は縦横無尽の大活躍。『東洋に日本あり』と地元の新聞を騒がせた。シングルスの熊谷がアロンゾ（スペイン）、ラベレーユ（ベルギー）、ラマン（同）、ドッド（南アフリカ）、ウィンスロー（同）の強豪を連破し、決勝では南アフリカのレイモンドに敗れたが銀メダルを獲得。またダブルスの熊谷・柏尾組もワッシャー・ラマン組（ベルギー）、ノルトン・レイモンド組（南アフリカ）、ブランシ・ブルニヨン組（仏）を破って決勝進出。英国のターンバル・ウースマン組と激戦を演じたあげくこれも2位となったのである。日本スポーツ史に特筆大書すべき偉業であった。

〔ゲルマン民族のたくましさ〕

大会が終わって日本選手団は一応現地解散、二週間後にフランスのマルセイユに集結することになり、選手たちはいくつかのグループに分かれて欧州各地を巡遊した。四三は三浦弥平、蓮見三郎と一緒にまずドイツへ行った。欧州大戦に敗れた後のドイツ人の暮らしを見ておきたかったのである。

物資は極度に不足していた。町の雰囲気は暗い。子どもたちはハダシで歩き回っている。その顔色は冴えず、衣服もヨレヨレのみじめな姿であった。四三たちは敗戦のいたましさに胸がうずく思いだった。

九月初めのある日、三人はベルリンのオリンピック・スタジアムを見に行った。四年前、絶好調だった四三の活躍が期待されながら「夢の檜舞台」となってしまったところだ。競技場の周囲を包むリンデン（菩提樹）の並木は、すでに紅葉していた。グラウンドの中では数千の学童たちが集まって運動会が開かれていた。痩せこけた青白い顔、顔、顔…だがその瞳は新しい希望に満ちている。

ワラくずまじりの黒パンをかじり水を飲みながら細々と生きていく毎日だ。それなのに、児童たちはけんめいに運動競技に熱中している。なんとたくましい気魄。ふたたび立ちあがろうとするゲルマン民族の粘り強さ。

そして町中の小公園や広場ではたくさんの婦人たちもまじって全市民がスポーツを楽しんでいた。四三は五年前、久留米で見たドイツの捕虜たちのことを思い出していた。

〝「女性とスポーツ」。国力の源泉はここにある。不屈の闘志もここから生まれ出るのだ。ドイツはきっと立ち直るぞ〟

生活の奥の奥まで、しっかりと根をはっているスポーツへの親しみ――四三にとっては目を見張るような感動の光景であった。

ドイツには四、五日滞在してあちこちを見て回ったが、ある日単独行動をとった三浦弥平が、夜遅くなって目を輝かせながらホテルへ帰ってきた。

「見つけましたよ」

「いったい何を見つけてきたんだ」と四三は不審顔である。

「下宿です。なるべく安いところをと思ってずい分探しました」

「えっ、下宿？　ドイツにはあと二、三日しかいないのにどうして」

「金栗さん、私は居すわるつもりですよ。このままドイツにいて働きながら勉強します」

真剣な顔だ。四三も蓮見もあっけにとられた。

〝この無口なおとなしい男が…、よくもやったり〟

四三は愉快になった。

三浦はそのときからドイツに住みついた。二、三年後、生活が苦しくなったとの便りをよこし四三が日本から送金してやったこともある。その後どうにかがんばり通し、大正十三年のパリ大会には、ドイツから駆けつけて日本代表として参加するという変わった男だった。

ベルリンで三浦と別れた四三と蓮見の二人はスイス、イタリアからフランスのパリへ回り、予定通りマルセイユで選手団一行と合流。長い船旅をつづけて、日本へ帰りついたのは十月の初めだった。

女子体育の振興

〔お転婆の担任に〕

帰国後の四三がまず第一に考えたのは女子体育の振興ということである。敗戦後のドイツで見たスポーツに親しむ婦人たちの強烈な印象からであった。

独逸学協会中学への復帰をあきらめた四三は、その年の暮れまで北海道の小樽に遊び、こんごの女子体育の普及策についていろいろと構想をねった。そして翌大正十年の初めから東京女子師範へ奉職することになる。

女子師範への勤務を思い立ったのは女子体育の重要性を説く四三の意見に共鳴した嘉納治五郎が「ここならば」と同校の高橋清一校長に紹介してくれたからであった。

「女子スポーツの普及こそ、国じゅうを明るく健康にするものだ。オリンピックには女子の競技もある。これから大いに女性の体育を推し進めていきたい」

四三が言えば、高橋校長も大満足の様子。

「実は私もテニスが好きで生徒たちにやらせている。一部には女の子に運動をやらせるなんて…と反対する声もあるが、私としてはそういう周囲の空気を和らげて、女子でものびのびとスポーツを楽しめる時代を一日も早くつくりたいと思っている」

二人は大いに意気投合した。話はとんとん拍子に進んで、数日後には四三の東京女子師範奉職が決まったのである。しかし四三としては、勤務のかたわらいくらかの自由な時間をもち、まだしばらくは走りつづけようという気持ちがある。「よかったら、講師という待遇にしていただけませんか」と頼み込んだ。

「いやいや、とんでもない。あなたには担任になってもらいたいクラスがあるんですよ。とくに事情がありましてね」と高橋校長は真剣な表情。

「特別な事情というと？」

「それが二年一組でして、四十人ばかりのクラスなんですがホトホト手を焼いとります。丙午《ひのえうま》の娘たちと申しましょうか、とにかく手のつけられぬお転婆ぞろいで、わが校にも男子の教員は相当いるのに誰も抑えることができんのです。金栗先生、このクラスをうけもって根本からたたきなおしていただけませんか」

「ははあー、ジャジャ馬ならしですな」

四三はニヤリと笑う。こういうことには非常に興味があるのだ。とにかく、いたずらでしょうがない生徒をやんわりと手なずけていくのは彼の得意でもある。

「そうですか、それなら喜んで担任をやらしてもらいましょう」

なかなかウンとは言うまいと思っていた四三が簡単にひき受けてくれたので、校長も大喜びだった。

学校は小石川竹早町にある。四三はわざわざ遠いところを選んで日暮里駅の裏手にあたる滝野川に家を借りた。毎日往復三里の道を歩いたり走ったりで通勤しようというのだ。

「オリンピックの金栗先生がくる。しかも私たちの担任だって」

二年一組のお転婆たちはドッと歓声を上げた。

〔ジャジャ馬もたちまちファンに〕

大正十年一月、三学期の授業開始と同時に四三は東京女子師範の教壇に立った。

その第一日。地理の教材を抱えた四三は、ガラッと勢いよく教室の戸を開けた。とたんに何か白いものが頭の上にコツン。待ちかまえたように生徒たちの笑い声が起こる。落ちてきたのは戸口にはさんであった黒板ふきだ。

〝ハハア、これだな〟

ピンときた四三は、知らん顔でそのまま教壇に立った。頭のてっぺんから顔も洋服も白墨の粉が飛び散ってまっ白である。生徒たちはいたずらっぽくニヤつきながら、彼がどういう態度をとるかと見守っている。

だが四三は少しも変わらぬ淡々たる表情だ。白墨の粉をはらおうともしない。そしていきなり出席をとり出した。

「中村ッ」「鈴木ッ」…。

生徒たちはびっくりした。女子師範では出席をとるとき「〇〇さん」と「さん」をつけける習慣だった。四三はそんなことにとん着なく、シャーシャーと呼びすてにしていくのだ。度肝を抜かれた生徒たちもついつられて「ハイッ」「ハイッ」と元気に返事をする。

それが終わると、四三はさっそく地理の授業を始める。あいかわらず白墨だらけのままだ。新顔の先生の驚きと怒りを想像していたお転婆たちはポカン…。四三が怒り出したら、ヤンヤの喚声をあびせてさらに困らせてやろうと張り切っていたのに、その期待は完全にはぐらかされてしまった。

先生がさっさと授業を始めたのだから、ノートをとらぬわけにはいかない。一時間目の授業は欧州各地の風物だった。過去に二度も現地を歩いてきた四三の話には実感がこもっているし、魅力がある。そのペースにまき込まれて、授業はスムーズに進んだ。

四十分ほどで講義は一段落。そこで初めて四三はニタリと笑った。

「ハッハッハッ…。お前がたはなかなか元気がいいな。私はお前がたのようなお転婆娘が好きだよ」

さすがのジャジャ馬娘たちもアッケにとられた。四三はニコニコ顔でつづける。

「若いころは、元気があるほどいい。だがねぇ、みなさん。私には何も遠慮なんかせんでいいけれど、気の小さい先生だったら大変なことになるぞ。これからは他の先生がたに向ける情熱はぜんぶ私一人に集中しなさい。今日ぐらいのいたずらなら大いに結構。なおかつ馬力があまったら本を読み、勉強しなさい。そして外へ出て走り回るんだ」

女生徒は他愛ない。一人が「ステキだわぁー、金栗先生」とすっ頓狂な声を上げた。ワーッと上がる歓声と拍手…教室じゅうにたちまち明るい熱気と笑いが流れる。モテた四三も大声で一緒に笑った。

そのうち、一人がツカツカと歩み出てペコリと頭を下げる。

「先生ッ、犯人は私です。すみません。おわびのしるしに白墨の粉をおとさせていただきます」

そう言って生徒はハンカチを取り出し、バタバタと四三の頭や顔をはたき始めた。

「ホホウ、自首してきたか。その上大掃除までしてくれるのかい。よし、よし」

すこぶる満足そうな顔で四三は笑っている。生徒たちもいっせいに拍手を送った。何とも愉快で和気あいあいな一時間目であった。

こうして「ひのえうま」と言われるほどの猛婦たちも、コロリと四三に参ってしまったのである。

「われらのパパ」――この日から生徒たちはそう呼んで四三になついた。他の先生たちの授業のときとは見違えるようにまじめになった。成績もぐんぐん上がってくる。

「金栗先生、やりましたなぁ。おみごとです」

高橋校長も大満足であった。

授業が終わると四三は毎日校庭に飛び出した。ミツにたかるアリのように、生徒たちもたくさん集まってくる。今日は陸上競技、明日はテニス…。彼は腕の振り方、足の運び方、ラケットの持ち方…とていねいに初歩から指導した。ハオリ、ハカマに、四三奨励の金栗足袋をはいた生徒たちは楽しそうに飛んだり跳ねたり。熊本なまりのユーモラスなコーチングにたえず爆笑がわいた。

〔初めてのテニス大会〕

日本の女性スポーツのさきがけをなしたのは、明治の末ごろ、一部の女学生の間に流行した自転車乗りであった。おさげ髪や束髪に結った彼女たちは長袖にハカマ、クツばきといったいでたちで、さかんに自転車を乗り回し、周囲の人たちを驚かせたものである。

『寮の二十余人の人々は、われもわれもと飛び出でて自転車のけいこ、をかしともをかし。…くつがへりてしろき脛のあたりまでもあらはなる。恥しがりていそぎて起きあがらんとするも袴のすそなどそこらにはさまりて、之とりがたく、あわてとまどふさま、げにげに一寸の大さわぎなり…』

これは当時の雑誌が紹介した女子大生たちの自転車遊びのもようである。

また明治から大正にかけて毎年秋に開かれた日本女子大学の運動会も非常な人気があった。明治三十四年、飛鳥山にある渋沢栄一男爵の別邸で行った非公開の運動会がそもそもの始まりで、翌年から父母や教育家、新聞記者なども招いて年ごとに盛大になった。運動会といってもハオリ、ハカマ姿で自転車やバスケットボール、球拾いなどをやっていたのである。

しかし一般的にはまだまだ女子の運動に対する世間の風あたりは強く、学校同士の対抗競技など大正十年ごろまではほとんど開かれていなかった。

さて、東京女子師範での四三は、その年の新学期から生徒たちに本格的なテニスの訓練を始めた。そしてすでに高師を卒業し、東京帝大の国文科に籍をおきながらお茶の水付属女学校の講師を務めていた弟子の山岸徳平と図って、女子テニス大会を開こうと計画した。

山岸はアントワープ帰国後の四三から女子体育の必要性を聞かされて、大いに共鳴し、自分でもお茶の水の女生徒たちにスポーツを奨励していたのである。「そうですねぇ金栗さん。女性も立派な体が必要です。薄っぺらな胸やお尻は魅力ないです。スポーツによってまずボリュームをつけることですね、ボリュームを」と口グセのように言っていた。

二人はまず時事新報に森島直造記者を訪ねて女子テニス大会の構想を話した。四三は過去にいくつもの大きなスポーツ行事を企画実行したプランナーとしても有名だ。その四三が「絶対に成功しますよ」とタイコ判を押すのだから時事新報社もたちどころにＯＫ。

四三たちは東京市内の女学校を回って参加を勧誘した。ところがお茶の水付属女学校の藤井利喜主事がまず反対ののろしを上げた。「対抗試合なんてとんでもない。女の子に対抗意識を植えつけたらどうなります。第一しとやかさがなくなる。お嫁に行って旦那さんに対抗意識をもやしたら大変なことです」と言うのだ。

麻布の第三女学校長小林盈も同意見。困った四三と山岸は、当時性教育などに関心をもち、進歩的な校長と言われていた府立第一高女の市川源蔵を訪ねたが、これも色良い返事はしてくれなかった。

「なんだい、モノ分かりの良さそうな顔をしているくせに校長族というものはみんな石頭だ」

プリプリ腹を立てた四三と山岸は「よーし、みておれ」と一計をめぐらした。まず女子学習院で体育主任をやっていた高師先輩の今井熊太郎を通して「大会当日、皇族の女王殿下のご臨席を仰ぎたい」と申し入れた。今井の頼みがよほどみごとだったとみえて各宮家からは即座に「よろしい」との返事。喜んだ二人は、次に文部省普通学務局長明石鷹一郎を説き伏せて当日の列席を承認させた。

大正十年九月三十日。竹早町の女子師範校庭には、四三門下の女子師範生徒と藤井主事の目を盗んで参加する山岸一門のお茶の水の選手たちがぞくぞくと集まった。天気晴朗、爽やかな秋風が吹いて申し分ない大会日和だ。やがて竹田宮、伏見宮、梨本宮…お付きの者を従えた満艦飾の女王殿下がしずしずとご入場になる。「気をつけッ」「礼ッ」と四三の大号令。殿下たちはコート横の校舎二階裁縫室に金屛風をめぐらしてのご観戦である。明石文部省普通学務局長がこの快挙をたたえ、女子体育の必要性を強調するあいさつをする。審判長は高師先輩の葛原滋。

こうして、日本初の女子テニス大会は盛大に挙行された。大成功。翌日の新聞は各紙いっせいに大会のもようを報じた。スポーツの大会に宮さまのお成りがあったのも空前のことだし、女学校の元締めである文部省の明石局長が女子体育を賛えて一席ブッたというのだから、東京じゅうの女学校長が口あんぐりで驚いたのは言うまでもない。

この大会では女子師範の堀越・大橋組が勝った。

〔成績の向上と健康美〕

竹早町の東京女子師範コートで開いた第一回女子テニス大会の大成功以来、気を良くした主催者の時事新報は、以後毎年大会を開催して女子スポーツとテニスの深いつながりをつくり上げた。

四三は同じ大正十年の十一月、朝日新聞の運動部長小高吉三郎を説き伏せ、陸軍戸山学校グラウンドで同新聞社後援の女学校陸上競技大会を開いたが、これも成功であった。当時のもようを体育協会発行の雑誌『アスレチックス』は『躍動の女性』と題して次のように書いている。

『会場の入口には「第一回女子連合競技大会会場」と掲示されて女学生の団体が自転車やら徒歩やらでひしひしとつめかけていた。一時半となるや八校の精鋭百八十人の女丈夫は堂々と隊伍を整えて会長席の前に整列した。ここに集まった選手はいずれも肉体美の所有者であった。

「体育の普及は女性美を破壊するものだと思ったら、そうでもないね」、来賓席の一角に陣どった男が突然口を切った。

「一体、女の運動家なんてものはあまり良い格好の者は少ない。否身体が丈夫になるといわゆる大正美人になっちまうからね。今日の選手たちも大方大正方式だろうと思ってきたところが、まんざらそうでもないね」

「馬鹿に感心してるね。君は運動家のくせに女に対しては夢二式（竹久夢二の描く細面、柳腰の女性）を理想としているようだったが、そんな女をこの運動場に連れてきて立たしてみたまえ。見られたざまじゃないよ」

「もう五十ヤードが始まったな。クラウチング・スタートとは実に進んだもんだな。決勝点の向こうには活動写真と写真班がまるで写真競技会でもやっているようだな。なんだスターターはピストルじゃなくて赤旗だな。電車や汽車じゃあるまいし」

選手はゲット・セット（用意）の体勢に移るとともに顔をスターターの方向に回して赤旗を見つめた。旗は上がった。選手は一斉にかけ出した。応援団が黄色い声を張り上げて騒ぎ立てたのも約七秒五分の二の瞬間であった。

運動を好む女子の方を「お転婆だわ」と一笑に付したのは昔のこと。今ではこうした方々こそ新日本の女性を代表しているのでございましょう』

雑誌『アスレチックス』が体協の機関紙だから、もちろん女子体育を奨励する記事になっているが、そのころの一般的な考え方もしのばれて興味深い。

四三の尽力で東京女子師範は関東でも有名なスポーツ奨励校の一つに数えられるようになった。しかし、その課程において教員父母の全部が初めから彼のやり方に賛成していたわけではない。

女の先生などは四三に対しては直接言わなかったが、運動をやる生徒を時折捕まえては「ちょいと○○さん。どうですか顔から手足までまっ黒になって、お嫁のもらい手もなくなりますよ」と皮肉ったりする。

また、運動嫌いの父母は「金栗先生、あなたのおかげで大事な娘が色は黒くなるし、帰りは遅くなるし、ご飯も男のようにガツガツ食って困ります。それに毎日大根足を投げ出してさすってばかりいるんです。どうも格好が悪くてね。なんとかなりませんか」と言ってくる。

そのたびに四三は「はあー、そうですか。どうも、どうも」とサラリと受け流す。

しかし四三の方針は勉強第一、その余暇に運動をやらすのだから、生徒たちの成績は下がるどころか急ピッチの上昇だ。それに性格も愉快で明るくなり健康そのもの。かえって親たちの言うことも聞くようになる。一年も経つころには、最初皮肉を言ったり文句を言ったりした教員や父母たちも、スポーツの健全な効果を認めざるを得なくなってしまった。

初めのころ「やめさせてくれ」とどなり込んできていた父母が、やがて「金栗先生、おかげさまで」と菓子折りの一つももってお礼にくるようになり、そのあざやかな変身ぶりに四三もニガ笑いをしたものだ。

休みの日には生徒たちを引き連れてボート漕ぎに行ったり、富士山に登ったりのレクリエーション活動も実行する。四三をしたって集まる生徒はいつも四、五十人を下らなかった。

こうして、大正十二年には東京や近県の学校を糾合して関東女子体育連盟をつくり上げたし、四三の手で育てられた生徒の中から、翌十三年に始まった明治神宮大会の名選手が次々と生まれ出たのである。

〔スポーツ嫌いの校長排斥〕

スポーツ好きの高橋校長は非常な喜びようである。反対派の一部の教員たちに対して、強制はしなかったが、四三のやることに、いつも拍手の応援をしてくれるのだから、学校じゅうがしだいにスポーツ一色に塗りつぶされていったのも当然のなり行きだった。

四三の着任二年目には、教員も生徒も父母も、ほとんどがスポーツ礼賛派に変わってしまった。そして大正十二年初めの職員会議では「毎週土曜日の最終時間には全教員が校庭に出て何らかの運動をやる」という決議を行ったのである。

男の教員も女の先生も小使いさんも、入り乱れてのレクリ・スポーツが始まった。テニス、サッカー、バレーボール、野球…教職員のあいだにいろんなチームが出来上がる。土曜日だけの予定でスタートした教職員スポーツ・デーはやがて毎日の放課後にも行われるようになり、日曜日でさえたくさんの教員、生徒が校庭に集まってワイワイと楽しい汗を流した。

こうなると教員たちも、もう校内だけでの楽しみではおさまらなくなる。青山師範や豊島師範、さらには運動好きの会社や官公庁まで押しかけてさかんに親善試合をやった。生徒たちも強いし、教員チームもなかなかの腕である。

竹早町（東京女子師範のことを一般にはこう呼んでいた）はたちまち東京でも評判の名物校になった。同校に転・新任してくる教員たちは、異動が発表されると「赴任前に相当の練習をつんでおかないと恥をかく」とばかりに大あわてのテニス練習をやったりしたものである。四三を迎えて同校のスポーツ黄金時代をつくり上げた高橋校長は大正十三年の暮れ、職員、生徒に惜しまれながら病気で亡くなった。

後任の校長として文部省からきた滝山は、前校長とは逆で名うてのスポーツ嫌いだった。着任早々、学校挙げての運動好きにあきれかえって渋い顔をしたが、すでに手のつけようもないほどの隆盛ぶり。それに滝山はおとなしい性格だったので、一般教員との間に若干の感情的なへだたりはあったが激化した対立はなく、どうやら無事に三年余を勤め上げて他校へ転任していった。

昭和三年、その後にやってきたのが田中一元である。これがまた滝山前校長に輪をかけたようなスポーツ嫌い、しかも頑固一徹の老人ときている。着任早々、猛烈なスポーツ弾圧をやり始めた。驚いた若手の教員たちが現在までのいきさつや、そのすばらしい効果を口を酸っぱくして説明してもガンとして聞き入れない。「運動なんぞ女には無用のことだ。しかも上級学校の合格率にひびくことも間違いなし」と言い張るのだ。

〝よし、そう言うならみておれ〟とばかりに四三をはじめ元気者の教員たちが結束して、運動の他に自発的な課外授業をやり始めた。生徒はもちろん父母たちも四三側をバック・アップするのだから成績はさらに上昇する。そして翌昭和四年の同校の上級学校への進学率は東京市内でも最右翼になった。

「これならどうだ」

四三たちは、これで校長も妥協するだろうと高らかな勝ち名のりを上げたつもりだったが、田中校長はあくまで頑固に自説を曲げない。

校内にはゴウゴウたる校長排斥の火の手が上がった。十数人の若手教員が校長の教育方針変更を要求して立ち上がる。生徒たちもそれに同調する。急を聞いて駆けつけた数百の父母たちが講堂に集まって校長退任総決起大会を開く。過激分子は文部省や東京市庁にもどなり込んで田中校長の転任要望書をつきつける。

やがて四三たち一部教員の辞職問題までうわさされるようになり、この事件は怒り心頭に発した生徒たちの同盟休校にまで発展した。授業をボイコットした数百の女生徒が、校長排斥のノボリを掲げて上野のヤマにたてこもり、ワイワイと騒ぎ始めたのだ。当時としては珍しい女学生のストライキ。新聞はデカデカと書きたて、町の有識者もこぞって校長の横暴、頑固さを非難した。

しかし文部省、市庁など役人の頭はコチコチであった。反対派に対して「まあ、まあ」となだめるだけで、ついに田中校長の進退問題には一言もふれず、スト騒ぎまで起こしたこの事件もウヤムヤのうちに終わってしまった。すでに辞職を決意していた四三は、素知らぬ顔で有志生徒を集めては運動の練習をつづけ、翌昭和五年の試験休みには、陸上競技、バレーボール、ピンポンの生徒たち二、三十人を引き連れ、東京をふりだしに中国、九州地区の遠征旅行をやってのけた。もちろん熊本にも寄った。宇土虎雄が熊本の女学生たちをかり集めて竹早チームとの親善試合をやらせ、熊本の女子スポーツに発展のきっかけをつくったのもこのときである。

この旅行が、大正十年以来、満十年間を過ごしてきた四三の東京女子師範への最後の置き土産であった。帰京後まもなく、彼は同志の若い教員十数人とともにスッパリと辞めてしまったのである。

〔樺太―東京間を走破〕

東京女子師範に奉職してまもないころ、四三は長距離仲間の生田喜代治と図ってアメリカ大陸の横断を計画したことがある。太平洋岸のサンフランシスコから大西洋岸のニューヨークまで、えんえん四千五百キロを走破しようとの大構想である。

生田は北海道小樽生まれ。早稲田大学の出身で体も大きく豪快無比の快男児。学生時代は関東でも一、二を争ったほどの名選手であり、草わけ期の早大競走部の基礎を固めた人物として知られている。大正四、五年ごろが全盛期で、ベルリンのオリンピックが予定通り開かれていたら、四三らとともに出場して相当の活躍をしていただろう。

二人は顔さえ合わせれば、北米大陸の地図をもち出して距離を測ったり、日程を組んでみたり、横断計画を真剣に話しあった。だが考えてみると一日に五十キロずつ走ったとしても三ヵ月はかかるし、準備期間や費用だってバカにならない。結局教員という勤めをもっている四三には夢にすぎなかった。

しかし生田はこの壮大な企画があきらめきれず、まもなく単身アメリカへわたった。その後「働きながら練習している。金ができたら必ず実行する」という手紙をよこしたこともあって四三をうらやましがらせたが、ついに実現できず、二、三年後メキシコで一人寂しく亡くなった。

米大陸横断は実現できなかったが、四三は大正十一年の夏、樺太―東京間八百二十マイル（約千三百キロ）の走破をやってのけた。相棒は三年前、下関―東京間を走ったときと同じ秋葉祐之である。秋葉はすでに東京高師を卒業し、千葉県木更津中学の教員をしていた。

樺太―東京走破。完走した秋葉祐之（左）と（大正11年8月26日）

二人は七月二十三日、東京を出て樺太にわたり、八月三日朝、日・ソ国境に近い真岡をスタートした。豊原から大泊へ向かう途中、秋葉が馬にけられるという突発事故が起こって前途多難を予想させたが、さいわいケガは大したことなく、がんばり屋の秋葉はそのまま走りつづけた。

大泊からは船で小樽に上陸、札幌、函館からさらに青森へわたり、大館―能代―秋田―横手―新庄―山形―米沢―福島―郡山のコースをとった。こういう長期間の走破も、二人にとってはすでに二度目。準備も周到だったし、途中さしたるブレーキもなく、予定通り東京にゴール・インしたのは真岡出発から二十二日目の八月二十四日だった。

女子師範の奉職時代、四三は関東大震災にあった。死者四万人、家を失った者二百万人という史上空前の地震と大火は、大正十二年九月一日の昼、突然にやってきた。帝都は山の手一帯を残してすっかり焦土と化した。

さいわい竹早町の女子師範は被害を免れたが、四三もぞくぞくと学校に避難してくる人々の世話でてんてこまいの忙しさだった。しかしそれらの世話もまもなく当局にひきついで、暇になった。学校もしばらくは休校状態である。滝野川の家には、四三の世話で学習院に勤めることになって震災の前日、前任地鹿児島から上京してきたばかりの愛弟子宮原治が居候していた。

別に仕事はない。しかし二人はたちまち食料窮乏となった生活の中で、食わねばならず、練習もせねばならず、考えたあげく震災三日目から奇妙な行動を起こした。「宮原さん、今日から焼け跡の見舞いを始めよう」と四三が言う。「いいですね」と宮原。二人は脚半をつけ、リュックをかつぎ、護身用の杖を手にしてブラリと家を出る。

見舞いといっても被災者に持っていってやるものは何もない。悲惨な姿に変わった町々、さ迷い歩く難民の群れ、そして銃剣を構えた兵士たちが辻々に立っている。その間を縫って二人は走ったり、歩いたり、被害の少なかった郊外の農村へ出かけては、食料をいっぱいに買い込んでくるのだ。こんなとき手ブラのマラソン姿で被災地を走り回ろうものなら、それこそ百メートルも行かぬうちに袋だたきにされるだろう。四三発案の、体のいいマラソン練習と食料収集を兼ねた行動であった。

後には横浜の方へ走ったり、埼玉の浦和方面へ出かけたり、男体山頂上までの往復競走をしたり…とにかく、四三は震災のときですら一日も無駄にせず練習をつづけたのである。四、五日もすると、山岸徳平、納戸徳重、佐藤秀三郎らの弟子たちも滝野川の家に集まってきて男ばかりの大世帯、にぎやかな震災後の日々だった。

パリの大会

〔三たび五輪代表に〕

四三が東京女子師範に奉職して四年目の大正十三年、高橋校長の理解と協力で同校を中心に関東女子体育連盟が発足し、女性スポーツも日を追って盛んになった。

一方、高師の後輩をはじめ関東各大学の長距離界にも、四三の手で育てられたそうそうたる顔ぶれの好選手がそろっていた。

もちろん四三自身もコツコツとたゆみないマラソン練習をつづけていたのだが、すでに数え年三十四歳である。彼としては、すでにたくさんの好ランナーも出てきたし、自分の第一線での活躍というより、後輩たちにバトンを渡して彼らの手でオリンピック制覇の宿願をなしとげてもらいたい気持ちの方が大きくなっていた。

その年の五月、東京駒場から調布折り返しのコースで行われたオリンピック予選にも「御大が出なければ全員の士気が上がりませんよ。ひとつ伴走のつもりで走って下さい」という周囲の希望でやむなく出場したのだった。

その日はアントワープ大会のときを思わせるような、雨が降る寒い日であった。四三は門下の俊秀五、六人と一緒にトップを走る。いろいろとこまかい注意を与えながらの伴走役である。ところが冷たい雨にたたかれたせいか〝もうオレより強い〟と思っていた若手の選手が次々に落伍していく。これには四三もビックリした。

残った一人に「オイッチ、ニッ」と気合いをかけながら走る。しかしこの選手もすでに青タレて元気がない。そのうち村岡という埼玉出身の無名の青年がサッと追い抜いてトップに立った。一度ビックリである。「おいっ、名もない選手に抜かれるとは何事だッ」と四三がどなる。だがその弟子はもうフラフラだ。

「先生、私にかまわず行って下さい」となんとも寂しい声を出す。ここで四三も決心した。〝四三一門の猛者たちが全滅したと言われては申し訳がない〟とばかりにビュンビュン飛ばし始めた。村岡という小柄な男もなかなか強い。四三がこれを抜いてやっとトップにたったのはゴールまであと一キロの地点だった。記録は2時間36分、2位が村岡で、3位には中大出の田代菊之助が入った。

四三の門弟たちはほとんどが落伍。〝せめて完走でもしてくれていたら…〟と四三を嘆かせたが、全員落伍ではいかにかわいい弟子たちでも代表権をゆずってやるわけにはいかない。

こうして四三は〝不本意ながら〟三度目のオリンピック代表に選ばれたのである。村岡は過去の戦歴がないということで、もう一人の代表には3位に入った田代が選ばれた。

〝日本代表として出場する以上は絶対に負けられん〟

三十四歳の四三はふたたび猛烈な練習を始めたのである。

パリのオリンピックには金栗、田代のマラソン組の他、陸上では谷三三五、納戸徳重、織田幹雄、上田精一、水泳の高石勝男、小野田一雄、斎藤巍洋、宮畑虎彦、野田一雄、石田恒信、レスリングに内藤克俊、庭球は福田雅之助、原田武一らが日本代表として参加した。

また当時ロンドンの大使館に勤めていた中距離の岡崎勝男、アントワープ大会以来ベルリンに踏みとどまって苦学力行をつづけていた変わり者三浦弥平も現地で選手団と合流、日本代表の一員として参加したのだった。

四年ぶりの再会に四三と三浦は手をとり合って互いの健康を祝した。

「金栗さん、何度も金を送ってくれて…。なんとお礼を言ったらいいか。おかげで私はがんばり通すことができました。マラソンの練習もずいぶんやりましたよ」

懐かしそうに語る三浦の顔には四年間の苦労のあとがにじんでいた。着ている背広はヨレヨレである。

「よかったなあ、三浦さん。よくやったなあ。あんたと一緒に走れる日がふたたび来ようとは思ってもいなかった」

四年間のお互いの生活のこと、駒場の予選のこと…二人の話ははずんだ。現地での練習も久しぶりで一緒にやった。会場のパリ郊外には、大規模なオリンピック村がつくられ、日本選手たちも、このときから選手村を利用するようになった。

四三の元には「われらのパパしっかり」というローマ字の電報が女子師範の教え子たちから連日のように届いた。

〔ついに第一線から身を引く〕

パリ大会の英雄は不世出の名長距離走者といわれたフィンランドのヌルミであった。このとき二十七歳。ズバ抜けた走力で、千五百、五千メートル、クロスカントリーの個人、団体、三千メートル団体競走に優勝し五つの金メダルを獲得した。

全般的にはやはりアメリカ勢が強く各種目の上位をさらったが、オリンピック三度目の日本もかなりの進出をみせた。

十九歳で初陣の織田幹雄が三段跳びで6位に入り、日本陸上の初入賞をはたせば、水泳でも高石勝男が百メートル、千五百メートルの両自由形にそれぞれ5位、百メートル背泳の斎藤巍洋が6位、八百リレーも宮畑、野田、小野田、高石のメンバーで4位を占めた。前回のアントワープ大会で気を吐いたテニスはふるわなかったが、レスリングではアメリカ留学中の内藤克俊が柔道の技を生かしてフリースタイル・フェザー級で3位に入賞してメダリストとなった。

そんな中で、マラソンは三度目の失敗をくり返した。マラソンレースの行われたオリンピック最終日は、十二年前のストックホルムを思わせるようなジリジリと暑い日だった。四三と田代は前半からぐんぐん飛ばして積極作戦に出た。四三としてはこれが最後の機会、思い切ってイチかバチかのレースを試みたのである。

しかし結果はまたも悲惨であった。二十キロ付近で田代が倒れ、四三も復路三十二、三キロあたりで意識が薄れ、ついに落伍してしまったのである。暑さのせいもあった。だがそれより大きな敗因はレース前の睡眠不足にあったようだ。

パリ大会で激走する四三

四三は考えた。〝オリンピックのマラソンはいつの大会でも最終日だ。そのころには他の選手のほとんどは自分のレースを終わってホッとしている。したがって宿舎への帰りも遅い。マラソン選手はレース前の緊張感と、他の選手の夜遅くまでの騒がしさでほとんど眠れない。自分の敗因もおそらくここ四、五日の睡眠不足にあったのではないだろうか。そのうえ、年齢的な峠も越してしまっていた〟

四年に一度のオリンピックで勝つことは非常に難しい。実力と最高のタイミングと周囲の条件…これらの全てがマッチしたときにしか勝利は生まれないのだ。その意味では世界記録を樹立することよりはるかに困難である。五輪の金メダルの厳しさがそこにあった。

過去数度の世界記録を樹立し、日本スポーツ界草分け期の推進力となってきた四三も、こうして檜舞台での勝利の機会を永久に失ってしまったのである。この大会を最後に、四三は日本マラソン界の第一線から身を引いた。

明治四十三年の高師入学以来、ただもくもくと走りつづけてきた長い間の努力と研究の成果も、ついに陽の目を見ずに終わった。思えば、四三にとっては苦難にみちた十五年間の第一線選手生活であった。

パリから帰ってまもなく、国内では第一回の明治神宮競技大会が開かれた。日本で初めての総合的な全国体育大会である。

熊本からも浅野止（八代）名和継代（八代）米津午郎（球磨）豊住幸男（熊本）木村数男（飽託）田島己市（八代）赤池元男（球磨）鹿辺逸（菊池）松村清（八代）村上昇（熊本）上田政八（同）らの若手選手が飯星良弼にひきいられて出場、一般の部の浅野止が千五百メートルに4分25秒0の優勝をとげて気を吐いた。

四三はもっぱら大会の世話役として走り回ったが、暇をみては熊本の選手たちを訪ねて激励し、中央の有力者との連絡や紹介役を務めて感謝された。

昭和三年十月二十日、四三は宮原、山岸、古田島、枇杷坂らの弟子たちに呼びかけ、全国学生マラソン連盟の主催で御大典記念東京—京都間駅伝競走をやった。当時田中義一内閣の書記官長を務めていた鳩山一郎を会長に据え、陸連会長の平沼亮三と文部省体育課長の北豊吉を副会長、その他大臣や沿道府県知事を顧問にひっぱり出しての盛大な催しである。

全国四十六府県と樺太、北海道、朝鮮、台湾を加えた五十行政区からそれぞれ一人の代表を出させ、京都以西を西軍、滋賀以東を東軍とした東西対抗形式による空前の大規模なレース。結果は大接戦のすえ僅差で西軍が勝った。大成功。四三のすばらしい企画力と実行力に開、閉会式に列席したお偉方もそろって賞賛の辞を惜しまなかった。

東京を去る

〔気楽にのびのび…大陸旅行〕

スポーツぎらいな校長との意見対立から、昭和五年の春、東京女子師範の教壇を去った四三はそのまま郷里の熊本へ引き揚げるつもりだった。しかし彼の周囲は猛反対だ。「せっかくここまでやってきたのに、いまさら田舎へひっこんでしまうのはもったいない」というのである。

四三と同じ玉名の出身で文部参与官をやっていた大麻唯男も乗り出して「金栗さん、お茶の水女高師に話をつけてきたから、そこの講師でもしながらいましばらく東京にいてはどうか」と言ってきた。聞けば、講師といっても別に仕事らしいものはないようだ。

「肩書だけで、授業もやらずに給料をもらうのは心苦しい」と四三は固辞したが、周囲が寄ってたかって彼をお茶の水に送り込んでしまった。「それなら一年だけ」と彼も承知はしたが、なんともヒマな毎日である。

放課後になると学校へ出かけ女生徒たちをひっぱり出していろんなスポーツをやらせる。母校の高師徒歩部へ出かけて後輩たちの面倒もみた。また、要請があればあちこちの中学、師範などに出かけてマラソンの普及指導をする。

数え年三十九歳になった四三にはすでに四人の子どもがあった。休日を利用しては女高師の生徒や妻子をひきつれてよく富士登山をした。幼い子どもたちの手をひいたり、おぶったり…良きオヤジぶりに女生徒たちも「すてきなパパだわ」と感心したものである。

その年の夏、秋田地方の指導旅行に出かけているとき、四三は「兄危篤」の電報を受けとった。とるものもとりあえず故郷へ駆けつけたが、兄はすでに息をひきとっていた。急性肺炎だった。

四三が玉名中学へ上がる少年時代から、早逝した父に代わって一家の主柱となりみんなの面倒をみてくれた長兄実次の死――この兄がいなかったら自分は高師へも行けず、マラソンの金栗とうたわれる今日も築けなかったろう。

厳しい中にもあふれるような愛情を注いでくれた兄。四三にとっては、いつまでも忘れられない深い悲しみの日であった。

翌昭和六年の春、四三はお茶の水女高師を辞めて故郷へ帰ることを決心した。大正三年、高師卒業と同時にスヤと結婚し、小田村の池部家を継ぐことになってから、いつのまにか十七年の歳月が流れていた。その間、四三のわがままを許し、困ったときには月々の仕送りまでしながら寂しい日々を送ってきた養母幾江に対して、孝養をつくすときがやってきたと思ったからだ。もちろん講師という閑職にあって人並みの給料をもらっている自分を、いさぎよしとしない四三の潔ぺきさも理由ではあった。

明治四十三年の春、若い希望に胸をふくらませて東京へ出てきてからすでに二十一年。その間いろいろと世話になった恩師嘉納治五郎をはじめ各学校、体育関係者、茗渓（東京高師系ＯＢ）の先輩、後輩へのあいさつ回りだけでも一ヵ月ちかくかかった。

六月の初め、住みなれた滝野川の家をひきはらった四三は、満州、朝鮮方面の旅行に出かけた。妻のスヤと上の二人の子ども、それにスヤの母、叔母などをひきつれた六人の旅行である。満州方面にいた四三の先輩、後輩たちが二、三年前から「ぜひ一度は遊びに来い」と言っていたし、勤めをやめて自由になった気軽さが四三を大陸への家族旅行にさそったのだった。

第一次大戦の勝利で日本の租借地となっていた青島《チンタオ》をふりだしに、大連へわたり、それから安東へ行った。安東ではスヤの兄が医者を開業していたし、方々に親戚もあって、一行は楽しい旅をつづけた。これまで国内、国外を合わせて数十回の旅行をしてきた四三だが、この時ほど気楽でのびのびとした旅は初めてだった。

行く先々で、頼まれれば講演をしたり、若い学生たちと一緒に走ったりでマラソン普及ということだけは、あいかわらず一日も頭をはなれなかったが、肩のこらない水入らずの楽しい旅であった。

こうして満州から朝鮮へ回り、各地の知人たちと旧交を温めながら、一ヵ月余の旅行を終わって郷里に帰りついたのは七月の初めだった。

郷里での日々

〔子どもたちに走る楽しさを〕

玉名郡小田村の池部家へ帰ってきた四三のところには「ぜひ私のところの校長に」との依頼の手紙が連日のように県内、外の学校から舞い込んだ。

しかし養母の幾江にすれば、四三は待ちに待ったあげく、やっとのことで帰ってきてくれた大事な養子だ。しかも池部家は生活に不自由のない大地主である。「またあんたに出ていかれたら私は寂しくてたまらん。それよりも家にいて好きなマラソンでもやっていなさい」と言う。

四三にしても〝今までは東京にばかりいて郷里熊本に対して何一つご奉公らしいことをしていない。養母に孝養をつくすと同時に、熊本のスポーツ熱をあおってやろう〟という思いがあるから、校長就任の件は全て断わった。

帰郷後間もないある日、小田村の自宅にひょっこり栗本義彦が訪ねてきた。栗本は四三の弟子の一人。高師在学時代は山登りの名人とうたわれて富士登山競走などで勇名をはせ、第五高等学校の体操教官をやっていた。

「先生、おなつかしゅうございます」

「やあ、しばらくだなあ。元気でやっているかい」

「ハイ、元気いっぱいで精力の吐け場に困っとります。ところで先生は？」

「ワシも大いに元気だ。宮仕えをやめて自由の身になったから、これから何をやろうかと考えているところだ」

「そうですか、それはよろしゅうございました。ひとつ九州一周走破につきあっていただけませんか」

「ほう。名実ともに元気がいいんだな。いったいあんたはいくつだ？」

「三十歳です」

「ワシはもう四十だぜ。若いあんたにつきあえるかどうか分からんが、まあやってみよう」

話が決まって数日後に二人は熊本県庁前を出発した。八代から水俣―鹿児島―宮崎へと回るコースである。初めのうちはさすがに栗本が強く、四三は彼にひっぱられて走る格好だった。しかし距離は長い。後半に入って大分―福岡を走るころには栗本も疲れてちょうど同じペースになった。すでに地方のスポーツも相当盛んになっていた。各地の新聞がデカデカと書きたててくれ、沿道には多数のファンが繰り出してにぎやかな二十日間だった。

四三としては大正八年の下関―東京、同十一年の樺太―東京についで三度目の壮挙、しかもこの九州一周で日本全国を北から南までことごとく走破したことになるだけに、完走後の喜びは大きかった。

九州一周の疲れがとれると、四三は近くの小田小学校へ出かけて放課後の児童たちと一緒に走り出した。突然のことで校長も初めのうちはヘンテコリンな顔をしていたが、相手が有名なマラソン王だ。彼がやってくれば校庭へ出てあいさつの一つもせねばならない。話しているうちに校長も四三のファンになった。児童たちも「金栗さん」「マラソンのおじさん」となつく。

四三は児童たちを歩かせることから始め、徐々に距離を伸ばして走らせるという初歩の訓練法をとった。一ヵ月も経つころ小田小学校は教師も児童も全員が毎日、四三の後について走るようになった。玉名郡内の各小学校にも出向いて講演をしたり、自ら先頭に立って走ったりのマラソン普及だ。一年後には同郡の中部、北部、東部、南部に荒尾を加えた六地区へそれぞれ立派な優勝旗を寄贈して学校対抗のマラソン大会や駅伝競走をやらせた。

小学生たちに走る楽しみを教え込むと、次は中学、青年層の強化育成に力を入れる。たちまち熱心な金栗信者となった玉名郡体育研究会の北野昇と協力して、週に一、二回ずつ若者たちを玉名中学校庭に集めては話をしたり、郊外へ走りだしてマラソンの練習をやったりする。走り疲れて練習が終わると四三からまんじゅうのご馳走がある。この練習会も日を追って盛大になり、好選手がぞくぞくと輩出した。

玉名郡下にマラソン熱がひろがると、次は県内の各中学に足を延ばしての巡回コーチ、さらに県外へも出かけてスポーツの普及、発展に心血を注いだ。宇土虎雄や飯星良弼、栗本義彦らと図って陸上競技、テニス、卓球などのオール熊本チームをつくり上げ、鹿児島勢とさかんに対県試合をやったのもこのころである。

〔県道工事の先頭に〕

郷里へ帰ってからの四三は忙しい日が続いた。

県内から県外へ、あるときは学校へ出かけて講演をやり、あるときは青年たちを集め自ら先頭に立って走る。「せっかく田舎へ帰ってきたんだもの、いっときぐらいゆっくり過ごしてもよさそうなものを…」と養母や妻は苦笑した。

だが、四三は地元小田村の人たちと楽しくつきあっていくことも忘れなかった。夜になると畑仕事の終わった村の若者たちがブラリと遊びにやって来る。四三は幼い子どもたちをひざや肩にのせてあやしながら、若者たち相手に時の経つのも忘れて語り合った。「マラソンの金栗さん」はやがて村の青年たちの集まりである郷友会の会長にまつり上げられた。「いまさら青年の会に仲間入りする歳でもないが、気分だけはあんたたちよりもっと若いぞ」と言って笑いながら快くひきうける。

そのころ熊本県では不景気の救済事業として県内各地で県道工事をやっていた。昭和八年の冬、小田村の郷友会もその仕事をひきうけて県道工事に乗り出した。

どこの集落でも午前八時か九時ごろから仕事を始めるのが普通だったが、小田村だけは、まだ夜も明けきらぬ五時ごろから集まってヤッサ、ヤッサと働き出す。総大将の四三が時間前には集合所に来ていて五時かっきりに仕事をやり出すのだから、若い者もボンヤリしてはいられない。約百人の会員たちがガッチリとチーム・ワークを組んでもりもりと働いた。

しかし中にはなまける者もいる。四三は自分の仕事のかたわら若者たちの働きぶりにも注意してその日その日の勤務評定をする。一日の仕事が終わると全員が集まってその日の日当を分けるのだが、各人に等分した後、四三は自分のわけまえの中から、とくによく働いた人間を選んで特別敢闘賞を与えるのだった。これに刺激された青年たちは競い合って仕事に精を出す。こうなるともう敢闘賞も決めようがない。四三の日当はそのままそっくり、みんなのおやつ代に化けた。

よその集落では、週に一回ずつぐらい、青年団の幹部たちが集まっては全員の日当からピンハネした金で酒を飲む習慣があったが、小田村だけは四三の意思で一度もそれをやらせなかった。後には、その話を聞いた養母の幾江が「四三、それではあんまり可哀そうだよ。時には息抜きもやらせなさい」と一斗樽を寄贈して主だった者たちにふるまったこともあった。

「なあみんな、われわれがやってるのは自分たちの道路をつくる仕事だ。どうせやるなら何十年たっても崩れないような立派なものを子々孫々まで残してやろう」というのが四三の口ぐせだった。こんな調子だから工事は急ピッチに進む。

たまたま視察にやってきた県の係員も「金栗さん、ああたが総大将でバリバリやっとんなさるので、ここだけは県からの監督官も出しまっせんでしたたい。期待にたがわずすばらしいもんですな」と感心したものである。小田村の県道工事は他の集落より二週間も早く完成した。

四三はこの他にも、農家の暮らしを少しでも豊かにしようと副業の奨励にも力を入れた。

夫婦そろって県庁の農林課に出かけて干し柿の即製法について講習を受けてくる。玉名郡の北部にしいたけづくりの名人がいると聞いては自宅に連れてきてその栽培法を教えてもらう。山を開墾して茶園をつくったり、杉の植林をやったりもした。

池部家の豊かな暮らしでは、もちろんそんなことをする必要もないのだが、自分で成功してみせて他の人たちにもこれを見ならわせようとしたのである。幾江もスヤも大賛成だ。ただ、周りの農家にしてみれば、それも金持ちの道楽のようにうつったのだろう。四三が期待したほどには普及しなかった。

それから二十余年、今ではかつて四三がやってきた干し柿づくり、しいたけ栽培、茶園などが、この地方の農家の重要な収入源になっているのだ。「金栗さんはたしかに先を見る目があった。あの当時から金栗さんの言う通りにやっておれば、ワシらも今はもっとラクな暮らしをしていたかもしれん」と村の古老たちは語っている。

〔後輩の活躍にうれし泣き〕

昭和八年の春、四三は荒尾の八幡小学校へ巡回指導に行っての帰り、ひょっこり懐かしい人物に会った。深草清。

二十八年前、玉名中学の寄宿舎で「金栗ッ、お前特待生になったぞッ」と喜びの第一報をもたらしてくれた先輩である。

玉名中学を出た深草は熊本の高等工業へ進み、卒業後長崎の造船所へ勤めていたが体を悪くしてやめ、荒尾の近郊でナシ園を経営しているという。誘われるままに四三は深草の家に寄った。

日あたりのいい縁側から眺めると、見わたすかぎりのナシ園は今を盛りと白い花を咲かせている。「ナシ園をやるのも面白いぞ。年々収穫がふえて、今では相当の収入もある。丹精込めて育てると、ナシの木も子どものようにかわいくてね」と深草は目をほそめる。四三も花を植えたり果樹を育てたりするのは好きだった。「金栗さん、あんたは今仕事もないのならひとつナシ園でもやってみないか。適当な土地がある。一反が五十円。一町歩買っても五百円だ。いろんな技術は私が教えてあげよう」

美しいナシ園を眺めていると四三も何となくやってみたくなった。

「そうだなあ。考えてみよう。二、三日のうちには返事をするから、そのときはよろしくお願いします」

四三はたわわに実るナシ園を思い浮かべながら家へ帰った。幾江とスヤに、深草のことを話すと「ナシ園も今が満開でキレイだったでしょうね」と言う。「ところでモノは相談だが、ナシ園などやったらどうだろう」と四三は調子に乗ってこう切り出した。

ところが幾江もスヤもとたんに形相を変えた。「ナシ園の経営とは何事です。四三さん、あなたはマラソン一筋に生き抜くことを自分の務めだと言っていたじゃありませんか」と柳眉をさか立てるのだ。四三はハッとした。以前にも一度「田畑を売りはらって私立学校でも経営してみようか」と言って幾江に叱られたことがある。

「すみません。旧友の話を聞いてつい調子に乗り過ぎました」

四三はまっ赤になって養母と妻にわびた。このとき、もし二人の反対がなくナシ園の経営に足を突っ込んでいたら、その仕事に追われて生涯をマラソン一筋に生き抜こうという四三の大目標も、あるいは中途で挫折していたかもしれない。四三は自分の想像以上に自分のマラソン熱を理解してくれている母や妻に対して頭の下がる思いだった。

大正十三年の第八回オリンピック・パリ大会を最後に日本マラソンの第一線から引退した四三は、その後も後輩たちの檜舞台での活躍を遠くから見守っていた。選手たちから直接もたらされる便りやラジオ、新聞のニュースに一喜一憂しながら…。

昭和三年、オランダの首都アムステルダムで開かれた第九回大会には、四国坂出出身の山田兼松が2時間35分29秒で4位に入り、津田清一郎が6位だった。しかも二人は三十五キロを過ぎるまで堂々と首位を突っ走り、ラストで足痛のブレーキを起こしたが、粘りに粘ってついに入賞を果たしたというのだ。過去三回のオリンピックに出場しながら一度も満足な成果を挙げ得なかった自分を思い、四三は後輩たちの大活躍に手を合わせて感謝したのだった。

昭和七年の第十回ロサンゼルス大会では二度目の津田が5位、朝鮮出身の金恩培も6位に入った。四三がストックホルムの大会に初の日本代表として出場してから二十三年目、語り伝えられた「マラソン日本」という言葉は、名実ともに国際舞台でも認められるようになったのである。

そして昭和十一年の夏、孫基禎、南昇竜のマラソン日本勢はベルリンの空高く日章旗を掲げた。レースは激戦また激戦の連続であった。後半しだいにおい上げてきた孫は十二キロで5位、折り返し点の二十一キロを過ぎて3位に上がった。鍛え抜かれた健脚は二十五キロでアルゼンチンのザバラを抜き、三十キロでは壮絶な競り合いを演じた英国のハーパーをも振り切って宿願の勝利街道をひた走ったのである。タイムは2時間29分19秒、世界のスポーツ史上にさん然と輝くオリンピック新記録であった。僚友の南昇竜も2時間31分41秒の好記録で3位の表彰台に上がった。

四三はこの知らせを小田の自宅で聞いた。翌日の新聞にはデカデカとその勝利の模様が書きたてられていた。

『マラソン日本の宿願なる』『世界に誇れ孫選手!』

大きな活字の見出しをくい入るように見つめながら四三はハラハラとうれし泣きした。

東京五輪の夢

〔世紀の大会準備へ…ふたたび上京〕

今では「皇紀」とか「紀元」という言葉はほとんど使われなくなったが、戦前の日本では神武天皇が即位した年を起源として「紀元○○○年」と呼んでいた。

昭和十五年はちょうど紀元二千六百年に当たる。その年を記念して日本で初のオリンピック大会を開こうという運動が起こり東京市会が満場一致の決議をもって誘致活動に乗り出したのが昭和六年の十月だった。

その後ローマとヘルシンキが立候補して第十二回五輪大会誘致は三つ巴の激戦となり、日本の国際連盟脱退で各国の反感をかったこともあったが、嘉納治五郎、副島道正両ＩＯＣ委員の努力と奔走でローマは辞退。昭和十一年夏のＩＯＣ総会決選投票で対抗馬のヘルシンキを9票差で破って東京開催が決定した。

東京ではただちに同年十二月十九日、徳川家達公を会長とするオリンピック組織委員会を結成し、本格的準備のスタートを切ったが、嘉納治五郎から小田村の四三のところへ速達便が届いたのはその直後だった。

「待望の東京大会開催が決まった。関係者はじめ全国民の喜び、これにすぐるものはない。とくに貴君は日本でのオリンピック初参加者だ。五輪への情熱もまた人一倍かと思う。ご承知のようにオリンピック開催は国家の大事業である。貴君もぜひ上京の上、その準備にたずさわる一員として働いてほしい」というのである。

在京の先輩、後輩たちからも四三の即時上京を要請する手紙が連日のように寄せられた。

〝静かな田舎を思う存分駆けまわって、郷土の産業、スポーツの振興のため身を粉にして働こう〟〝二度と上京の野心を起こすまい〟

そう心に決めていた四三だ。しかし、「オリンピックのために」と聞いて彼の胸はさわいだ。幾江とスヤに上京の相談をすると、二人は顔を見合わせて「待ってました」と言わんばかりの表情である。まず幾江が口を切った。

「四三さん、オリンピックはあなたにとって全精魂を注ぐべき仕事です。行きなさい、行って東京大会が無事終了するまでせいいっぱい働いてきて下さい。私も寂しいけれど国家のためだと思ってがまんします。何も心配はいらないのです」

かたわらからスヤも言った。

「ゆうべお母さまと二人でそっと相談したのです。そしたら私も一緒に行ってお国のために働くあなたの面倒を見てやるべきだと言って下さいました。しかし私には子どもたちの学校のこともあります。すぐに上京というわけにもいきませんから、とにかくあなただけは先に上京なさって下さい。子どものことは何もご心配なさらないで……」

四三にとって思いがけない激励の言葉だった。身の回り品を送り出すと、四三も数日後には追っかけるように東京へ急いだ。東京では宮原、山岸らの弟子たちが目白鬼子母神のちかくに四三のための家を探して待ち受けていた。

四三はまず嘉納治五郎のところへあいさつに行く。

「よく出てこられたね。お年寄りのおふくろさんもおられるというので、どうだろう、とみんなで心配していたところだ」

嘉納も久しぶりに会う四三の元気な姿を見て喜んでくれた。体育協会へ出かけて、さっそくオリンピック準備の計画会議にも顔を出した。

しかし五輪準備といっても四三は事務局の専任になるわけではない。一応きちんとした職をもっていた方がよかろう、というので高師後輩の小野田忠が勧めてくれた大塚の十文字高女に勤めることにした。四三には女子体育の振興ということがまだ頭にこびりついていたし、高師後輩の秋葉教頭も「金栗先生ならぜひ」と言う。それに校主であり校長である十文字コト女史が自彊術という健康法を毎朝全生徒にやらせるほどの体育の理解者だったことも、四三にとっては大きな魅力であった。

四三は赴任一日目から、例によって放課後の運動をさかんにやり始めた。もうあちこちで女学校の体育大会も開かれていたし、教員仲間や一般父母も「子女の体力をつくることは国策に沿うものだ」と言って積極的に協力してくれる。十九年前、女子体育の未開時代に孤軍奮闘したことを思うと夢のようであった。

東京の十文字高女で教べんをとるかたわら、四三はオリンピック準備の仕事にほん走し、暇をみては東京大会にそなえるマラソン選手たちの指導にも骨身をおしまなかった。

やがてスヤも六人の子どもをつれて上京してきた。目白の家は急ににぎやかになった。子どもたちの教育も合わせて、彼の生活は公私ともに目の回るような忙しさだった。

〔戦火拡大…苦渋の中止決定〕

ＩＯＣで東京大会開催が決定した翌昭和十二年七月、盧溝橋事件に端を発した大陸の戦火は日華事変へと拡大していく。

この戦争は東京五輪の行く手にも暗い影をおとし始めた。「このまま決行せよ」という声に対して「中止すべきだ」という反対意見も起こってくる。しかし組織委員会はこの事変を拡大しないという当初の政府の方針を信じて、着々と大会の準備を進めていた。

駒沢にすばらしいオリンピック総合競技場をつくることになりその青写真もできた。英、仏、独語の五輪ポスターも刷り上がって海外へ発送される。晴れの開会式にそなえて合唱団も組織され、オリンピックのうたごえ運動は全国津々浦々にひろがっていった。

昭和十三年春、カイロで開かれたＩＯＣ総会でも日華事変に対する風あたりは強かった。この総会で東京開催が流れなかったのは、ラツール会長、エドストレーム副会長、ブランデージ実行委員らの理解ある支持で、スポーツはあくまで政治に左右されないという大原則が確認されたからである。

このカイロ総会の帰途の五月四日、嘉納治五郎は氷川丸の船上で風邪がこじれ急性肺炎を併発して急逝した。明治四十三年、わが国最初のＩＯＣ委員に選ばれてから二十九年間、同委員会での活躍はもちろん、つねにわが国スポーツ界の主導的立場に立って、そのレベルを国際第一線にまで引き上げてきた功績は偉大なものであった。そして二年後にせまった東京大会を前に幾多の困難を克服して開催の努力をつづけていたときである。

嘉納の突然の死は各方面に大きな衝撃を与え、全国民悲しみのうちにスポーツ葬が行われた。四三にとっても、限りない尊敬と慈父のような親しみを感じていた嘉納の死である。長兄実次の死以来の深い悲しみであった。

そのあいだにも中国大陸の戦火はいよいよひろがるばかりで、終結の見通しはまったくつかない。東京大会の開催をめぐる賛否両派の意見対立も激しくなっていく。

賛成派は「このさい日本が大会を放棄するのは国際信義にもとるものであり、米、独、伊などたえず日本開催を支持してきた協力国を失望させることにもなってしまう。事変下にふさわしい、しかも大国としての襟度を示すような大会を開くべきだ」と主張する。

反対派は「事変の継続中は物心ともに戦争一本に集中すべきだ。同時期に東京で開催される予定の万国博覧会もオリンピックも中止するのが至当であり、代わって他の国が開催できるよう一日も早く返上することが国際信義を重んずるゆえんである」と言ってゆずらない。

政府もこの問題については悩みぬいた。そしてついに商工省が万国博覧会の中止を決定、オリンピックもこれと不可分であるとの理由から主管の厚生省でも木戸孝一厚相、広瀬久忠次官が大会中止のハラを決めた。直ちに閣議が開かれて「東京大会の開催を中止されたし」という政府の意向が決まり、組織委員会もこれを承認して正式に第十二回オリンピック東京大会の返上が決定したのである。昭和十三年七月十六日であった。

知らせを受けたIOCもさっそく実行委員会を開いて東京に代わる第十二回大会の開催地をヘルシンキに決め、フィンランドの国内委員会もこれを受諾した。しかし急遽変更開催が決まったこの大会も、まもなく始まった第二次大戦のため、ついにお流れとなってしまった。

地元で開かれる初の大舞台に、ぜひマラソン日本の威力を見せたいと張り切っていた四三たちも谷底に突き落とされたような落胆を味わったのだった。

「私自身、現役選手として精進をつづけ、全盛期にあった大正五年、最大の目標だったベルリン大会が第一次大戦で中止されたときの無念さを思い、今また後輩たちが直面したこの悲劇を見て、私はスポーツ界のために泣いた」と四三は日記に書いている。

このときから昭和二十三年の第十四回ロンドン大会まで、オリンピックは長い空白期間に入り、スポーツの世界もまたどすぐろい暗雲におおわれていく。

こうして、日本の若人たちは戦後初参加の第十五回ヘルシンキ大会まで三度の五輪のチャンスを奪われてしまったのである。

マラソン翁

〔台湾へ二度目の指導の旅〕

オリンピック東京大会の中止が決まる半年ほど前の昭和十三年初め、四三は児島文、山内リエ、吉野トヨ、矢田香子、峰島秀、中村コウ、山下好子、田添ハスの日本女子陸上第一線選手を引き連れて台湾遠征をした。日本陸連女子部長の平井武や菅沼昇、吉岡隆徳らも同行、台北をふりだしに約二週間、島内をまわる競技指導の旅だ。

台湾は大正七年、東口真平と二人で巡回コーチをやっていらい、四三にとっては二度目の訪問である。かつて手とり足とりで指導した若者たちが、すでに台湾スポーツ界の幹部になり、各地で運動競技熱をあおっていた。行く先々で盛大な歓迎を受けたのはもちろんである。

台湾からはその後も多くの好選手が生まれたが、四三が大正七年の第一回コーチ旅行で同地のスポーツ界に大きな刺激を与えたことはあまり知られていない。

東京の十文字女学校にはまる五年勤めて昭和十六年にやめた。郷里を出てくるときの予定が東京オリンピックの終了までということだったので、四三も一応帰郷することを考えた。しかし、長男の正明がすでに東京農大へ通うようになっていたし、下の娘たちもそれぞれ女学校や小学校に入っていた。

四三はスヤと相談して郷里の養母幾江に手紙を書いた。その返事には「子どもたちの教育も大事なことです。教育家であるあなたが適当と考えるなら、そのまま東京にいてもいいでしょう」とあった。二人はたび重なる幾江の深い理解に感謝しながら東京に居すわることを決心したのである。

そのころ、学生時代の競技仲間だった井上一元が訪ねてきた。井上は一高出身の元陸上短距離選手で、世田谷に青葉女学校を開いている私立学校の経営者。四三に負けぬ女子スポーツ推奨者の一人で、以前から「ぜひオレのところへ来てくれんか」と誘っていたのだった。十文字をやめてしまった四三にとっては渡りに船である。「それじゃあ、お世話になろうか」ということで、同年の三月から青葉女学校で地理の教べんをとることになった。

同校は井上校長の陣頭指揮で盛んに各種の競技会をやっていた。運動部にはそれぞれ当代一流の名選手たちがコーチに来ていたし、女学校ながら五、六キロの校内長距離や駅伝競走までやっていたのである。四三もこれにはいささかびっくりしたが、もちろん大賛成である。

四三は自分の子どもたちにも運動を勧め、近くの学習院グラウンドでよく走らせていたが、そのうち高田第五小学校の六年生だった次女のふみ子（現姓小森田）が、多摩川べりまで往復六キロの青葉女学校校内マラソンに特別参加して優勝をさらい「さすがは金栗先生の娘さんだ」とまわりを感心させたこともあった。

〈日比野翁喜寿祝賀の全国大会〉

青葉女学校に勤める前の年、四三は宗像金吾という老人と知りあった。福島県の生まれ、上海の東亜同文書院出身で、若いころから満州大陸を転々としてハルピンで事業経営者となり、大きな富を築いた人物である。ハルピンのマラソン王とも言われるほど走ることが好きで、昭和十二、三年ごろ日比野寛翁を招いて一緒に満州じゅうを走りまわり、話題になったこともあった。

その宗像老が十四年暮れのある日、東京の別邸に四三を呼びつけた。「マラソンのことで話したいことがある」というのだ。宗像老のことはかつて日比野からも聞いていたし、さっそく豪壮な宗像邸にかけつけた。豊かなあごヒゲをたくわえ、眼光ケイケイたる男、小柄だが特異な風ボウで大陸の開拓者らしい覇気に満ちている。

かた通りのあいさつがすんだ後で、宗像はゆっくりと話し始めた。

「ワシは走ることが好きでね。七十歳を越した今も毎日テクテクとやっているよ。若いころからずいぶん仕事のことでは苦労もした。栄枯盛衰いくたびか…といったところだな。どん底に落ち込むたびにワシは走ったものだ。クタクタになるまで走ると人間は無念無想になる。そして新しい気力も構想もおのずからわき出てくるのだ。その繰り返しのあげくワシは今日の富を築いた。マラソンのおかげで財をなしたのだと思っている」

何を言い出そうとするのか、四三には見当もつかない。そのキラキラとひかる目をじっと見つめるばかりだ。小さな体を豪華なソファーに埋めて、宗像はなおも語りつづける。

「マラソンはワシにとって最高の恩人じゃ。そこでこのマラソンに対して何か恩返しをしたいと思っとる。いい方法はないだろうか」

四三はやっと宗像の目的が分かった。

「そこでだな、金栗君。あんたの意見を聞くまえにワシに一つの考えがあるのだが、どうだ、聞いてくれるかね」

「もちろん拝聴します」

「日比野寛さんという人がいるな。あのマラソン翁じゃよ。彼を頭がおかしいという者もいるが、ワシは彼を大人物だと思っている。なりふりかまわず、つねに若人たちの先頭に立ってマラソンを奨励してきた。えらい人だ。その日比野さんが来年は七十七歳になる。彼の長い間の功績を讃え、喜寿を祝って全国的なマラソンの催しをやったら、と思うのだがどうだろう」

「それはすばらしいお考えです。日比野さんはもちろん、全国の若者たちが喜ぶでしょう。大賛成です」

「そうか。それなら金栗さん、あんたその催しをやれ。金のことはいっさい心配いらん。いくらかかってもかまわん。全費用はワシが出す。なるべく盛大にやってくれ。わしは東京と満州を往復して忙しいから、計画、実行、全てあんたひき受けてくれんか」

話は決まった。四三はさっそく宮原、渋谷、山岸、古田島、枇杷坂らの弟子を集めて計画をねる。まず全国各府県から一人ずつの代表を集めて大競走会をやる。二日目は、東京じゅうの子どもたちを動員して祝賀運動会だ。三日目にはマラソン講演会をする。そしてこの三日間の大会を「日比野寛翁喜寿記念大会」と銘うったらどうだろう。六人ともすごい張り切りようだ。

この計画を宗像老に報告すると「大いに結構、金は必要なたびに請求してくれ。遠慮はいらんぞ」という返事である。

立案から実行へ、準備は軌道に乗り始めた。大会会長にはなるべく大物をすえようというので、かつて熊本の第六師団長をはじめ文部大臣、陸軍大臣などを務めた荒木貞夫陸軍大将の自宅へ四三が単身出かけて交渉し、即座にOKをとった。顧問は徳富蘇峰、橋田文部大臣、寺島厚生大臣、下村情報局総裁、平沼亮三日本陸連初代会長といったそうそうたる顔ぶれである。審判長は五高出身の後藤文夫。

全国各府県と朝鮮、満州、台湾の体育主事に大会趣意書が発送され、各地でその予選会が開かれる。その優勝者に対しては大会本部がいっさいの旅費、滞在費をもつというので予選会はどこも人気があった。

賞品も月並みなものではつまらないと考えたすえ、四三の十文字時代の同僚だった日本画家神庭白黎に頼んで、一等から十等までに荒木大将の画賛をそえた画を贈ることにした。

こうして昭和十五年の青葉かおる五月の初め、日比野寛の喜寿を祝う全国大会は盛大に開かれたのである。

第一日の全国代表マラソン大会は特別参加の精鋭も合わせて八十余人が出場、名実ともに日本マラソン史上最大の白熱レースを展開した。

第二日は祝賀駆走会。神宮外苑広場に集まった東京市の小、中学生約二万人は、日比野寛を先頭にしゅくしゅくと参道を行進して明治神宮に参拝。きびすをかえしてこんどは東京体育館前まで約三キロの駆け足である。先頭を七十七歳の老マラソン王が走る。四三たちも走る。その後を二万人の子どもたちが日の丸の小旗を振ってつづく。自動車でこの行列についていた会長の荒木大将も途中から感激のあまり車を降りて一緒に走った。

体育館に着いた児童たちは日比野の話を聞き、荒木大将の訓辞を受けた後、老マラソン王の万歳を三唱して解散。

最終日は東京体育館で大講演会。日比野をはじめ、荒木大将、徳富蘇峰、平沼亮三らが次々に立ってスポーツによる祖国興隆を説いた。

大会は大成功のうちに終わった。「ありがとう、ありがとう」と涙ぐむ日比野翁。その老翁を囲んで宗像も、四三も関係者みんなが大会の成功を喜び合った。大会終了後、宗像はこの催しの関係者約三百人を赤坂の料亭「幸楽」に招いて大宴会を開いた。この間、宗像が使った金は五万円に上るといわれている。

宗像は四三らの勧めで、外国の有名選手を招待しての国際マラソン大会も計画したが、これはまもなく始まった太平洋戦争のためお流れになった。

戦中戦後

〔中央に遅れるな…県体育会復興を準備〕

昭和十六年十二月八日、日本海軍は真珠湾を奇襲攻撃。太平洋戦争の口火が切られた。

「一億一心」「富国強兵」――そんな合言葉の中で、軍部と政府は若人たちに運動を通じて強健な体をつくることを要求した。その政策は一見スポーツの奨励とも受けとれた。しかし極端な国家主義者たちは、スポーツを「戦力」におきかえようと企んでいた。純粋なスポーツはしだいに正常な姿を押しくずされていったのだ。

「選手」はやがて「戦士」と呼ばれるようになる。「競技」は「戦技」に変わり、明治神宮大会にもモノモノしい戦場運動が展開された。軍需品の生産に追われて、運動用具の作製も極度に制限された。

学徒動員が始まった。男女の学生たちは白鉢巻をしめて軍需工場へ、食糧増産へと追いたてられていった。こうして大正十三年以来、全国民のスポーツの祭典として親しまれてきた明治神宮大会も、昭和十七年の第十三回大会を最後に姿を消してしまったのである。

急ピッチな時局の推移――太平洋上に暗雲がひろがっていく。スポーツ競技も「単なる遊び」と決めつけられて、銃剣の林の中でついに窒息した。四三たちもそれまでの運動帽を戦闘帽に換え、防空頭巾をかぶった女生徒たちをひきいて銃後の第一線に立った。

十九年になると、米機の空襲が始まった。帝都の中心部は刻々と焦土のひろがりをましていく。食糧も欠乏した。人々は安全の地を求めて、ぞくぞくと地方へ疎開を始める。四三は夏休みに入ると同時に家族全員を郷里の玉名郡小田村へ疎開させ、彼自身も翌二十年の三月で青葉女学校をやめて熊本へ帰ったのだった。

長男の正明や近所の青年たちは、みんな兵隊にとられて農村の労働力はほとんどなくなっていた。残された老人や女性、子どもが野良に出て働く以外に手はない。一町二反の田畑をもつ池部家でも、四三をはじめ子どもたちまでが慣れぬクワやカマを握った。

六月から七月にかけて空襲は激しくなった。田植えのころ四三の田んぼには、たくさんの小学生が応援に来てくれたが、ちょうど米軍機の来襲があってキモを冷やしたこともある。

八月十五日、日華事変以来八年間、長々とつづいた戦争は終わった。敗戦というみじめな終末——全国民の悲しみの日ではあったが、四三の心の片隅には何かポーッと新しい希望がわいた。

〝またオリンピックが再開される日がやってくるぞ〟

いかにも四三らしい素朴な、そしてほのかな喜びでもあった。

しかし、終戦直後の日本にはまだスポーツ再発足の余裕はなかった。極端な日常物資の不足で、人々は貧窮のどん底にあえいでいた。四三も本腰で農作業に精出す日がつづいた。その四三がやがて村の農業会長にまつりあげられ、農家の供出割り当て問題で頭をなやましたこともあった。

終戦の翌二十一年の初め、在熊スポーツマンのあいだに、戦前の県体育会を復活し新しい組織のもとに再出発しようという動きが起こってきた。

三月になると、かつて済々黌の剣道師範を務め同黌の黄金時代を築き上げた林田敏貞が文部省の体育官をやめて郷里熊本へ帰ってきた。その彼を囲んで中央のスポーツ情勢を聞く会が開かれた。場所は熊本市大江町九品寺の尚絅高女講堂。戦前のスポーツ仲間たちがぞくぞくとやってきた。

懐かしい顔、顔、顔…戦乱のために幾人かの姿は消えていたが、集まった仲間は互いの無事を喜び合い「これからまたやろう」と戦争や農耕でふしくれだった手を握りあった。林田は、二十年の暮れに日本体育協会が再発足し傘下の各競技団体もそれぞれ組織を固めて大会を開き始めている中央の情勢を報告した。

「われわれも中央の動きに遅れてはならない」

これがみんなの意見であった。この日集まった中から、四三をはじめ宇土虎雄、古荘次平、吉田三二、阿部平、高田知義、白取義輝らが中心となって、県体育会復興の準備会が出来上がり、委員たちは毎週、市内上通町の長崎次郎書店二階に集まって、ふかしたさつま芋をかじりながら案をねった。

〔県体協が発足し会長に〕

戦前の熊本体育会は熊本県体育協会と名称を変え二十一年の四月、正式に発足した。名誉会長に当時の県知事永井浩を推し、会長には金栗四三、副会長が柔道の宇土虎雄と、大正末期から一貫して郷土体育の振興に心血を注いでいた熊本市厚生課長の飯星良弼の二人、理事長には四三の後輩で五高の教官だった吉田三二が就任した。

理事は長崎茂平、安部平、武田国勝、瀬口竜之介、平井敬徳、古荘次平、竹原正文の七人。一応の幹部陣容を整えた県体協の最初の仕事は、県内の隅々にまでスポーツの楽しみを再認識させることであった。

四三は毎日のように小田の自宅から熊本へ出かけて行く。握りメシを腰にぶら下げて、一里半の道のりを高瀬駅（現玉名駅）まで歩き、それからすし詰めの列車に乗って熊本へ出るのである。毎日が相当な重労働だ。しかし四三にとっては郷土スポーツ界を自分の理想へ一歩一歩と近づけていく楽しみの方が大きかった。協会役員の陣頭に立って、県内各町村へもよく足を延ばした。

戦後の不自由な暮らし。希望のない毎日。その中で青年たちは青春のはけ口を退廃的な敗戦おどりに求めていた。四三は彼らを集めてスポーツの必要性を説き、走ることを勧めた。あるときは町や村の有力者と夜を徹して話し合い、あるときは若者たちの先頭に立って走った。

県体協は二十一年の秋、第一回の熊本県民体育祭を開いた。「県体」といっても現在のように全郡市の代表が一ヵ所に集まって得点を争うものではない。地方の学校の校庭を借り、市町村ごとの運動会をいっせいに同じ時期に開催したのである。

この計画は成功だった。第一回県体をきっかけとして町村の世話役が競技別に少数単位の協会をつくり、それが集まって郡市の体協が出来る。さらに郡市の体協を結集して県体協の傘下におさめた。こうして、二十一年の末日本体育協会理事長の清瀬三郎が、地方体育団体の実情視察のため熊本へやって来たころには、すでに県体協の新しい組織はほとんど出来上がっていた。

やがて、復員者、引き揚げ者、中央からの帰郷組があらゆる競技会に顔を出し始め、県体協という新しい組織の中で大きく翼をひろげていった。戦前派のベテランたちにリードされて中学生も若々しいスポーツ復活の中心となって活躍した。ショベルをとり、旋盤を回して銃後の第一線に立っていた生徒たちは、その手にバトンをにぎり、ボールを投げ、蹴り始めた。

グラウンドにわびしく口を開けていた防空ごうは埋められ、その上に赤さびたローラーがひかれた。校庭にみどりの芝生がもえると、ゴールポストが立ち、バックネットが張られ、白線が交錯して、バットの音がひびき、プールには躍動の水しぶきが上がり始めた。

ここで県体協傘下の競技団体のうち陸上競技にスポットをあててみよう。

陸上は他の競技より一足先にスタートした。終戦の年の秋、第五高等学校武夫原のグラウンドで復活第一回の大会を開いたのである。県陸協の組織も四三を会長とした県体協の発足より二ヵ月早くすべり出した。二十一年からは福岡の日鉄チームと対抗戦を開始、島原との親善競技会も始まった。

それらの大会の中心勢力となったのは、やはり戦前派のベテランたちであった。満鉄から帰ってきた棒高跳びの森脇篤人を筆頭に、ハードルの米津午郎、投てきの松尾万寿、金守新一、それに陸士在学中終戦を迎えた跳躍の佐川憲昭が加わって、記録的にも当時全国のトップクラスに立った。

そして県陸上界が本格的な発展への道を踏み出したのは二十六年である。新しい水前寺競技場が完成し、同年七月に日米親善国際陸上ではなやかなこけらおとし、同じく九月には郷土出身の故東口真平を記念する東口杯全国青年大会が開かれた。二十九年夏にはインターハイ陸上を開催して全国の注視をあびたのだった。

この間、二十五年には清藤亨を中心とする九州学院が、三十年には川野征夫、岡本政彰、坂本伸任を擁する濟々黌が、三十二年には柏原松男、熊川保利、平田貞夫らの熊本工チームが輝くインターハイ全国制覇をなしとげたのである。

また長距離界でも、ボストンマラソンの田辺定明（玉名中―中大出）中田豊七（鹿本高―中大出）をはじめとして、三浦達郎（玉名高―中大出）布上正之（鹿本高―中大出）青年層の日隠清水（球磨）杉山東美夫（八代）木本則幸（同）兼行奐（荒尾）などの好選手を生み出した。

二十六年には四三の母校玉名高校チームが全国高校駅伝に優勝、そのときのメンバーだった築地美孝（東京教育大出―東急）が三十四年の別府マラソンに2時間23分40秒の快記録で優勝、同年度の全日本十傑第1位を占めて四三を喜ばせた。

マラソン日本の復活

〔郷土で第一回金栗賞マラソン〕

戦中、戦後にかけてほとんど壊滅状態になった日本スポーツ界の復興の声は、まず平沼亮三を中心とする陸上競技からスタートを切った。

平沼は終戦の年、昭和二十年十一月六日、東京銀座の交詢社に在京陸上人五十五人を集め再建懇談会を開いた。戦時中ににがい体験をなめさせられた《陸上戦技》から一日も早く《陸上競技》へ脱皮して、民主的な誰からも強制されない真の姿の陸上競技を復活させようというのがその集まりの趣旨であった。

鈴木武、山岸徳平ら四三の弟子をはじめ、川本信正、上野徳太郎、中西進、矢田喜美雄、加藤橘男、森田重利、岩崎耕作、織田幹雄、川田徹、石田啓次郎、川崎秀二、三藤正、森田俊彦、浅野均一らが準備委員に選ばれ、数回の準備会を開いて再建案をねったあげく、同年十二月九日、日本陸上の発祥の地といわれる東京帝大運動場で開かれた復活第一回陸上競技会をきっかけとして日本陸上は力強く再出発したのである。

二十一年にはようやく各県の陸上競技協会も再出発、十月十四日には神宮外苑で復活第一回の東西対抗陸上が挙行され、さらに十一月二、三日には戦後初めての第三十回日本選手権が、第一回国民体育大会の陸上部門として京都西京極競技場で行われた。

三段跳びとともに日本陸上のお家芸といわれたマラソンも十月二十日、大阪で開かれた第一回全日本毎日マラソンを皮切りに再スタート、福岡の古賀新三が戦後初の王座についた。

二十二年には、朝日新聞が日本陸連と共催して、長い間の四三の功績を称える第一回金栗賞マラソンを故郷熊本で開催した。三十代から四十代にかけて四三自身が陣頭に立って企画実行してきた全国的なマラソン大会を、今は後輩たちが彼のために、しかもその郷里のコースでやってくれる。そして若人たちはけんめいに走る——。

四三はすでに五十六歳、ちぢれっ毛の頭髪にはようやく白いものがまじり始め、赤い造花に飾られた胸は感激にふるえた。彼が生み出した日本最古の駅伝レース、関東大学箱根往復駅伝競走もこの年から再開されたのである。

二十三年には第十回オリンピック大会が、十二年ぶりに英国の首都ロンドンで開かれ、世界スポーツ界にも本格的な平和と友好の機運がみなぎってきた。まだＩＯＣに復帰していなかった日本の参加は許されなかったが、オリンピックという新しい目標を身近に感じた日本スポーツ界にとっては大きな刺激であった。「四年後のヘルシンキめざして」という競技者の合言葉が生まれたのもこの時である。

マラソン陣も国内目標を2時間35分、オリンピック目標を2時間32分におき、津田晴一郎をコーチとして新しい精進期に入った。そして二年後、日本マラソン界がふたたび全世界の注視を集めるための "陣痛" が起こったのだった。それは二十五年二月十日、佐賀で行われた西部マラソン二十キロ大会に始まる。

全国から百七十人の選手が参加した豪華レースは、大阪の田茂井宗一が優勝、広島の高橋進が第2位、第3位には宮崎から出てきた無名の青年広島庫夫が入った。彼らの走りっぷりには力強さが見え始めていた。記録に対する意欲も盛んだった。

〝これならやれる。すこし手を加えればきっと国際級の好選手が生まれる〟

こう思った四三は、レース終了後、岡部平太、津田晴一郎、伊藤寛、納戸徳重らを集めて合宿練習の計画を相談した。この大会の上位選手を集めて徹底的に鍛え上げ、まずアメリカのボストン・マラソンを、そしてオリンピックの覇権をねらおうというのである。もちろん異議はなかった。閉会式の席上、この計画が発表され、強化選手の氏名も読み上げられた。その中には西田勝雄や田中茂樹らも含まれていた。

四三はさっそくボストンの体育協会長ブラウン氏宛に参加希望の手紙を出した。まもなく届いた返事には「スポーツの世界に国境なし、貴国選手の来征を歓迎する」としたためてあった。関係者の喜びは、そのまま奮起の気構えに通じた。

こうして三月の福岡を皮切りに、六月には宮崎県の延岡、八月には山口県の宇部で、四三を総監督とするオリンピックに優勝する会の合宿練習が始まったのである。

その結果は表われた。十二月、広島で行われた金栗賞朝日マラソンで小柳舜治が2時間30分47秒、西田勝雄2時間30分50秒、拝郷2時間31分0秒と、同年度の世界第4、6、7位に相当する好記録を生んで一躍国際マラソン界にクローズ・アップされた。

〔十八歳の田中茂樹がボストン・マラソン優勝〕

二十六年は日本マラソン界にとって画期的な年であった。

新年早々から鎌倉で第一線選手の強化合宿が行われ、さらに二月には山口でボストン・マラソン代表選手の選考レースが開かれた。結果は田中茂樹が2時間28分16秒の戦後日本最高記録で優勝、小柳、拝郷、内川とともに初のボストン派遣選手に選ばれた。2時間28分は大記録である。三年前のロンドン・オリンピックに優勝したアルゼンチンのキャブレラが2時間34分51秒だったし、30分を切る選手は世界マラソン界でもまだ少なかった。

「これなら勝てるかもしれんぞ」「田中はまだ十八歳の少年だ。いよいよ楽しめる時期がやってきたな」

関係者は顔を合わせるたびに少年選手田中への期待を語り合った。監督にはアムステルダム、ロサンゼルスの両オリンピックで名をはせた津田晴一郎と、かつてアメリカへ留学したこともあり、その事情にくわしい岡部平太が決定した。

しかしそこに一つの問題があった。監督、選手合わせて六人の派遣費ねん出である。派遣提唱者である日本マラソン連盟には金がない。会長である四三は日本陸連に頼み込んだり、あちこちの有志を訪ねて寄付をあおいだりして、やっと五十万円の派遣費をつくり上げた。それだけにどうしても勝ってもらわねばならない。自分の過去の体験から、マラソンは記録だけで勝てるものではないと知っている四三はハラハラしながらその結果を待った。しかしその不安はたちまち打ち消され、期待以上の喜びに変わった。

四月十九日、郊外のホプキントンからボストン体育館前に至るコースにくりひろげられた第五十五回ボストン・マラソンは、初出場の日本、しかも十八歳の少年田中が2時間27分45秒の快記録で優勝をさらったのである。

『日本の田中優勝』『原爆少年のみごとな勝ちっぷり』――世界の新聞はそろってその快勝を報道した。原爆の地広島に育った少年だけに、田中に対する世界の関心は大きかった。さらに小柳5位、内川8位、拝郷9位と日本選手は全員上位入賞をはたしたのだ。

ベルリンの孫基禎以来十五年ぶりに「マラソン日本」の栄光はよみがえった。「まずボストンをめざせ」という四三の着想と計画は、そのしょっぱなからみごとな花を咲かせたのだった。

翌二十七年、日本は戦後初めてヘルシンキ・オリンピックの檜舞台に登場。マラソンにも西田勝雄、山田敬蔵、内川義高の三人が出場したが成績は芳しくなかった。西田25位、山田26位、内川棄権というみじめな結果だ。前年のボストン・マラソンの制覇以来、この種目に最大の期待をかけていた多くの人々は失望し、国内の有識者たちからもマラソン陣に対して非難の声が上がったりした。

「なんだボストンの勝利はフロックだったのか」「われわれはヌカ喜びさせられたにすぎない」「日本マラソンの実力は薄っぺらなもんだ。だまされたような気がする」

この予想以上の反響にとまどったのは日本陸連だった。いきおい外部に対しても弱腰になる。そして翌二十八年のボストン・マラソン派遣は見合わせようと言い出したのである。

四三は心外だった。失敗の後にこそ、第一線の若い選手たちを奮起させ、再出発させるような機会を与えてやらなければならない。失敗がそのまま衰退を意味するのなら、日本のマラソンは、永久に国際舞台から消えてしまう。

〝万難を排してボストンに選手を送ろう〟

こう決心した四三は、マラソン連盟の幹部たちにゲキを飛ばし、同連盟の手でボストン派遣の準備に乗り出した。選手選考については、まず十二月宇部で行われる朝日マラソンを参考にし、二十八年八月の別府マラソンで最終決定することにした。

その結果、宇部のレースで2時間29分5秒の好記録を出した西田勝雄、同2位で2時間29分45秒の浜村秀雄、別府で2時間29分5秒をマークした山田敬蔵、および広島庫夫、篠崎清の五人が代表に選ばれた。ここまでは何とかスムーズに運んだ。

〔やむなく監督に〕

ところが監督のなり手がいなかった。陸連の反対を押し切っていくかたちだ。しかもヘルシンキにつづいて再度の敗北を喫したときのことを考えると責任重大である——そんな気持ちが誰にもあったのだろう。四三としては、もっと若い者に行かせたかったのだが、そういう状況なのでやむを得ず自らボストン行きのハラを決めた。

周囲の協力で、どうにか遠征資金は出来た。ところが外貨の持ち出し制限でドルが出ない。困った四三は、古い友人の日本画家神庭白黎に相談すると、自分の教え子が大蔵政務次官の愛知揆一を知っているという。そのツテでドル問題は意外にすんなりと解決したが、なんと愛知氏の夫人が女子師範時代の四三の生徒だったことが分かり「世間は広いようで狭い」と四三は感謝、感激だった。

ボストン派遣の決まった五人の選手は、三月一日から福岡市に集まり、四三の指導で入念な合宿調整練習を行った。

そして三月すえ羽田発、途中ホノルル、サンフランシスコに寄って四月七日、目的地ボストンに乗り込んだ。四月だというのにボストンはまだ日本の二月くらいの寒さだ。それに一日おきにジメジメと梅雨のような雨が降る。四三がまず考えたのは選手たちにカゼをひかせないよう、そしていかに栄養と睡眠をとらせ、レース当日を最高のコンディションにもっていくかであった。

宿舎は二年前、田中茂樹らの初陣組が行ったときと同じく、藤岡重吉という邦人の家。そこでは全てが日本食だし、それも選手の好みに応じて料理を出してくれる親切さだ。食事の点は安心できた。

しかし邦人の家といっても内地とはかなりの差がある。四三は自分の経験からフワフワしすぎるベッドに板を敷き込んだり、窓にカーテンを張ったり、なるべく日本そのままの暮らしができるよう気を使った。

夜はそっと選手たちの部屋をまわって毛布をかけてやりながら、彼らの睡眠の状態を見るのだ。ボストン着からレースの日までの約二週間、四三はほとんど不眠不休で選手たちのコンディションに注意した。

朝起きるとみんなを集めて前夜十分に眠れたかどうかを聞く。その結果によって、各人の練習量を加減した。五人のうちで広島だけは、どうしても午前二時ごろまで寝つかれずに困ると言う。そこで午前七時全員起床の原則を破って、広島だけ十時ごろまで寝かせておく特別の措置もとった。

〝選手といっても人間だ。それぞれ日常の生活、習慣も違うし、練習法も違う。考え方、体質、趣味、し好…全て各人各様。これを一律に規制したらコンディションをくずすだけである〟という四三の考えの表れであった。

このように選手一人一人にこまかい注意をはらい、要望に対してはできる限りの自由も許し便宜も図ってやる四三だったが、たった一つだけ、選手たちが何と言ってもガンとして方針を曲げぬことがあった。

ボストンでは二年前の田中の優勝以来、驚くほど日本株が上がっている。地元の体育協会やら有志やら在留邦人やら、連日ひっきりなしの歓迎、激励会攻めだ。これには選手たちもいささかウンザリ。一週間も経つころには「金栗先生、こう毎日じゃあ神経が疲れてしまって困るから断わって下さい」と言い出した。

しかし四三は首を横にふる。「試合はもちろん勝ちたい。だがわれわれの務めは勝つことだけではない。できるだけたくさんの人と会い、そして日本人の好印象を植えつけることも大事だ」というのである。そういう催しには自ら進んで出席し、たえずなごやかに語りあうと同時に、集まってくる子どもたちの求めにも快く応じてサインをしてやるのだった。

大先輩であり、監督である四三が率先してこんな行動に出るのだから、選手たちも見習わざるを得ない。おかげで一行は明るく気軽な日本選手としてボストンじゅうの人気をさらった。

そのあいだにも、四三は着々と計画どおりの仕上げ練習を進めていった。五人の走りっぷりをみていると山田敬蔵が飛び抜けて好調のようである。レースを五日後にひかえた四月十四日、その山田が突然「全コースを走ってみたい」と言い出した。

四三にすれば大会直前のレースコースは無謀だという考えがある。だが山田は「ヘルシンキのときも練習不足で負けた」とがんばる。四三は、ヘルシンキの敗因は別にあるとは思ったが、気分的に山田の調子を上げてやろうというねらいで、「三十キロまで八分の力で走る」という条件付きの試走を許した。

ところが山田はその日軽く走ったのに1時間40分前後の記録をマークした。田中茂樹が優勝したときより5、6分も速いペースである。「先生、調子はいいようです」と山田がうれしそうに言う。四三も内心〝これなら2時間20

分そこそこの大記録が出るぞ〃と喜びでいっぱいだったが「ウム、よし、よし。これからも慎重にやれよ」と言っただけで、口には出さなかった。

このころから内外の新聞、放送記者がぞくぞくと四三のところにやって来る。しかしこれにも「せいいっぱいやる」と言うだけで山田の快調は秘密にしておいた。新聞にデカデカと書きたてられて選手が必要以上に興奮したり責任を感じたりすることのないようにという大先輩らしいこまやかな配慮であった。

〔常識やぶりの大記録〕

第五十七回ボストン・マラソンは、四月十九日正午、郊外のホプキントンをスタートし、ボストン体育館前までの一本道コースで行われた。

山田と浜村は乗り物に弱いので他の選手より一足早く車に乗せた。出発地で一休みさせる心遣いだ。四三は広島、西田、篠崎の三人を連れて十時すぎにホプキントンへ着いた。

ちょうど出場選手の身体検査が始まっていて、ひょいとのぞくと体重計に山田が乗り、その前で米人の医者がさかんに首をひねっている。四三があわててそばの看護婦に聞くと「あまり体重が軽すぎる。これではマラソンという過激なレースに耐え得るかどうか心配している」と言う。せっかく好調の山田がこんなことで出場を拒否されたら大変だ。

「この男はヘルシンキのオリンピックにも出場したベテランだ。それに四十三キロという体重はもっとも調子がいい証拠である」と四三が説明してやっと出場ＯＫとなる一幕もあった。

その騒ぎが終わると、こんどは浜村が「腹が痛い」と言い出した。くすりを探し回ったり、毛布にくるんでハラを温めてやったりの忙しさ。正午きっかり、百七十人の選手がいっせいにホプキントンの広場をスタートしたころには、さすがの四三もクタクタに疲れてしまった。

しかしボーッとしているわけにはいかない。在留邦人たちが用意してくれた車に飛び乗った。コースは道幅がせまく、監督車の同行も許されない。他の道を迂回して途中でレースのもようを見る他はないのだ。

四三たちは心臓破りの丘にかかる直前の十八キロ地点にさき回りした。しばらく待つと先頭走者がやって来る。スウェーデンのレアンダーソン、つづいてフィンランドのカルボーネン、3位が米国のホープであるジョンケリー、そして4位で山田がやって来た。トップとは2分近くの開きがあったが、なかなか快調だ。6位を西田が走り、9、10位に広島と浜村が並んでいる。

四三はふたたび車を飛ばして三十キロにかかるボストン大学前に出た。ここはコースの上りの頂点でこの後がずっと下りになる。先頭集団が見えた。三人。長身のレアンダーソン、がっちりした体のカルボーネン、それにひときわ小柄な山田だ。

邦人たちは狂喜した。四三も「いい調子だ」と叫ぶ。しかしわずかな不安があった。山田は下りがヘタだし、後半に弱いという欠点がある。

〝このまま走ってくれ、ゴール寸前まで並んで行けばスピード競争では山田が勝つだろう。がんばってくれよ〟

四三は胸の中でこうくり返しながらゴールへ車を飛ばした。相当な回り道だ。みんなイライラする。二時二十分すぎ、車はボストン体育館前の決勝点に着いた。選手たちがぞくぞくゴールインしているところだった。

四三たちは休けい所にあてられている体育館内に飛び込んだ。山田がたくさんの外国人記者やカメラマンにとり囲まれて何かしゃべっている。その顔はすこしの疲れも見えず、パッパッときらめくフラッシュに照らされてニコニコ笑っている。

〝やったな〟

そう思うとジーンと熱いものがこみ上げてきた。四三は棒立ちのまま、報道陣の人垣の外でそっと眼がしらをぬぐった。

涙の視界の中に役員らしい男が駆け込んできた。「大記録だッ」と誰かが叫ぶ。ドッと歓声が上がった。

優勝した山田の記録は2時間18分51秒、マラソン界の常識を破る大記録であり、もちろん大会新記録であった。2位はカルボーネン、3位レアンダーソン、そして4位には2時間21分35秒の西田、浜村が6位で2時間32分30秒、広島は8位で2時間33分33秒。

〝ありがとう〟〝ありがとう〟

大会本部の成績発表を聞きながら、四三は何度もハンカチを顔にあてた。

夕刊にはデカデカと日本選手の活躍ぶりが報ぜられ、宿舎には喜んだ邦人たちがぞくぞくと集まってきた。そのうち日本の各新聞、通信社からひっきりなしに電話がかかってくる。そのどれもが「10分間違ったんじゃないのか。2時間28分だろう」という問い合わせだ。

「いや、本当なんだよ。みんなよくやってくれましてね」

四三は興奮を抑え、いちいちていねいに答えるのだった。

〔スポーツ人初の紫綬褒章〕

〝原爆少年〟田中茂樹についで二度目の優勝、しかも驚異的な世界最高記録。ボストンでの山田敬蔵の輝かしい勝利は、マラソン日本の真価を示すに十分な快挙であった。山田はその年の朝日新聞、毎日新聞、読売新聞の各スポーツ賞を独占、さらにヘルメス賞、翌年の日本陸連勲功章まで獲得して、ヘルシンキでのマラソンの不評を返上し一挙に名誉挽回したかたちだった。

しかし二十九年にはまたスランプがやって来る。三人の選手を送り出したボストン・マラソンでは広島が4位、西田5位、貞永10位で期待を下回った。また世界の優秀選手を招き雨の鎌倉コースでくりひろげた十二月の金栗賞朝日国際マラソンも意外な不振。アルゼンチンのゴルノが2時間24分55秒で優勝、2位カルボーネン（フィンランド）2時間26分10秒、3位プオラッカ（同）2時間29分17秒、4位崔（韓国）と上位を全て外国人にさらわれ、日本勢は総くずれとなってしまったのである。

車窓から応援する四三（第９回朝日国際マラソン　昭和30年）

日本選手はスピードの不足を指摘され、全ての点でマラソン界の再検討が叫ばれた。

三十年になるとまた立ちなおった。四月の第五十九回ボストン・マラソンに森本一徳監督以下浜村秀雄、内川義高、四三の後輩にあたる玉名中―中大出身の田辺定明の三人が出場。浜村が二年前に山田敬蔵のつくった大会記録を破る2時間18分22秒で優勝し、内川も2時間22分40秒で7位、田辺が2時間26分8秒で8位に入った。

そして十二月の金栗賞朝日マラソンでも広島がカルボーネンと大接戦を演じたあげく、敗れはしたが2時間23分51秒の国内最高記録をマークする収穫を上げた。

三十一年はメルボルン・オリンピックの年。ここでは新鋭の川島義明が2時間29分19秒で5位入賞、浜村16位、広島33位の成績をのこした。

三十二年。ボストン・マラソンの行われる一週間前、そのコースが千八十五メートルも短かったことが分かり話題を呼んだ。このときは山田5位、貞永8位、熊本鹿本高出身の中田豊七は途中棄権して記録的には低調だった。

しかし、十二月の金栗賞朝日マラソンで、日本選手は四たび息を吹き返した。平和台―雁の巣の折り返しコースで行われたこのレースは激戦の連続だったが広島庫夫が2時間21分40秒の日本最高記録を樹立して、コチラ（フィンランド）、カントレク（チェコ）など並いる外国一流選手を抑え、堂々たる勝利をおさめた。またコチラについで3位に入った川島も2時間23分9秒の好記録を出してマラソン日本の面目を保ったのだった。

ついで三十三年の同大会にも日本勢は貞永の優勝（2時間24分1秒）で気を吐き、日本マラソン陣はようやく安定した底力を見せ始めた。そして広島、貞永、浜村に代表されるベテラン勢にまじって若々しい新鋭もぞくぞくと台頭し始めた。

三十四年の別府マラソンでは玉名高から東京教育大へ進んだ四三の後輩築地美孝が2時間23分40秒の好記録を出して優勝、三十五年の同大会でもトラックから転向した渡辺和己が2時間23分30秒をマークして第一線へと躍り出たのである。

これら戦後の十五年間、四三は全国マラソン連盟会長としていっときの暇もなく全国各地を飛び回って若人たちを激励しつづけた。

成績が悪いときは選手たちと一緒に悩み、夏場に弱い日本マラソンと酷評されれば、自らの若い日を思い、歯を食いしばってみんなと一緒に新しい対策を考えた。

「なあ君たち、マラソンは苦しい。しかし自分が苦しいときは他の人も苦しんでいることを忘れるなよ。常人の二倍の苦しみを味わって初めて成功するんだ」

四三は若い後輩たちにこう教えた。

どこの合宿指導に行っても、どんな寒い日でも、老マラソン王は毎朝フロ場で水をかぶる。その姿を見て幾人もの若者たちがいかに感激し、生涯をつらぬく四三のマラソンへの情熱に心うたれたことか。四三は温かい目で後輩たちを見つめ、五十年ちかい体験で築き上げたマラソン理論をじっくりと彼らに教え込んだ。

二十六年には読売新聞の青森—東京間駅伝、二十七年には西日本新聞の九州一周駅伝の企画にも全面協力し成功させた。鎌倉市に住む矢島義司郎を理事長として財団法人全国マラソン後援会が発足したのもこのころである。

昭和三十年十一月三日の文化の日、四三はスポーツ人としては初の紫綬褒章を受章した。

三十二年からは地元熊本日日新聞が四三の永年の功績と紫綬褒章受章を記念して全国の若き第一線ランナーを招き、五輪をめざす登竜門として「金栗記念熊日招待マラソン」の三十キロロードレースをスタートさせた。三月二十四日の第一回大会では地元の兼行奠（三井鉱山）が優勝、四三の直系の後輩である築地美孝が2位に入って地元のファンを喜ばせた。築地は翌年の別府毎日マラソンで優勝している。

第三回大会では高口徹（九州電工）、金重千之（宇部興産）がそろって日本最高記録をマークし、四三を感激させた。

あい変わらず多忙の日々——それが四三の戦後十五年間であった。

教育委員

〔初代委員長に〕

二十三年の秋、東京高師の同期で県スポーツ界の大御所である柔道の宇土虎雄がひょっこり小田の四三の家へ訪ねてきた。座敷へ上がるといきなり「金栗さん、ああたに相談があるんだが」と言う。「いっちょう、選挙に出て下さらんか」

「いったい何の選挙に？」

「教育委員の選挙ですたい。体育関係からもぜひ一人出そうという意見が多いんだ。出すならああた以外に適任者はないしな」

「いやいや、ワシは田舎にひっこんでいる。宇土さん、ああたが出た方がいいんじゃないか」

「いや。ワシは忙しい。金栗さん、ああたは無職じゃろうが。ワシが選挙長になって大いにやるから、まあお務めだと思ってやって下さらんか」

宇土の強引な勧めに四三は結局承知させられてしまった。

米軍の占領下にあった日本は、教育行政のほとんどをその統轄下におかれ、その指示によって「教育の民主化」を大前提とする教育委員会法が成立、同二十三年十一月から全国各地で発足の運びになっていたのである。

四三の立候補については県スポーツ界でも「金栗先生にぜひ出ていただくべきだ」という意見と「無理にお願いして万一のことがあったら先生にはもちろん、日本のスポーツ界に対して申し訳ない」という慎重論があったが結局、宇土虎雄に説得された四三が立候補を決心したため、県下のスポーツ界はこぞって金栗当選へと動き出した。

六人の委員枠をめぐって二十二人が立候補。うち四人は途中で辞退したが、大変な乱立、激戦である。四三は熊本市下通一丁目で運動具店を経営していた剣道の緒方敬義の店を選挙事務所とさだめ、宇土虎雄が選挙長となって舌戦の火ブタを切った。

小型トラックの荷台に乗った四三は、たんたんとスポーツと教育の融合を説いて県内全域を走り回る。宇土虎雄が例のファイト満々たる弁舌で〝人間金栗〟の人柄と業績の偉大さを説く。県下のスポーツ人も手弁当でぞくぞくと応援に駆けつけた。こうしてほとんど金を使わない模範的な選挙戦のあげく、四三はみごと当選したのである。

十月五日の選挙の結果は浜又七、上土井松芳、家入ミツエについで四番目に四三、以下斎藤亀齢、原本一利が当選、この他県議会選出の河野喜代治をふくめて計七人の初代県教育委員が誕生した。上位の三人が任期四年の委員で、四三たちは二年である。

十一月一日、熊本市公会堂屋上にあったバラック建ての教育庁舎で第一回の委員会が開かれ、委員の互選で四三は初代委員長となった。その一週間後に浜又七、上土井松芳の二委員が選挙当時の複雑な問題にからんで辞表を出し、福田令寿、工藤義修がくり上げ当選となるなど、委員会のすべり出しは必ずしもスムーズではなかった。また事務局の機構整備、県立学校の整備統合、青空教室の解消、通信教育、定時制教育、週五日制の実施、社会教育の推進、教科書の採択…と数えればキリがないほどの大難題の連続で七人の委員はてんてこ舞いの忙しさだった。

その中でも最も頭を悩ましたのが新制高等学校の統合整備問題である。米占領軍は県内にある三十数校の高校を半数ちかくに整備統合し、それによって統治方針を徹底し、教科内容の充実を図ろうというのである。四三たち七人の委員はその指示に従って南北二班に分かれ、各校の実情を見て回ったが、各地とも母校を残したいという切実な気持ちと通学に不便だという理由で意外なほど反対意見が多かった。

そこで〝地方の実情を知り、その要望にそってこそ本当の教育ができる〟と考えた四三は他の委員と協力して統合反対の方針を決めた。驚いたのが、そのころ米軍政府民間情報教育局の出向として県民生部教育課長をやっていたウォルター・B・ピーダゼンである。「早くやれ、早くやれ」とハッパをかけるが、ナシのつぶて。委員長の四三を呼びつけ「あなたはオリンピックに行って外国の事情もよく知ってるくせに頑固だ」と怒り出す一幕もあったが、結局四三らの粘り強い抵抗に屈してしまった。

おかげで熊本県は廃校もわずか一、二。統合したところも分校として存続し、後日ふたたび独立する余地を残して「うまくやったなあ」と他県の委員たちからうらやましがられ、地方の生徒、父母からは感謝された。もちろん学校スポーツの振興については最大級の努力を払い、その功績もまた大きかった。

しかし教育委員長としての四三は必ずしも適任ではなかったようだ。その筋の反対があっても、良いと思ったことはがんとしてやり通す。弁舌も爽やかなほうではないし、事務面もニガ手。そのうえ要領を使うことが大嫌い。

人格的には誰からも敬愛されながら、仕事の面では役人たちからけむたがられ、ピーダゼンからも敬遠されたのはそういう理由からだろう。俗人でなかった四三は二十五年、二度目の教育委員選挙に落選した。《肥後もっこす》の典型といえるかもしれない。

家庭の父

〔厳しさと深い愛情〕

教育者として、マラソンの父としての四三の主な業績については、ほとんど書きつくした。ここで「家庭人金栗四三」の横顔をのぞいてみよう。

彼は一男五女をもつ、いうなれば子だくさんの父親である。結婚以来今日まで、ゆっくり家におちついている暇もなく全国を飛び回っている超多忙な一家の主。しかし、日本のマラソン王は、寸暇を惜しんで子どもたちに、温かい愛情を注ぐ優しい父親でもあった。

◇　　◇

まず次女の小森田ふみ子さん（三四）＝神奈川県相模原市在住＝の思い出話から。

若いころの父はずいぶん気が短いところもあったようです。私がまだ小学校に上がる前、お汁粉を食べた後で父はお茶を飲めと言う。私は「水を飲む」と言ってひどく叱られたことがあります。私も相当に強情だったのでしょう。叱られても言うことを聞かず、とうとうそばの洗面器の水の中に頭を押しつけられてしまったのです。もう遠い記憶になりますが〝こわい父〟を感じたのは、このたった一度きりでした。

東京へ移ってから――目白の家のちかくに鬼子母神がありました。歩いて五分ぐらいのところ、ここへ私たち姉妹は毎朝おまいりに行き、父と兄は大塚の護国寺まで走ることになっていました。雨の日や寒い日はいやだなあと思う。でもすがすがしい朝の空気を吸って歩いたあの爽やかさ、その後の食事のおいしさ、それは今でも忘れられない懐しい思い出となっています。父は子どもたちの健康のため、精神修養のためにやらせていたのでしょう。

小学校五、六年になるとよく近くの学習院のグラウンドを走らせられました。父の友人の宮原治先生が学習院に勤めておられたし、お嬢さんの和喜子さんが私と同級生でしたので、学習院も思い出の地になったのです。初めのうちはすこしずつ、後では毎日十周（二千メートル）は走りました。そのときの苦しさ、目をつぶって泣きそうになりながら父の後を追っかけたものです。妹たちももちろん一緒。そのころの写真がたしか『キング』という雑誌にのったこともありました。六年生のとき父の勤めていた十文字高女のマラソンに特別参加して1等になったのもこうした毎日の練習のおかげだったのでしょう。

走るということを、自分でも、子どもたちに対しても決して忘れることのなかった父。私たちにとってはちょっと迷惑でもあったのですが、そのごほうびとして日曜ごとには必ずどこかへ連れて行ってくれたものです。最もよく出かけたのが豊島園。もちろんこういうときは必ず母も一緒でした。それから歩いて明治神宮におまいりし、帰りに新宿でニュース映画を見、食事をして帰ったこともしばしば。近郊の遊園地にはほとんど行ったものです。

若いころ外国で買ってきた大型のカメラをいじくりまわすのも父の趣味でした。腕のほどはお世辞にも上手とは言えませんが、手まめに撮って一人一人に写真帖をつくってくれました。結婚し二児の母となった今も、その写真帖を取り出しては楽しかったあのころ、優しかった父の深い愛情をしみじみと感じるのです。

◇　◇

また三女の蔵土すみ子さん（三一）＝福井市在住＝からはこんな手紙が届いた。

昭和十二年春、私は郷里小田村の小学校に入学したが病気のため最初の一年間を休学した。そのころ父は単身東京へ出て十文字高女で地歴を教えるかたわら、東京オリンピックの準備のために走り回っていた。「すみ子、一年生をもう一度やりなおすなら東京に来てもいいよ」。そんな手紙をもらった私は母や姉妹たちと離れて一人上京した。

東京へ着いた日、私は西の方の夕やけを眺めてどっと涙があふれる。寂しいのだ。父はふびんに思ったのか、すぐ車で新宿へ食事をしに連れて行ってくれた。どんな夕食だったか覚えていないが、新宿の明るいネオン・サインとその光に照らされた優しい父の笑顔が今も忘れられない。

入学のときも父に手をひかれ新しいランドセルを背負って校門をくぐった。お友だちはみんなお母さんと一緒。しかし私はうらやましいとは思わなかった。「日本一のお父さん」――子ども心にもどこかにそんな気持ちがあったのだろう。かえって誇らしい気分の方が大きかったようだ。

新宿で買ってもらったクリーム色、襟に黒い毛のついたダブルのオーバーを着て、明治神宮へ七・五・三のおまいりに行ったのも父と一緒だった。私は〝お父さん子〟——父の行くところへはどこでもかならずついていき「金栗さんのお嬢さん」とかわいがられた。

二十六年、私は結婚した。主人の勤めの関係であちこちと住居を変えたが、私たちがどこへ行っても、年に一、二度は「ホウ、ホウ、来たよ、元気かい」と孫の顔を見に来てくれる。玄関に入ると両手でバタバタと洋服のホコリをはらい、それから靴のヒモをとく。外のゴミを家の中に入れないようにするためだそうだ。いろいろと家事に追われて掃除もまだ、オムツもバケツにつかったままになっていると、父はいつの間にか行動を起こしている。そして気づいたときには、洗われたオムツが無造作にもの干しにひっかかっているのだ。まだところどころに黄色いシミをのこしたままのものもまじって。

おじいちゃんにオムツを洗わせた坊やも満五歳になった。そんなことはつゆ知らず、おじいちゃんが来るとマリ投げ、本を読め、絵を描け…とみんなが話をする暇もないほどひっぱり回すが、父はハイハイと言うがままに顔をほころばせている。

父のふとん干しは有名だ。晴天なら何をさておきふとんを干さぬと気がすまない。物干しだろうが、垣根だろうが知ったこっちゃない。家の回りいっぱいにふとんの花が咲く。近所の人はこれで父の在、不在が分かると言っているほどだ。十分日光をあて、殺菌し、暖めて気持ちよく休めれば保健衛生上第一との趣旨である。母はふとんが傷んでたまらないとコボしていたが、今はオール木綿に切り換えて父のふとん干しに対抗している。

整理はヘタくそだが、とてもけっぺきなところもある。家にくるとまずウガイをし、ハダカになって汗をふく。冬でも朝は必ず冷水まさつ。子どもたちが「おじいちゃんは強いなあ」と感心して見ている。アイロンをかけてあげようと洋服を取り出すと、ポケットはまるくふくれハガキ、ハンカチ、ハナガミ、小ゼニが雑然と同居している。だまって失敬しても分かりっこないが、少ないのでまたそっと入れておく。ワイシャツはいつもきれいなようだ。

〔マラソン説法〕

四女の酒井よし子さん（二八）が見た父親のプロフィルはこうだ。
私と妹は年寄りっ子に生まれたせいか、姉たちから見るとはがゆくなるほどの親馬鹿ぶりだという。母は楽天家であまり気にかけない方だが、父は小さいことに気がつく対照型だ。私たちが病気でもしたらそれこそ大変。食べ物から寝まき、ふとんのことまで、それこそ病人が気兼ねしてゆっくり寝てもおれないほど心配してくれる。

だが神経質というほどではないのだろう。私たち姉妹が集まってピイピイさわいでも、うるさい顔もせず黙って聞いている。自分が口が重いので、かえって陽気なおしゃべりを好むのかもしれない。またどんなことを言っても、決してその場でおこり出すことはない。

しかし、しばらくしてジワジワと遠まわしの説教が始まりいつの間にか父の説に納得させられてしまう。特有の持久戦でいくところから私たちはそれを「マラソン説法」と名づけて神妙に聞く。一時間も二時間もじっくりやられるのだから誰だって最後にはまいってしまうのだ。

早寝、早起きの父は動物も大好きらしい。朝いちばんに起きるとすぐ犬と散歩に出る。昼間でも父の姿がないときは山羊小屋か鶏小屋へ行けば必ずいる。犬でも山羊でも猫でも、みんななついて、父が長い旅から帰ってこようものならワンワン、ニャンニャンと喜びにあふれてついて回る。父も父で、人間さまよりさきに動物たちの方へあいさつに行くのだから、母や私たちはよくすねてみせたものだ。

その父ももう七十歳になった。世間並みなら老夫婦そろって楽隠居でもしていいころなのに、まだまだ若いつもりで飛び回っている。子だくさんで、私たちがあれこれ心配をかけずくめだったことが刺激になって、かえって元気なのかもしれない。

「若いころから子どもの世話、体育の世話に追われどおしだった忙しいお父さん、末っ子のもと子もお嫁に行ったし、これからは体に気をつけてのんびり暮らして下さい」と言ってあげたい。父は細い目をますます細くして「よし子、何を言うか。まだまだこれからだよ」とニガ笑いするかもしれないが――。

家庭でのマラソン王は、すてきなパパであった。

桐友会

〔禁酒・禁煙がモットー〕

四三の弟子たちが集まって桐友会というグループをつくっている。

「桐」は東京高師（現東京教育大）を象徴するマークだ。この会員のうち多久儀四郎や東口真平など幾人かはすでに他界し、今は十数人のメンバーになったが、それでもこの会はもう四十年あまりも続いている。

年に一、二回、四三が上京するのを待って開会し、白髪や禿頭の超ベテラン連が一堂に会して若かりし日の思い出話に花を咲かせる催しである。

この席には酒もビールも灰皿もない。みんながこの方面にはいたって〝不調法〟なのだ。四十数年前、四三に「マラソンをやろうと志すものに、酒とタバコは禁物である」と教えられて以来、全員が禁酒、禁煙を守り通しているわけで「これこそ日本の体育史に特筆大書すべきことだ」と桐友会の面々は豪語している。いうなれば不粋な老人の集まりなのだが、この会はなかなかにぎやか。一応の近況報告が終わり、昔話が始まるころになると、サイダーやジュースに〝酔った〟メンバーの大合唱が始まる。

最近の会でメンバーの一人有原末吉が、白頭山節の変え歌をつくった。今ではこれが桐友会のテーマ・ソングになっている。

「マラソン日本の金栗翁は駆けも駆けたり五十年アア紫綬の褒章ダテじゃない」――四三は長い間、マラソン界につくした功績で紫綬褒章を受けたが五十年間も駆けたのだから紫綬（四十）はあたりまえだというのだ。

「禿頭振り振り気は若桜今日も富士見の丘の上アア走る校庭五十回」――前出の横浜富士見丘高校副校長宮原治のこと。

「なびく銀髪名物男陸上審判台上にアア仁王立ちする渋谷さん」――藤山外相そこのけの銀髪、日本陸連審判部長の渋谷寿光。

「マラソン精神地で行く男四十幾年首っぴきアアいまじゃ地質の大博士」——前熊大教授遠藤誠道。彼は本邦地質学の権威でありマラソン出身らしい抜群のがんばり屋である。

そして最後に有原は自分自身のことをこう歌っている。

「白頭なでつつ得意の講義恋愛問題説きだせばアア常磐乙女は酔い心地」——彼の勤める実践女子大は渋谷常盤松にある。

四三も、もちろんみんなと一緒に歌う。歌うといえば聞こえがいいが、実は地声でうなるという程度である。しかし人にはそれぞれ特徴があって、四三でなければ本当の味が出ないという歌がある。彼がひとたびこれをうなり出すと、みんな「待ってました」とばかりに背筋を伸ばし、耳傾けてそれに聞き入るのだ。その歌とは——。

「西郷隆盛はじめてお江戸にのぼるとき岩に腰かけカニにきん玉はさまれてアイタイターこん畜生めなぜハスだ…」

何度かくり返して歌っているうちに、格好の練習もできたとみえて、この歌だけは節まわしもなかなかいい。しかもこればかりは相当うまい者が歌っても、四三が歌うときのようなユーモラスでしみじみとした感動はわかないという評判だ。まったく四三独特の歌である。

会員の意見を総合すると、その妙味は次のようなところにあるらしい。

西郷隆盛と金栗四三との間に、どこか人物上の共通点があるのではないか。日常黙々として所信をつらぬき、おのれを忘れて部下のため、天下国家のためにつくすところ、あるいは朴とつで謹厳なその風ぼう言動が、西郷隆盛を歌う者として最も適当だというのである。「カニにきん玉はさまれて」のくだりになると、何度聞いてもみんなが笑い出すが、それは謹厳な金栗が歌って初めて味が出るのである。

それに「なぜハスだ」という熊本弁もおもしろい。人々は西郷隆盛ではなくて、四三がはさまれているような錯覚さえ起こして爆笑するのである。おそらく四三自身もカニにきん玉をはさまれているような気分で歌っているのではないだろうか。すなわち金栗四三が西郷隆盛になりきっているところに、四三ならではの天下一品の味が出てくるのだろう。

「やはり金栗御大は大物である」

桐友会の猛者たちは声をそろえてこう語っている。

栄光のマラソン王

〔熊日社会賞が皮切り〕

戦後、四三は各方面から数々の表彰を受けた。

その皮切りは昭和二十七年の春、熊本日日新聞が贈った第二回熊日社会賞である。日本オリンピック参加史の草わけとして、マラソンの父として、また郷土のスポーツ、教育振興の偉大な功労者として、その長い間の業績をたたえる表彰であった。

熊本日日新聞は次のように書いている。

『東京高師在学中の明治四十五年スウェーデンの首都ストックホルムで開かれた第五回オリンピック大会に初の日本代表選手として出場、以後大正九年の第七回アントワープ大会、同十三年のパリ大会にも連続出場して〝マラソン日本〟の道を切りひらいた。マラソン練習法の研究、関東学生マラソン連盟の結成、箱根駅伝をはじめとする各種大会の企画実行、日本女子体育の振興、後進の指導…その生涯をスポーツの発展にかけて働きつづけるマラソン王の功績はかぞえきれないほどである。

戦後郷里へ帰った金栗氏は、宇土虎雄、吉田三二氏らと協力して熊本県体育協会をつくりあげ、その初代会長となって郷土スポーツの振興に全力を注いだ。また二十三年県教育委員に当選、推されて教育委員長の要職につき、スポーツと教育の融合を説いて混乱期にあった県教育界に刷新の空気を吹き込んだ功績も忘れられない』

この年には、彫刻の田島亀彦（芸術部門）、農村指導者の育成に功績のあった松田喜一（産業）、世界的なビタミン研究の権威牧野堅（学術）、ハンセン病者の父とうたわれる宮崎松記（社会）、女子教育に献身したマーサ・B・エカード（教育）の五人も一緒に熊日社会賞を受けた。

翌二十八年には西日本文化賞、そして三十年五月には郷土玉名市が市政文化功労章を、菊かおる文化の日には紫綬褒章受章の栄に輝いたのである。三十年は全国のスポーツ人にとっても喜びの年であった。

ちょうど喜寿を迎えた平沼亮三（日本陸上競技連盟初代会長）がスポーツの父として文化勲章を受け、マラソンの父金栗四三とならんで、日本馬術の父といわれた遊佐幸平、さらに、かつて読売新聞の社会部長時代、四三らと図って奠都五十周年記念京都―東京間五十三次駅伝競走を企画実行した土岐善麿も同じく紫綬褒章を贈られたのだった。スポーツ関係者を国家が表彰したのは、これが初めてである。

三十二年には熊本県が、県近代文化功労者として表彰し、三十三年には朝日文化賞を贈られている。

四三が初めてマラソンを志した明治の末からもう五十年、その間彼が味わってきた喜びも悲しみも、それはそのまま日本近代スポーツの変遷史であった。そして今、白髪の老マラソン王は、数々の表彰にかがやく栄光の人となったのだ。

しかし四三は必ずしもマラソン選手としての成功者ではなかった。それなら練習法の研究、各種大会の企画実行、後輩の育成…といった面が彼の偉さなのだろうか。いや、それだけではない。弟子の栗本義彦に言わせるなら「いつも豊かなほほえみをたたえ、お釈迦さまと呼ばれたほどの人格、平和にみち、慈愛にあふれた人柄自体」がその偉さであった。

また金栗の最も古い弟子の一人宮原治はこう語っている。

「金栗さんに育てられた全国マラソン連盟の会員たちがおたがいに出身をろくろく知りもせず、それどころか学校を出たとか出ないとかもいっさい気にしないで、いつも仲良くやっていけるのは、ただ黙々と陣頭に立って率いられる金栗さんの人徳のおかげであり、大きな愛の所産なのです。金栗さんは初めて参加したストックホルムのオリンピックでは完走もできず、その後のアントワープ、パリの大会にも出場しただけで、優勝どころか一度の入賞さえされませんでした。まったく失敗の連続です。負けても負けてもくじけないその粘り、それだけでも人並みではないのですが、私たちの頭がいよいよ下がるのはそれからです。誰に頼まれるでも勧められるでもないのに下関―東京、樺太―東京、九州一周と夏のまっさかりに走ったり、学生マラソン連盟を結成したり、箱根駅伝をはじめ全国各地に駅伝をつくったり、育てたり…後輩たちに自分の果たし得なかった夢を託して走りつづける四十余年の努力。その間、報酬にも恩給にもありつけず、またありつこうともせず、一生をマラソン一途に捧げてこられました。

その無欲、まったく底ぬけで普通の人間のとてもおよぶところではありません。この人並みはずれた粘りと、かたわらで見ていて歯がゆいほどの〝馬鹿さ〟かげんが金栗さんの偉いところでしょうか」

老漢との対決

「マラソンの父・金栗四三」物語の最後に、懐かしい思い出を秘めたエピソードを書き加えておこう。

◇　　◇

〔〝決闘〟を挑まれ…〕

昭和三十三年二月二十日、四三は朝日文化賞受賞のため、東京・有楽町の朝日新聞社へ出かけた。式場に入る途中で「金栗先生、ちょっと」と顔みしりの社員が呼びとめる。「先生、実は二十分ほど前ドスをのんでいるらしい老漢が、先生と決闘するんだといって訪ねてきました。すぐ追い返しましたが、どうぞご用心なさって下さい」

四三はちょっと首をかしげたが、思いあたるフシもないのでそのまま会場へ急いだ。

翌二十一日、四三の泊まっている神奈川県相模原市の娘の家へ長身でバサバサの髪、顔色の悪い六十四、五歳の男が訪ねてきた。

娘のふみ子が応対に出たが、男は「先生に用があるんだ」と言ったかと思うと、ズカズカと座敷へ上がり込んできた。四三が会ってみると、鋭い目つきをした老漢は、口もとをワナワナとふるわせている。〝ははぁー、決闘を申し込むというご仁だな〟と思ったが、四三はそ知らぬ顔で「ご用件は?」と切り出した。

老漢はグッと四三をにらみつけたまましゃがれた声でしゃべり始めた。話は四十七年前の明治四十四年、東京・羽田で行われた日本初のオリンピック予選のことであった。

そのとき四三は世界的な快記録を立てて日本代表に推せんされたのだが、終盤までトップを走りつづけながら土壇場でくずれて2位になったのが北海道小樽水産の佐々木政清というランナーであった。

この老漢は佐々木の親友だったという。「あのころの佐々木はズバ抜けて強かった。自分たちも当然佐々木が優勝し、オリンピックへ行くと思っていたのに彼は負けた。しかも東京の選手や役員どもがレースを妨害したのが原因だった」と言うのだ。四三は激しい雨の中にくりひろげたあのときのレースを思い出していた。

優勝めざして北海道からさっそうと出てきた佐々木、だが彼は敗れた。その苦しいいいわけに佐々木がつくった話なのか、聞いた方の曲解なのか――。この老漢は佐々木を陥れたのがてっきり四三だと思い込んでいるらしい。

そこで四三もポツリ、ポツリと話し始めた。

「佐々木さんは強かった。前半のスピードなんか目がさめるようだった。彼はずっとトップをつづけ、中間点を折りかえしてくる彼と私は途中ですれ違ったくらいだ。佐々木さんに追いついたのはあと二キロの地点、そして彼はゴール寸前で水を飲みに行ったんです。途中審判はいなかったし、私はそのまま走りつづけてゴールに入った。彼を陥れるようなことはどこにもなかった。それにしても、もし彼もマラソン代表に選ばれて二人で遠征していたら…」

四三は目を閉じたままたんたんと語りつづけた。

その一点の曇りもない四三の態度に、いつか老漢の表情も和らいだ。親友を陥れ不正の勝利をつかんだヤツがオリンピックにも行き、数々の表彰も受ける――〝よーし、いつかは〟と四十七年間の怒りを込めてきた相手、それは仏のような男であった。

「佐々木はその後巡査になりました。足が速いので犯人追跡の名人ともいわれました。あいつ、今どうしているやら…」

老漢はこぶしで目がしらをぬぐった。「申し訳ないです」、馬鹿ていねいなオジギをして老漢は帰ろうとする。

「今日はお身内に婚礼でも?」と四三。

「いいえ、恥ずかしいことながら先生を刺し、私も正装のまま死にたいと思いまして…」

老漢はヨレヨレのモーニングのシッポをつかみながら頭をかいた。四三はその名前も聞かない。懐かしい佐々木の思い出が、苦しかった雨の日のレースのことだけが思い出された。

〝もうあれから半世紀近く…〟

白髪のマラソン王は、トボトボと去っていく老漢の後ろ姿を、門前につっ立ったまま、いつまでも見送っていた。

◇　◇

スポーツマンらしいさらりとした風格の中に、あらゆる苦難を克服する激しい情熱を秘めて、四三はだれからも慕われ愛されながら、いずれの時代もマラソンとともに生きてきた。

昭和三十五年のこの夏、満七十歳を迎えるが、今も日本陸上競技連盟顧問、全国マラソン連盟会長、熊本県体育協会顧問など若い人たちの相談相手、世話役として、いっときの暇なく全国を飛び回り、スポーツ界の発展のために尽力をつづけている。

四三が生涯に走り抜く距離は、地球のほぼ六周、二十五万キロにもなるという。それはまさに「体力、気力、努力」の壮大なマラソン人生であろう。

「走れ二十五万キロ」――マラソンの父金栗四三は、後輩たちにこう叫びつづけている。

――了――

『走れ二十五万キロ』を読んで

日本体育大学学長　栗本義彦

（昭和三十六年六月十一日付、熊本日日新聞）

人間金栗を浮き彫り…興味あるマラソン裏面史

昨年、熊本日日新聞に金栗先生の伝記が連載され、その記事のところどころに私の名も出ていた関係からか、熊本の旧知の方々から思いがけない便りをいただいた。時には、新聞の切り抜きをわざわざ送り届けてくれた人もあった。

スポーツ界待望のオリンピック大会が東京に決定した機会に、オリンピックに日本人として初参加した熊本出身の金栗先生を「マラソンの父」として熊日紙が取り上げたことは、まことに時宜に適した好企画であり、一方また熊本としては第十五回国民体育大会に備えて県民のスポーツに関する理解を深める上においても、非常に大きな役割を果たしてくれたものと思う。

私はこの記事を読んで、これを熊日紙の読者に限定せず、単行本として健康な青少年への読み物として、また体育指導者たちへの参考書とし、さらにマラソンの弟子や教え子たちにも提供してもらえればどんなにありがたいことかと念願していた。ところが今回、講談社から『走れ二十五万キロ　マラソンの父　金栗四三伝』の題名で出版されることになり、心から喜んでいる。

これを一読すると、初めの方のマラソン王として皆から慈父のように敬愛されている「人間金栗」の生い立ち、生活環境、生活態度が、克明にしかも詩的に記述されているあたりは、偉人の少年時代の追憶として息もつかずに、しかも印象深く読むことができる。

第二の印象は、先生が明治四十五年ストックホルムの第五回オリンピックに参加した当時の我が国スポーツ界の情景と、その社会的背景、そして今日に至るまでのマラソン発達史というよりもスポーツ変遷の裏面史的な記録がおもしろく記述され、スポーツマンには特に興味深い。先生の口述や日誌を資料にし、その考証も正確で、登場してくるスポーツマンは明治・大正・昭和を通じての我が国スポーツ界の群雄列伝ともいうべく、体育史学的にも得難い参考資料である。

第三は、本書の骨子となるもので、五十年の生涯をマラソン一途に生きてきた先生のマラソンへの厳しい精進と尽きぬ愛情の記録である。盛られた内容は極めて豊富だ。難を言えばその表現形式の面でいささか実感に欠け、迫力に乏しいうらみはあるが、一面なんのてらいもなく淡々と語られる先生のご様子を想像するとき納得はいく。

東京オリンピックを三年後に控えてわが国スポーツ界に残されている一抹の不安は何か。それは技術の研究不足や試合運行の拙劣さでは決してない。それは根性の問題である。科学性や合理主義だけでは解決のできない問題が残されているのである。

金栗先生は今から五十年前、おそらく走法の理論もトレーニングの原理も、だれからも教わることなく、ひたすら猛練習の一点張りで鍛え抜き、日本初の国際スポーツマンとして逞しい根性で戦ってきたのである。黎明期の先達たちの精進の様子は、躍如として読者の胸に迫るものがある。

全体として文章は流麗でいや味がなく、特に先生のことを「四三」という呼び名で書かれているところに親しみがもてる。ただ、筆者が四三になりきれていないところに、先生を最もよく知っている私たちにとっては、何か切実感に乏しい物足りなさがある。

とまれ、清潔なそして読んでいてうれしくなる読み物であることには違いない。

最後に、これだけ広範なものをよくまとめて下さった筆者に、門弟たちを代表して深甚の謝意を表したい。

マラソン十訓

金栗四三　（玉名市立歴史博物館こころピア所蔵）

一、規則正しき生活をなせ。
一、全身の強健を計り忍耐力を養へ。
一、速度は緩より急に、距離は短より長へ。
一、感情の昂奮を抑え、精神の平静を保て。
一、過労を避け早く寝て熟睡せよ。勢力を浪費するな。
一、滋養物を摂取せよ。暴飲暴食を慎め。
一、酒、煙草類は必ず厳禁せよ。
一、練習は細心に、競走は大胆に。
一、競走年齢は十七、八歳より三十五、六歳迄が最も適当。
一、競走は最後迄堂々、力を盡せ。

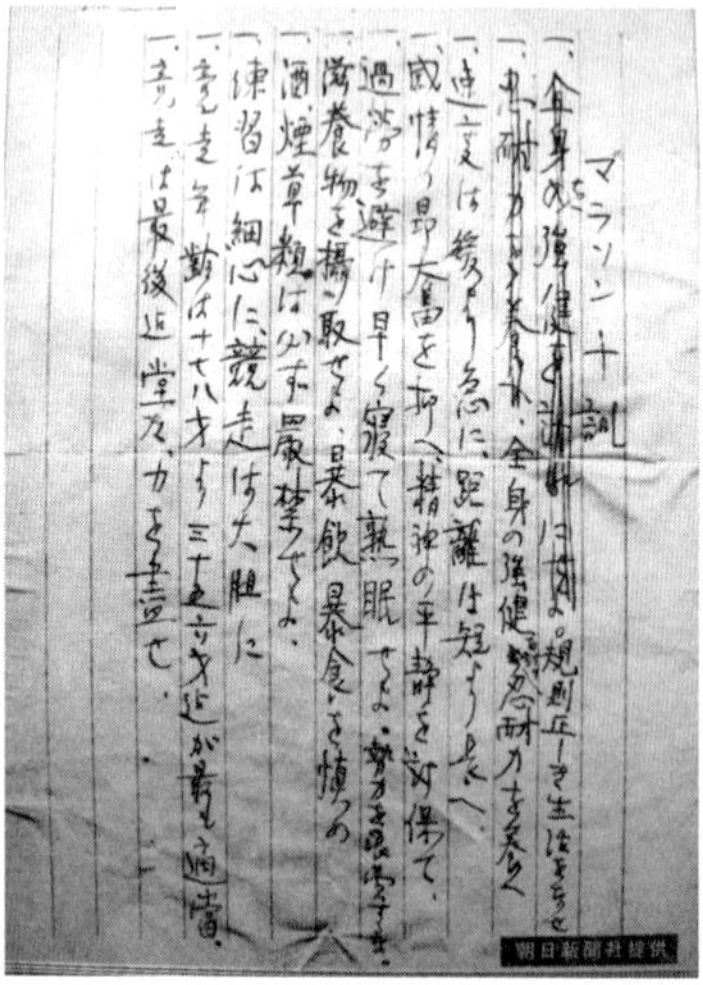

マラソン十訓（金栗四三氏直筆）

第二部　「カナクリズム」余話

「体力 気力 努力」に思う……相通ずる嘉納の柔道精神

「体力　気力　努力」という言葉は日本マラソンの父・金栗四三さんの代名詞のようなものだ。《カナクリズム》の象徴として、いろんな場面で訓話や刊行物に引用され、マラソン記念碑に刻まれ、今ではインターネットでも紹介されている。

「有名な言葉ですが、そこに込められた先生の深い思いとは?」「起源はいつごろですか。若いころ、熟年、晩年?」――講演や執筆、会合、あるいはマスコミの取材に応じる中で、そんな質問を何度か受けてきた。

そこで、「余話」の最初は《体力　気力　努力》の金栗精神（カナクリズム）から――。

この言葉は『教訓例話辞典』＝昭和四十三年（一九六八）東京堂出版＝や、釈迦、キリストから湯川秀樹など古今東西の名言を網羅した『東西名言辞典』＝昭和五十三年（一九七八）同＝に次のように収録されている。

『〝体力、気力、努力〟――日本のマラソン王といわれる金栗翁は、後進を指導するのに、この三語をもってしている。なにしろマラソン競走は42キロ以上を走り続けるものであるから、人並み以上の〝体力〟が必要であり、その上に必ず最後まで駆け通すという〝気力〟がなければならず、さらにどんなに苦しくとも我慢するという〝努力〟がなければならない。これは単にマラソン競走における必要だけではあるまい』

両辞典とも編著者は熊本・南関出身の有原末吉。熊本師範から東京高師に進み、その後、実践女子大教授として高名な国文学者だった。東京高師の学生時代は金栗さんの弟子の一人で、大正四年の第三回日本選手権マラソンで金栗さんが2時間19分台の驚異的な世界最高記録で優勝したとき3位に入った名ランナーでもある。

有原の解説、特に傍線の部分を受けて筆者は次のように解釈している。

「人生はマラソンなり。マラソンは〝体力、気力、努力〟なり」――〝体力〟とは、人生を豊かにする「心」、「身」の健康、活力のこと。子ども心に感じた病弱な父親の記憶。金栗さんには、健康こそが活力ある人生の原点という思いがあったようだ。

〝気力〟とは、初心を忘れず、初志貫徹の堅い決意、不動の精神力のこと。「黎明の鐘に」と諭し励ましてくれた恩師・嘉納治五郎への金栗さんの生涯の誓いであった。

〝努力〟とは、忍耐と継続。負けても失敗しても諦めず、目標達成までがんばり通す粘り強さ。ストックホルム〝大敗後の朝〟、金栗さんが日誌にしたためた新たなマラソン人生のシナリオの実践であった。

インターネットで〝体力、気力、努力〟を検索すると、数十万件ヒットするという。

『体力気力努力。そして知性と感性を備えた若駒たれ。天に聞こえし熱き鼓動、未来へつなげ。金栗四三のごとく』

『人間の能力差は体力、気力、努力で簡単に逆転する。要はやる気だ』

『ストックホルムの五輪開催百周年。ハイライトは金栗さんの体力気力努力の銘板除幕式。当時参加した国々から一万人を超える人たちが……』

『女子体育の普及振興は金栗の大きな業績の一つ。体力気力努力のスーパーマン。その温厚な人柄は、この言葉とともに、いつまでも誰からも愛され、慕われ続けるだろう』

読んでいて楽しい。

晩年、金栗さんがしみじみと語った言葉を思い出す。

「長い間、泣いたり、笑ったり。苦労もし、努力もしたが、思えばみんな楽しかった。目標に向かって〝楽しくがんばる〟というのはいいことだね」――〝努力することの楽しさ〟こそ《カナクリズム》の真骨頂なのだ。

〔いつごろからの言葉か〕
金栗さんはストックホルムのマラソンで途中落伍の苦杯をなめた後、大正三年の東京高師卒業後は、関東の学生だけでなく全国に目を向けて中学や師範学校をまわり、国民的な体育の普及、育成にも全力を注いだ。自ら体験したオリンピックとマラソン、西欧諸国の文化や体育事情などについて講演、終わると校庭で生徒たちと一緒に走ることの楽しさを教えた。
講演行脚の中で金栗さんは必ずこう言った。「何事をやりとげるにも体力がなければ駄目だ。堅忍持久。粘り強い闘志と実行力を養うにはスポーツが第一である」

時には「わが校には車引きの練習はいらん」と言う分からず屋の校長に、まだ二十代の若造である金栗さんが「教育の根本は知育、徳育、体育ですから」と粘りに粘ってOKさせたケースもあるという。相当の強心臓ぶりだ。

そういう中で自然に生まれたのが〝体力、気力、努力〟の《カナクリズム》ではなかったか。つまり金栗さんが若いころから自ら体得していった〝マラソンへの心構え〟であり〝生活信条〟でもあったろう。

〔東京七大学駅伝で〕

金栗さんの若き日から九十年ちかく経った平成二十一年二月、福島陸協顧問の安藤敬男氏から筆者宛に、父親である故安藤松男さん（福島県南陸協初代理事長、後に副会長）と金栗さんらの共同企画による東京七大学駅伝競走の資料などが送られてきた。その中に、大会前夜の大正十一年五月二十日、開催地の須賀川町第一小学校講堂で開かれた「マラソンと体育」と題する金栗さんの講演詳報（福島民報に掲載）があった。因みに須賀川町は、東京五輪で〝金栗さんの夢〟をかなえ日本初のマラソンメダリストとなった円谷幸吉の出身地である。

古代ギリシャのオリンピックや〝マラトン〟の古事（１０８ページ参照）から近代五輪の起こり、自ら参加したストックホルムとアントワープ両五輪の経験談、今後の課題など二時間にわたる講演の最後を金栗さんは次のように締めくくっている。

「アントワープの広い競技場には高い塔があって、優勝者を出した国の国旗がそのつど高く掲げられ、国歌が奏せられる。会場は全ての運動を中止し、直立不動の敬意を表する。私共は聞いたこともない小国の国旗が掲げられても、三大強国となっている日本の国旗は掲げられず、したがって君が代の演奏もない。誠に残念であった。（略）われらは日本運動界のために世界の舞台に立ってこの屈辱を晴らさねばならぬ。来る十三年には仏蘭西の巴里にて次回のオリムピック大会が行われるのであるから、わが国民たるものは老若男女を問わず国民体格の向上に意を注ぎて運動を奨励し、健全なる〝体力〟を養い、日本希有の〝気力〟を養いてわが運動界のために〝努力〟されんことを熱望するものである」

〝日本希有の気力〟というのは〝大和魂〟のことであろうか。金栗さん三十一歳。明治青年の心意気がしのばれ、見事に〝体力、気力、努力〟がうたい込まれている。そのころ、すでに金栗さんのマラソン精神、生活信条として定着していた、とみてよい。

この言葉を熟語、格言とし《カナクリズム》の原点として広めたのは、たぶん有原末吉（国文学者）や山岸徳平（元実践女子大学長）栗本義彦（元日体大学長）らの〝学者弟子〟たちであったろう。

昨年、玉名市立歴史博物館で開かれた「ストックホルムの金栗百年展」で、第一回金栗賞朝日マラソン（昭和二十二年十二月七日）の優勝者に日本陸連が贈った記念賞に金栗さん自筆の「体力　気力　努力」の文字を見つけた。筆跡も晩年のものとほぼ同じで、若い日から書き続けておられたようだ。また、同博物館蔵の「マラソン十訓」もこのころからカナクリズムの具体的な実践要綱として後輩たちに話し、記者の取材にも答えておられたようである。

〔相通ずる嘉納治五郎の〝精力善用　自他共栄〟〕

金栗さんが生涯の師として敬慕したのが嘉納治五郎。東京高師入学時の校長であり、講道館の創始者、アジアで最初のＩＯＣ委員、初代の日本体育協会長、日本初の五輪選手団長。

嘉納の有名な柔道精神〝精力善用　自他共栄〟――これが「黎明の鐘に」の名言とともに金栗さんのマラソン人生の原点となった、と私は思っている。「精力とは人間の生きる力、生命の根源のこと。そのエネルギーを世のため、人のために活用するのが嘉納先生の精神である」と金栗さんからよく聞かされた。

柔道の五輪チャンピオンで熊本出身の山下泰裕氏（東海大副学長）はこう解説している。

「己れの精力を最大限に生かして善いことに努め、相手を敬い、自他ともに栄え合う世の中を築く。柔道の理念であるこの精神は柔道家の枠を越え、いまや全人類に共通して求められる精神ではないか」

嘉納の〝精力善用　自他共栄〟が人の世の大目標であるとするならば〝体力、気力、努力〟は、その目標達成のための必須要素、条件でもあろうか。

〔若いお二人の門出に〕

〝金栗信者〟の一人、を自称する筆者は、結婚の仲人あいさつや披露宴での祝辞などで、いつも《カナクリズム》を借用している。

「素晴らしい日のお二人への餞けとして、日本マラソンの父・金栗四三先生の言葉を贈ります。〝人生はマラソンなり、マラソンは体力、気力、努力なり〟。体力とは「心」、「身」の健康であり、人生の活力の源泉です。気力とは初心忘れず。本日の感激と愛の誓いを終生守りぬく初志貫徹の強い愛情と精神力。努力とは、人生の山坂を手をとり合って乗り越えていく忍耐の継続であろうと思います。これからの人生を〝体力、気力、努力〟で楽しく完走してください」。

『走れ二十五万キロ』とは――

『走れ二十五万キロ』を熊本日日新聞に連載していたとき「二十五万キロとは、どういう意味ですか」と、よく尋ねられた。金栗さんにも直接質問する人がいて「私ぁ、数字に弱かもんなあ。長谷川さんに聞いてくれ」ということで、筆者宅に電話がかかってきたりした。

連載のため取材していたある日、金栗さんの自宅の日あたりのいい縁側で、スヤ夫人手作りの黄粉モチ（金栗さんはモチが好きだった）を頬張りながら「これまでに、どのくらい走られたのでしょうか」と尋ねたところ「あぁたが計算してください」。

そこで、金栗さんが子どものころ通学で走った距離（高等小学校の二年間、一日往復12キロ）から始まって、東京高等師範以来の毎日の練習やレース、札幌～東京、下関～東京、九州一周などマラソン行脚等の〝意識して走った〟距離を足していったら、20万キロを超えてしまった。これは、十三歳から六十八歳までの五十五年間、毎日10キロを走り続けた距離に匹敵する。すごい数字である。

「百歳までまだ三十年あります。一日一里（4キロ）程度をジョギングされるとして、あと5万キロは走られるでしょうから、金栗さんのマラソン人生は〝計25万キロの走破〟ということになりますね。若い人たちよ、健康ニッポン、マラソン日本を目指して《走れ25万キロ》なんて、むしゃんよか（格好がよい）と思いますが……」と提案したら「よかごたるな」と快諾された。

これが『走れ二十五万キロ　マラソンの父金栗四三伝』のタイトルの由来である。

さて、25万キロという距離だが――。赤道1周が約4万2千キロだから、地球をほぼ6周である。毎日20キロを一日も欠かさず走り続けても34年3ヵ月かかるし、マラソン（42・195キロ）を毎日走ったとして16年3ヵ月という計算になる。すごい距離だが、それでも現在の選手たちの練習量はさらに大幅に伸びているらしい。

ところで、金栗さんが監督を務めた昭和二十八年（一九五三）の第五十七回ボストンマラソンで驚異的な世界最高記録をマークして優勝した山田敬蔵氏から、拙宅に金色のメダルが届いた。表に「賞　体力　気力　努力　金栗四三　贈　山田敬蔵」とあり、裏には「30万キロ達成記念　平成十三年十一月二十五日」と刻まれている。長距離大会の優秀選手に山田氏が贈る《金栗賞》なのだろう。〝まずは練習量。これからもがんばれ〟という後輩たちへの強い思いがしのばれる。

それまでの山田氏のマラソン経験を五十年とすれば、毎日16・5キロを走ったことになる。「やっと金栗先生の距離を越えました」——手紙にはそう書き添えてあった。

ストックホルム五輪、当時の新聞報道

明治四十五年七月十八日付の九州日日新聞（熊本日日新聞の前身）に、第五回オリンピック・ストックホルム大会の記事が掲載されている。

金栗選手のマラソン失敗を報ずるニュースと、金栗、三島両選手の敗北を分析し論評した詳細な解説記事である。「両者とも故障と不可抗なる病気の突発」を原因とし、「文化智識の進歩したる国より、未開発で蛮なる国民の方が体は強壮」とする当時のスポーツ観。そして今次の二人の派遣は「突飛の沙汰」としながらも「それが刺激、興奮となりて将来の発奮を喚起する益あり」と期待を寄せている。

だれが書き、どこの通信社から送信されたものか分からないが、面白い。これらの報道を嘉納団長や金栗、三島の当事者をはじめ国民、読者はどう読み、感じたのだろうか。以下、原文のまま引用する。

〔金栗選手マラソン競走に失敗す　第一着はアフリカ人〕

『スエーデンストックホルムにて去る十四日にはオリムピック競技の呼物たるマラソン競走の催しあり。此競走には我日本選手金栗四三氏も加入し居り、各国の参加選手は総数六十八名にて、最も有望なりと目せられしは亜弗利加人マカトパス、加奈陀人コルベリー、芬蘭人コレーマイネン、印度人サカレキシス等にして、金栗氏が此等選手に打勝つべしとは豫期されざりしも、目下同地は極暑にて白人選手に對して非常に不利なれば、金栗氏は可なりの成績を収むるならんと思はれたるに、愈々競走當日となり六十八名の各国選手競走場に参集して一斉にスタートを切るや南亜弗利加選手アルシュル（マック・アーサー）は二十五哩の競走道路を真先に踏破し僅々二時三十六分餘にして競技場に帰来したれば、公式を以て橄欖の花環を授けられ満場の喝采鳴りも止まず、非常の盛観を極めたり。第二着は南亜弗利加選手にして第三着は米国選手の占むる処となり、我金栗選手は第二十着以下にして遂に賞に入らず。後報によれば金栗選手は約九哩を疾走したる頃身体に故障を生じ残念ながら競走を中止したるなりと』

〔日本選手の失敗〕

『オリムピック競技に於て、我国の選手三島氏先づ失敗し、續いて最も多大の希望を嘱せられたる金栗氏、又た二十五哩のマラソン競走に於て、約九哩を疾走したる時身体に故障を生じて落伍し、又た失敗に終わりたり。三島氏は右足を痛めて、奮闘に便ならず、為めに成功する能はざりしが。金栗氏も亦た身体に故障ありしと云へば、不可抗なる病気を突発したる者なるべく。斯くて国民的代表者たる両氏が相共に不成功に終りしは、返へす返へすも遺憾に堪へざる處なり。金栗氏は勿論、三島氏も必ずや最善を為して、日本選手としての名誉を発揮せんと勉めたるなるべく。而して其失敗の遺憾は、吾人背後の同胞よりも、両氏自身こそ、最も痛切に之を感ずるなるべし。吾人は之を想ふ、轉た同情に堪へざると同時に両氏が晴れの舞台に於ける、日本選手としての健闘は、勝敗以外必ず何者かを発揮して、日本魂の閃光を列国人環視の間に呈露し得たるべきを信じ、以て両選手の労を犒はざる可からず。

マラソン競走の第一着と第二着とは、共に亜弗利加の選手にして、第三は亜米利加の選手なるを観れば、欧州各国の如き文化智識の進歩したる處よりも、却て蛮気の今尚残存し、野生的状態の現に遺留する国民が、概して強健剛壮にして、此種の競争に勝利者たるの傾向あるを認めざる能はず。単に亜弗利加人と云ふも、欧州の何れよりか転住し、若くは其血統を受けたる者なるやを知らざるも、併も比較的蛮野なる状態の下に生活せるは、争う可らず。此点に於ては、何となく智識と体力との並行の不可能を、認めざる可らざる者あるが如し。彼の雲突く許りの外人の中に混じて、三島、金栗の両選手が、日本人の通有せる比較的矮少なる体格を以て疾走することの、一異観たりしと共に。又た其軽捷なる、外人の注目を惹きたるなるべし。彼の金栗選手は、東京に於ける予選競争に於て二十五哩を二時三十二分四十五秒にて突破し今回の第一着たる亜弗利加選手は、二時三十六分余を費したるを以て。必ずしも其成績に於て悲観す可らずと雖。併も日本人の体格の先天的壮大を欠くは、斯る場合に於ける、非常の弱点たるを免れざる可し。而して失敗の原因も亦た、豈に其根底の此に在らざるを知らんや。是れ吾人の深大の注意を、此点に致さざる可からず処なりとす。

然れども、我国の運動界が、尚甚だ幼稚の域に在るは、何人も否む能はざる処にして。オリムピックの競技に於ても、今次を以て初めて選手を出せる位なれば、先進国選手に対する失敗は、寧ろ当然の事と諦めざる可らず。我国にては、運動は単に学生時代の行事たるに止り、一般の社会に於ては殆ど之を実行する者あるなく。随て一般国民の之に対する趣味も奨励も、甚だ薄弱なるを免れず。彼の早稲田の野球団が北米に遠征を試みて、到る処に失敗したるに観るも我国の運動の尚未だ容易に欧米諸国に及ぶ能はざるを識る可くして。今次の万国競技の晴れの舞台に、二名の選手を出せしが如き、寧ろ突飛の沙汰と称するも妨げざる也。果して然らば、今次の失敗は、我国の運動界に取りては、刺激となり、興奮となりて、将来の発奮を喚起する益あるべし。吾人は爾く観じて、今次の失敗を遺憾としながらも、又た別個の善影響を看取せざる可らざるなり。要するに今次二選手の失敗は、国民の体格問題より観、運動界の振興問題より観ても、軽々に看過す可らざる処なるを信ずる也』

スポーツは何のために……金栗と三島の場合

金栗四三には「日本スポーツ界の黎明の鐘になれ」という嘉納治五郎の説得で日本初の五輪代表を受諾した（79ページ参照）ときから「国を背負って」という気負い、出征兵士のような〝悲壮感〟〝責任感〟が漂っていた。さらに、遠征費の自己負担問題が追い討ちをかける。ストックホルム五輪の国内予選要領には「予選参加費用は自弁だが、当選者（代表）の海外派遣に関する旅費及び滞在費は本会（大日本体育協会）において支弁する」とあった。

しかし、「官立学校の生徒が駆けっこなどの遊びのために外国へ行くとは何事か」という文部省の反対もあって一転、自費になったようだ。当時の風潮はまだそんなものだった。金栗が必要とした遠征費用千八百円は、米の価格で現在に換算すると四百万円を超す大金である。熊本の大先輩で舎監でもあった福田源蔵（後の熊本中学校長）が提案した東京高師職員、生徒らによる募金と兄の支援でどうにか調達できたが、このことも金栗の心理的負担をさらに増すこととなった。

もう一人の代表だった三島弥彦の場合は対照的である。羽田の予選会には、正式に依頼された審判員の仕事を断って友人と見物に行き、会場で急きょレースに飛び入り参加。エントリーなしで出場できたのが不思議だが、結果は、百メートル、四百メートル、八百メートルに勝ち、二百メートルも2位に入って代表に選ばれている。

三島は陸上競技をはじめ野球やボート、スキー、乗馬、柔道もする万能選手として有名人だった。しかし、スポーツはあくまで〝本業の余暇にする気晴らし〟程度のもの、という英国紳士流の考えをもっていたようだ。代表には選ばれたものの、東京帝大の卒業試験は近いし、文部省の反対もある。どうしたものか、と迷った三島は浜尾新東京帝大総長に直接、伺いに行く。総長は「駆けっこのために外国に行くんじゃなくて、欧州遊学中にたまたまオリンピックがあっていたから出た、くらいの軽い気持ちで行ってきたらどうか。海外での見聞は大いにプラスになる。卒業試験のことは心配するな」と笑顔で激励し、送り出した。浜尾は嘉納とはかねて知り合いだったが、なかなかさばけた総長だった。遠征費も、三島は子爵家の次男坊であり、父は警視総監、兄は後の日銀総裁という家柄で、何の心配もなかったろう。金栗とはえらい違いである。

日本から初めてオリンピックに参加した両雄だが、さすがの三島もストックホルムでは戦う前から戦意喪失の感があった。各国の精鋭たちとは体格も記録も経験も段違いだった。金栗も、国内予選で大記録を出したことが自信とは逆に重荷になって焦燥が募るばかり。戦う前から平常心を失っていた。

結果は二人とも同じ。三島は予想通りの完敗、金栗は想定外の猛暑にやられて途中棄権の惨敗に終わっている。

その後の二人の軌跡がまた対照的だった。

金栗の大敗後のマラソンは、嘉納の穏やかな励ましの言葉を機に、それまでの〝責任感〟から新しい〝使命感〟へと変わっていった。惨敗の悔しさと嘉納の励ましをバネに生涯を国民の健康とスポーツ界の育成、強化、発展に捧げ《日本マラソンの父》と呼ばれた。《日本スポーツ維新の志士》と評する人もいる。もし、初参加のオリンピックで落伍せずそこそこの成績をおさめていたら、金栗の人生は違ったものになっていたかもしれない。

三島もレース直後は残念無念の態だったが、彼の中でスポーツはあくまでも〝余技〟だったようだ。大正二年に東京帝大を卒業して横浜正金銀行に入り、青島支店支配人、本店検査人などを務めたが、きっぱりとスポーツからは離れ、昭和二十九年に死去するまでスポーツイベントやマスコミに登場することはなかった。

今、全国的に大規模な市民マラソンが盛んだが、一般の愛好者にとって、学校で部活に汗を流す児童・生徒にとって、また全日本や世界クラスの一流選手にとって、スポーツとはいったい〝人生の何〟なのか——。

時を経て東京五輪の三年後、昭和四十二年に東京で開かれたユニバーシアード（国際学生スポーツ大会）でのことを思い出す。表彰台を降りて選手村に帰った後のインタビューで、日本と欧米のメダリストたちの談話にはかなりの違いがあった。

「やっと終わった。うれしい。目標達成で、もう死んでもいいくらい。ゆっくり休み、おいしいものを食べたい」——日本選手ではこんな感じの発言が幾つもあった。

欧米の選手たちには違うのがいた。「やっと終わった。うれしいです。でもこれからが大変だ。あまりにも多くのものを犠牲にしてきたから。早く学校に帰って、遅れた分を取り戻さなきゃ。資格試験も近いし」

次の目標がはっきりしていて、爽やかだった。

東京五輪の水泳自由形で4つの金メダルをとったアメリカのスーパー・エース、ショランダーは、このユニバーシアードを欠場した。「所属する文化関係のサークルで、自分の発表の時期が重なったから」というのが理由。みんなが驚いた。日本には、文系のクラブと掛け持ちの主力選手などいるだろうか。たとえいても、選択は逆であろう。

「人生の中での〝スポーツの位置付け〟が実にはっきりしている」とマスコミのニュースにもなった。

では、金栗にとってスポーツとは――。

ストックホルム大会後、金栗は全国の師範学校や中学校を回って老若男女だれでもできるレクリエーション的な身体運動を奨励した。特に将来母親となる女性の体育に力を注いだ。次に、心身の健康を考え、努力工夫の貴さや責任感、フェアプレー、チームワークなどを体得する教育としてのスポーツ。そして、勝利のために全精力をつぎ込むチャンピオン・スポーツ。

その三つの考え方の中から、それぞれが自らの目標を定め、コーチの側もそれらに応じてギアチェンジしながら助言、指導をしていく。そういう考え方の幅広さが、日本人として初めてオリンピックを経験した金栗の特徴であり、卓越した国際性ではなかったか。それが最終的に「スポーツこそ国民の健康、国力伸展の源泉である」という《カナクリズム》に昇華していったのではないか。

パールライン・マラソンのエピソード――。

全国から中高年の男女が集う熊本・天草のパールライン・マラソン。健康マラソンの先駆けとなった大会である。始めたのは、加地正隆（医師）を会長とする〈熊本走ろう会〉と地元の大矢野町である。昭和四十八年三月の第一回開催を前に、加地ら同会幹部の医師たちが「ぜひ名誉会長に」と金栗宅を訪ねた。趣旨を聞いて金栗は「フム、フム。ああたたち医者が、医者のいらぬ世界をつくろうというのが気にいった。大いにやりなさい」

この大会のスローガンは「遅いあなたが主役です」。肥後狂句作家でもある加地の作。「みんながビリ争いをしたら、レースは終わらんたい」と茶化す向きもあるが、軽妙無比の加地のこと、金栗の号砲でスタートした参加者たちを百メートル先で待ちうけ「オーイ、みんなぁ、帰ってこいよぉ」とメガホン片手に大声で叫ぶ。大会の名物である。賞品に〝ビリ賞〟はない。

加地作のスローガンは幾つもある。「勇気ある落伍は栄光」「瀬古は走る芸術品、おどんたちゃ民芸品」「わしらはみんな死亡適齢期。だから走ろう健康マラソン」

大会には赤十字マークをつけた県医師会の監視ランナーや心臓専門救急車、自衛隊の救護班など万全の態勢だから、高齢者も安心。第二十回大会（平成四年）には、１０１歳の奥山逓一さん（島原走ろう会）も参加して話題となった。

金栗は、この大会がお気に入りだった。

自らの生き甲斐として生涯走り続けた金栗や加地とは逆に「国を背負った悲劇のマラソンランナー」と呼ばれる人たちがいる。ベルリン五輪の孫基禎《そんきてい》、東京五輪の円谷幸吉……。

孫は植民地時代の朝鮮出身。ベルリンで日の丸を背負っての見事な金メダルだったが、東亜日報が表彰台の孫の写真から日の丸を消して報道した事件に巻き込まれ、以後、スポーツ界から追放同然になった。円谷の悲劇（３０７ページ参照）は周知の通り。

「自らの発想、努力で国のスポーツ発展を背負おうとした人」と「一方的に国や組織、権力、民族主義の側から責任を背負わされてしまった人」の違いであろうか。

嘉納治五郎と熊本

嘉納治五郎は明治二十四年八月七日、竹添進一郎（熊本・天草上村出身で木下韡村塾の四天王の一人）の次女で華族女学校に在学中だった須磨子と結婚した。

仲人は、嘉納、竹添両家と親交のあった熊本出身の木下韡村（木下塾主宰）の次男である木下広次（文部省学務局長、第一高等中学校長、京都帝大初代総長）夫妻。場所は欧州帰りの嘉納の寄寓先で次姉・柳勝子の自宅だった。嘉納は後に、木下広次の後任として第一高等中学校長になっている。

その結婚の経緯について、嘉納の自伝に次のくだりがある。

「欧州へ行く前から妻帯を勧められていたが帰国後、自分にも分別ができ、考えも熟したため、姉や自分の懇意な人々とも相談した結果、竹添の娘を勧めてくれた」

竹添進一郎は勝海舟の覚えめでたく、嘉納の父・次郎作も勝と幕府時代からの深い縁故があり、その関係で両家はかねてからの知り合いだった。加えて木下韡村塾の四天王といわれた木村弦雄（済々黌第三代校長）、井上毅（内閣大書記官、法制局長官、文部大臣。帝国憲法と皇室典範の起草者）、古荘嘉門（第一高等中学校長、群馬・三重県知事。熊本で紫溟会を興し、第一回衆院選に当選）らの意見も聞いたようだ。

木村は嘉納が学習院勤務時代の同僚、井上は宮内庁で懇意。古荘は学習院時代からよく知っていた。さらに嘉納は、須磨子が華族女学校で最も敬愛していた学監・下田歌子とも以前からの知り合いで、須磨子の人柄などを聞いている。

「そのみんなに勧められて、私の基準とする本人、周囲の条件もぴったりで話は忽ち成立」と嘉納は述べている。

結婚直後の明治二十四年八月十三日、嘉納は第五高等中学校長（熊本）、文部省参事官、叙奏任官二等を拝命。この人事は、熊本出身の佐々友房（済々黌の創立者）、古荘嘉門、木下広次、津田静一らが「嘉納を熊本へ」と働きかけたのがきっかけといわれている。

嘉納は新婚一ヵ月を浦賀松崎山に家を借りて過ごし九月、熊本に単身赴任、新妻はそのまま華族女学校に通い続けた。因みに、竹添夫妻には男児がおらず、嘉納の長男・履信が竹添家を継いでいる。

嘉納は、結婚の一週間後に第五高等中学校長を拝命し、その一週間後の明治二十四年八月二十日に金栗四三は生まれ、翌月、嘉納が熊本へ。というわけで「金栗は、生まれたときから嘉納先生と不思議な縁があった」と弟子たちは言う。

嘉納は熊本着任後、島根師範にいた小泉八雲を五高に呼ぶ。八雲は『東より』の一文の中で、校長官舎の倉庫を改造した嘉納道場・瑞邦館の練習風景を描き「柔道は力だけではない。相手の力をうまく利用して勝つのだ」と柔道の真髄を紹介。「日本は柔道によって日露戦争に勝ったのである」とも書いている。

五高校長在勤二年間に嘉納が熊本の各界に与えた影響は大きい。

大森監督夫妻と松田女史のこと

「日本が初参加したストックホルム・オリンピックで日本代表の監督を務めた方のお身内から、熊本の陸上競技振興、オリンピック運動の一助に、と寄付の申し出がありました」―平成十七年の晩秋、竹原熊本県体育保健課長を通じ、西山県土木部次長から筆者に連絡があった。

ストックホルム五輪の監督は大森兵蔵。病身でありながら金栗、三島の両選手を率いて安仁子夫人とともにスウェーデンに遠征。帰途、夫人の故郷アメリカに渡ったが肺結核が悪化し、カリフォルニア州パサディナで客死した。享年三十七。

大森は明治九年、岡山県の生まれ。同志社、東京高等商業（現一橋大学）を経てアメリカのスタンフォード大学へ進み、さらに国際ＹＭＣＡトレーニング・スクール（体育部主事養成課程）で最新の体育学と実技を学んでいる。在米中に十八歳上の安仁子（アニー・バロウズ・シェプリー）と結婚し、明治四十一年に帰国。東京ＹＭＣＡの初代体育部主事に就任し、日本女子大でも教鞭をとりながら『開拓者』『青年の研究』『体育の二条件』等の論文を発表して話題になり、『オリンピック式陸上運動競技法』の著書もある。

一般的には、バスケットボールやバレーボールを日本に紹介し明治を生きたスポーツ・パイオニアの一人として有名だが、陸上競技もなかなかのもので、当時の日本では国際的な気鋭の体育学者、指導者としても評価された。嘉納治五郎が日本の五輪初参加を決意し、その母体となる日本体育協会の創設に乗り出すころから大森はすでに嘉納の右腕であり、オリンピック参加の初代監督に要請されたのも極めて自然なことだろう。

金栗さんも代表決定後、安仁子夫人に英会話や洋食のマナーなどを習っている。ただ、大森監督は既に留学中に病んだ肺結核がかなり進行していたらしい。

安仁子夫人は夫の死後、一人寂しく日本へ帰国。私財を投じて幼児施設「有隣園」の経営に当たったりした。しかし昭和に入って日米関係が次第に悪化し、施設を人手に渡して河口湖畔の別荘に移ったが、日米開戦直前の昭和十六年八月、孤独のまま亡くなっている。

さて、多額の寄付の申し出をされたのは、大森監督の姪にあたる松田澄江さんの長女・松田妙子さん。妙子さんは若いころカリフォルニア大学のＴＶマスコミ科に学び、ＮＢＣプロデューサーなどを務めた後帰国。日本の実情を世界に紹介するＰＲ会社やツーバイフォー工法による日本ホームズ社、住宅産業研修財団、生涯学習財団を設立。その他、東京都公安委員を務め、ベトナムではビエンホアの孤児救済施設有隣園を開設、七十一歳で東京大学大学院で博士号を取得して日本の伝統的建築技術を継承するための大工養成塾を開くなど、多方面にわたってエネルギッシュに活動している。県土木部とのつながりは建築を通してのものだろう。父上は松田竹千代元文部大臣で衆議院議長。米国留学中に大森夫妻と知り合い、帰国後は有隣園の支援者でもあった。

「大森と縁の深い金栗さんの故郷に」とのありがたい寄付について、熊本陸協理事会で協議の結果、《金栗顕彰事業》の一環として活用することに決定。ちょうど熊本陸協創立六十周年（平成十九年）で準備中だった『熊本陸協六十年史』を拡大、変更し、日本マラソンの父・金栗四三に始まる〝前史〟を加えて『熊本陸上競技史』として出版した。

発行部数も当初の予定より増やし、熊本陸協主催大会の入賞者に贈呈するなど長く、広く後世に伝えていくことにしている。

金栗に憧れ、夢に応え……悲劇のランナー円谷幸吉

昭和四十一年（一九六六）五月五日付の熊本日日新聞に『円谷選手ひょっこり熊本へ』との記事がある。三月、久留米の陸上自衛隊幹部候補生学校に入校し、休暇を利用して、かつて陸上競技の指導を受けた川口正二一等陸尉を第八師団に訪ねて来熊した。

四日午前、熊日本社に県体育協会長である伊豆富人社長を訪問、午後は第八師団グラウンドで隊員を指導した。その折のインタビュー。

――最近の調子は――

「あまり練習をやっていないので、体重は1・5キロ増えて55キロ。学校に陸上競技部はあるのですが、入部せず一人コツコツやっています。とにかく勉強に追われて練習時間をさがすのに苦労しています」

――公式大会への出場は――

「在学中は出ません。九月に卒業するので、それからです。メキシコは若さと体力の勝負。高地トレーニングを含め幅を持たせた練習をやりたい」

――マラソンを始めた動機は――

「昭和三十七年にマラソンの父といわれる金栗四三先生の『走れ二十五万キロ』という本を読んだのがきっかけです。金栗先生は若いころよく走られました。雨の日も風の日も、暑い日も寒い日も、黙々と走って精神力を養われました。しかも走ることだけではなく、学問もされました。決めたことは実行するという先生の哲学を本から見つけました。苦しいときはいつも『走れ二十五万キロ』を思い出すようにしています。あの本からマラソン、いや人生の全てを学びました」

円谷は金栗の話になると身を乗り出してきた。そして最後にこう結んだ。

「熊本のアスリートたちは偉大な先輩を持って幸せですね。一度、熊日30キロマラソンに出場してみようと思って

いいます。なかなか走りやすいコースだそうで、好記録を出してからメキシコを目指してスタートを切りたいと思っています」

東京五輪ではアベベ（エチオピア）、ヒートリー（イギリス）についで3位となり、日本人として初めてマラソンの表彰台に上った円谷。自衛隊からは「100％の任務遂行である」と第一級防衛功労賞を受け、国民的な英雄として次期メキシコ・オリンピックでの金メダルを期待されたが、秋になっても体調はいまひとつ。練習のやり過ぎとレースへの出場が多過ぎて持病である腰痛が再発。手術をしても治らない。その間にも世界のレベルはグングン上昇していく。

不安と焦りの苦悩の中で、円谷は安らぎを求めて恋仲だった女性との結婚を決意する。家族も直属の上司も了承し、心身ともにリフレッシュしての再起、快走が期待されたが……。

「大事の前に結婚など」という自衛隊上層部のコチコチの〝敢闘精神〟には通じなかった。あまりの圧力に、女性が身を引くかたちで結婚は実現せず、円谷はさらに落ち込み、ガタガタとくずおれていく。

さらに、円谷の結婚を支持する最大の理解者であり監督でもあった直属の上司が左遷のかたちで転勤させられることを知ったとき《円谷のマラソン》は全ての歯車が狂った。

刀折れ矢尽きて絶望の淵へ……。メキシコ・オリンピックの年、昭和四十三年一月八日、円谷は自衛隊朝霞駐屯地の自室でカミソリを首筋に当て、悲劇の結末を迎えたのだった。机上には遺書が残されていた。

「父上様、母上様、三日とろろおいしゅうございました。敏雄兄、姉上様、おすし美味しうございました……（略）幸吉はもうすっかり疲れ切って走れません。なにとぞお許し下さい。気が休まる事なく、ご苦労、ご心配をおかけ致し申し訳ありません。幸吉は父、母上様の側で暮らしとうございました」

その悲報を聞いたとき、金栗は「可哀想に……」と一言。後は声もなく長時間、瞑想していたという。

円谷は、金栗に憧れてマラソンの道に入り、半世紀にわたる金栗の夢に応えて日の丸を掲げ、最後は全ての支えをなくして寂しく散っていった。

時代背景は違うが、金栗はストックホルムの大惨敗の後、自らの努力、精進と身近な人々の力強い支援で国や大衆を動かそうとした。いうなれば、日本マラソンの《維新の志士》であった。

一方、東京五輪の英雄となった円谷の場合は、熟した時代の渦巻くような金メダルへの期待や、属する組織の過剰な権威と圧力が交じり合って一方的に彼を押し潰し、痛恨の〝玉砕〟へと追い込まれていったのであろう。円谷には、金栗における嘉納治五郎のような絶対的な心の支えがなかった。

川端康成は「千万言も尽くせぬ哀切。美しくて、まことで、悲しいひびきだ」とその死を悼み、三島由紀夫は「傷つきやすい、雄々しい、自尊心による自殺」と感懐を述べた。

「日本で最も有名になった哀惜の遺書」といわれる所以である。円谷の死が後日、三島の壮絶な最期に通ずる何かをはらんでいたか……。

ロマンティック大記録「54年8ヵ月6日5時間32分20秒3」

金栗さんは明治四十五年のストックホルム五輪の国内予選、大正二年の第一回日本選手権、同四年の第三回日本選手権の三度にわたって当時のマラソン世界最高を上回る大記録をマークしているが、もう一つ世界陸上競技史に類をみない「ロマンチックな快記録」を打ち立てている。

東京五輪から三年後の昭和四十二年（一九六七）の春、スウェーデンのオリンピック委員会から金栗宅に丁重な招請状が届いた。

当時の報道によれば――『貴殿は一九一二年（明治四十五年）七月十四日午後一時三十分にストックホルムのオリンピック競技場をスタートして以来、何らの届けもなく、いまだにどこかを走り続けていると想定される。スウェーデン・オリンピック委員会は貴殿に第五回オリンピック大会マラソン競技の完走を要請する』というものである。

さすがの金栗さんもびっくりした。そういえば、あのときは確かに途中落伍し、地元の人たちに介抱されているうちに選手収容車にも見過ごされたようだ。捜しにきた駐在武官の林中佐と留学中の友枝東大助教授に伴われて近くの駅から直接宿舎に帰り、競技本部には何らの届けも出していない。

半世紀を経て突然舞い込んだ〝完走要請〟は、ストックホルムで開かれた第五回オリンピック大会の「五十五周年記念祝賀行事」としてスウェーデンのオリンピック委員会が企画した国際親善イベント（三月二十日～四月一日）への招待状だった。

〝スウェーデンもなかなかアジなことをやるなぁ〟と金栗さんは感激し、喜んでその要請に応える。

記念行事初日の三月二十日、金栗さんはまずその昔、意識不明になって落伍した26キロ地点のストックホルム郊外トゥレバーグ村にある農家ベトレ家へ。そこで当時介抱してくれたベトレさんの息子で当時十二歳だったベントさんとその家族に会って丁重にお礼を述べた。

懐かしい思い出話の後、車で大観衆が待ち受けるストックホルムの五輪記念陸上競技場へ。早春とはいえ北欧の空気はまだ冷んやりしている。金栗さんは用意していたユニホームに着替える暇もなく、ロングコートに短靴のまま、ゴール前の数十メートルを走ってテープを切った。

場内アナウンスが高らかに告げる。

「日本の金栗四三選手、ただいまゴールインしました。記録は通算54年8ヵ月6日と5時間32分20秒3であります。これで第五回オリンピック・ストックホルム大会はすべての日程を終了しました」

割れるようなスタンドの拍手。そして、インタビューに答える金栗さんもなかなかの役者である。

「長ーい道のりでした。この間に嫁をめとり、六人の子どもと十人の孫に恵まれました」

会場はさらに大きな感動の拍手と歓声に包まれた。

なんとおしゃれでロマンチックな、ユーモアあふれる記念行事ではないか。時に金栗さん七十六歳。「世界ワースト記録」「年月かけたキセル・マラソン」などと茶化す向きもある。しかし、この記録こそ、半世紀前の大敗の悔しさをバネに金栗さんが持ち前の《体力、気力、努力》でこつこつと刻み続けてきた日本マラソン史の〝輝ける躍進の期間〟といえよう。

それからさらに四十五年が過ぎた昨年（二〇一二）、スウェーデンのオリンピック委員会は「五輪開催百周年」の盛大な記念行事を開催した。日本から招待されたのは金栗さんの曾孫・蔵土《くらど》義明さん（二十五歳）＝肥後銀行勤務＝と、金栗さんを名誉市民第一号に選んでいる出身地玉名市の高嵜《たかさき》哲哉市長。

二人は記念行事の数日前に渡欧して数々の歓迎行事に招かれた。七月十四日の「百周年記念祭」当日、高嵜市長はかつて金

54年8ヵ月6日5時間32分20秒3でゴールした瞬間

ゴールのオリンピックスタジアムで両手を上げて声援に応える蔵土義明さん

栗さんが介抱を受けた現ソレンチューナ市体育館での金栗選手顕彰銘板除幕式に出席。蔵土さんは一世紀前、曾祖父が付けた「８２２」番のゼッケンと日の丸を胸に午後一時半スタートの記念マラソンレースに出場した。曾祖父が倒れた地点では当時、介抱してくれたベトレ家の人たちの大声援を受け、起伏の多い難コースを4時間25分1秒の記録で見事に走破。曾祖父が成し得なかったストックホルムのマラソンコース完走の快挙に、会場では祝福の拍手が鳴り止まなかった。

現地を訪れた蔵土さんによれば「レース途中で力尽き、介抱してくれた地元の人たちに対する深い感謝の気持ちを長年にわたる手紙などの交流、律儀な人柄、檜舞台での大敗が契機となってマラソン界の向上に尽くした功績などが、スウェーデンの人たちの感動を誘ったのでしょうか。あらためて曾祖父の偉大さと地元の方々の温かさに心うたれました」と言う。

スウェーデンは、おしゃれで人間味豊かなスポーツの先進国であった。

マラソンへの登竜門……熊日30キロ

昭和三十年十一月三日、日本陸上競技連盟の初代理事長と会長を務めた平沼亮三氏（横浜市長）が文化勲章を受け、〝馬術の父〟遊佐幸平氏と〝マラソンの父〟金栗四三氏がともに紫綬褒章の栄に浴した。スポーツ振興の功労者として国が表彰した最初である。

二年後の昭和三十二年、金栗翁の紫綬褒章受章を記念するイベントとして《熊日招待マラソン》が創設された。その秋、金栗氏は熊本県の近代文化功労者にも選ばれている。熊日招待マラソンは、今年第五十七回を迎えた《金栗記念熊日30キロロードレース》の前身である。《マラソン》とはいっても第一回から距離は30キロだった。その経緯は——。

企画・主催の熊本日日新聞と熊本陸上競技協会の幹部で構成する実行委員会の最初の検討課題は「距離をどうするか」——。マラソンなら当然42・195キロ。だが、すでに全国あちこちで実施されている。熊本はマラソンの父を輩出した地。すばらしい後継者を生み出すために、ふさわしいアイデアはないか。

さまざまな意見が出た後、金栗翁が遠慮がちに発言した。

「マラソンはその昔〝初め悠々、中リズム、ラストへビーで大勝負〟といわれたこともあった。しかし、ラストの大勝負をするためには、しょっぱなからのスピードが必要だし、後半の耐久力も求められる。私は、ハーフマラソンの距離でチームとして切磋琢磨する箱根駅伝などをもってマラソンへの第一段階としてきた。次のハードルは30キロ、35キロだ。国際レベルのマラソンへの登竜門として、スピードと耐久力が必要な30キロあたりをやってみたら……」

こうして、全国から招待したベテランや新鋭を中心とした《熊日招待マラソン》は30キロでスタートしたのである。

熊本市の熊日本社前をスタート、ゴールとし、国道五七号の菊陽町原水で折り返すコース。昔、参勤交代で使われた杉並木の大津街道は途中に武蔵塚もあり、行きはゆるやかな上り、帰りは20キロすぎからほとんど下りつづける感じだ。記録を狙うには絶好のロケーション。全国から気鋭のランナーが次々とやってきた。

第一回の優勝者は地元の兼行奐（三井鉱山）。熊本では初めて五千メートルに14分台を記録したランナーだ。

第三回大会で高口徹（九州電工）と金重千之（宇部興産）の二人が初めて日本最高をマーク。以後、日本最高記録のオンパレードとなる。第五回大会は重松森雄（九州電工）と宇和博（旭化成）、君原健二（八幡製鉄）の三人。第七回大会では籾井輝久（八幡製鉄）以下6位の浦川満司（日立＝熊本工高出）まで、第八回大会は渡辺和巳（九州電工）と土谷和夫（八幡製鉄）、第九回大会では寺沢徹（クラレ）と佐々木精一郎（九州電工）の歴史に残るデッドヒートで3位の浦川まで……。

その後も、宇佐美彰朗（櫻門陸友会）、伊藤国光（鐘紡）が二度、鎌田俊明（同）、二十九回には地元の西本一也（九州産交＝熊本工高出）らを加えて、この大会で生まれた日本最高記録は計23個。うち2個は第四十七回、第四十九回の松宮隆行（コニカミノルタ）で世界最高記録でもあった。

メキシコの君原健二、バルセロナの森下広一（旭化成）という二人のオリンピック銀メダリストを含めて、この大会から巣立っていった五輪選手は延べ二十人に上る。

「駅伝から30キロへ。さらに五輪マラソンの勝利へ」——それが金栗さんの強い願いだった。

その遺志を汲んで郷里・玉名郡三加和町（現和水町）の池上緑良町長は、箱根駅伝を主催する関東学生陸上競技連盟へ何度も足を運んだ。そして実現したのが、箱根駅伝の最優秀選手に贈られる同町提供の金栗賞（杯）。平成十六年の第八十回記念大会から毎年、好選手を輩出している。

「金栗賞のランナーは必ず熊日30キロにも来て」「一日も早い金栗先生の夢の実現を」——〝箱根から熊日30キロを経てオリンピックの日の丸へ〟——両大会のファン、関係者の大目標でもあろう。

昨年（二〇一二）からスタートした熊本城マラソンの一部門として熊日30キロのコースも変わったが、五十五年前の〝金栗の思い〟を忘却の彼方に押しやることなく、これからも新しい人材を生み、歴史を刻んでいってほしい。

ここで、第二十九回大会（昭和六十年）に1時間28分46秒の日本最高記録をマークした地元の西本一也をめぐるエピソード――。

西本は第四十七回大会まで十八年間、大会記録（日本最高）を保持し続けたが、彼の全日本実業団大会での走りを見たヱスビー食品監督の中村清（千五百メートルの元日本記録保持者で、昭和十一年のベルリン五輪代表）は一目ぼれ。「こんな逸材を磨かずに放っておくのは、日本マラソン界の損失だ」とスカウトにかかった。

中村は、瀬古利彦らを育てたコーチとしても有名。西本の素質をしっかりと見抜いたのだろう。しかし、「熊本のエースを奪うな」と地元関係者が承知しない。

あきらめきれない中村は「自分が直接会って、土下座してでも本人や地元の方々を説得する。自分の家に置いて、必ず世界的な選手にしてみせる。紹介してくれ」と、学生時代の縁で筆者に電話があり、六月初旬にその場を設定していた。

ところが、直前の五月二十五日、中村は新潟で川釣りに出たまま帰らず、浅瀬に倒れているのが発見されたという。心臓マヒとのことだった、もしも、中村の急死がなかったら……。

「KK-WING」と金栗さん

平成十年八月十三日、熊本県民総合運動公園陸上競技場が落成した。その秋、実質上のこけら落としとして、第八十二回日本陸上競技選手権と第十四回日本ジュニア陸上競技選手権大会を開催。男子百メートル、二百メートルとハンマー投げで日本新記録、ジュニアも三つの日本新記録が樹立されるなど大成功を収めた。

さて、翌十一年秋に控えた「第五十四回くまもと未来国体」と「ハートフルくまもと大会」へ向けて、同競技場に熊本らしい愛称をつけよう、ということになった。

全国からの応募は三七四五点。熊本を象徴する「火の国」「火の山」県鳥ヒバリの「スカイラーク」などの他、正面とバックスタンドを覆う白い大屋根を〝阿蘇へ向かって飛び立つ鳳の翼〟に見立てて「ウイング」を入れたものなどが多い。「もっこす競技場」や「ばってんスタジアム」というのもあった。

愛称審査委員会の「選定段階における評価ポイント」は次の七項目。

一、熊本を代表する競技場のイメージに合っているか（適合性）
二、県民が親しみや愛着を持てるか（定着性）
三、全国的に通用するか（汎用性）
四、立地する地域の風土、地形、自然にマッチしているか（地域性）
五、前進する感じを受けるか（斬新性）
六、スポーツのステータスシンボルとなり得るか（象徴性）
七、その他、審査員が必要と考える事項

十人の審査員がそれぞれ六点ずつ候補を選び、それをもとに協議した。筆者は一般的な「ウイングスタジアム」「くまもとビッグウイング」「くまもと未来パーク」の他「金栗記念スタジアム」「金栗記念競技場」「金栗ウイング」の三つを強力推薦。前者は各委員にも人気があったが、《金栗》という名称が入ったものを選んだのは筆者だけとあって、質問が集中した。

「名前は知っているが、……」「どんな人物?」「競技場との関わりは?」

力を込めて説明した。

「玉名出身の金栗さんは日本初のオリンピック選手。《マラソンの父》であり、《日本陸上維新期の象徴》だった。その業績と人柄は内外のスポーツ人に敬愛され、日本が初参加したストックホルム五輪の五十五年祭に主賓として招かれた。ボストンマラソンで山田敬蔵が優勝したときの監督。熊本での第十五回国体では炬火の最終走者を務めた。県民の誇りであり、すでに県近代功労者として顕彰されている。評価ポイントの全てを充たすと思う」

ほとんどの審査員は〝ホウ〟という感じだったが、深くうなずき支持してくれる人もかなりいた。

結局「金栗ウイング」を了承、熊本を強調する意味で双方の頭文字を兼ねた「Ｋ・ＷＩＮＧ」に決定した。事務局で著作権や商標権を調査したところ、神戸の商社に同名のものがあり、それなら、ということで「熊本」と「金栗」を併記して「ＫＫ-ＷＩＮＧ」に落ち着いた。

この件について、事務局が記者クラブに「熊本のＫと県のＫ」と間違って説明したため、一時混乱。競技場の正面入口に、正しく理解してもらうように「名称の由来」を掲示するいきさつもあった。

平成十一年の秋、くまもとハートフル大会（全国身障者スポーツ大会）に名誉総裁として来臨された皇太子ご夫妻に熊本陸上競技協会長だった筆者が大会のあらましやＫＫ-ＷＩＮＧの愛称などをご説明した。

「熊本は金栗さんの出身地でしたね」と妃殿下。皇太子も「さっそうとして、いい名前ですね」とのご感想であった。

この「ＫＫ-ＷＩＮＧ」も、平成二十四年十一月二十二日から愛称が変わった。熊本県がネーミングライツ（施設命名権）を募集、山田青果卸売市場のブランド名「美味果菜、良果菜」にちなみ「うまかな・よかなスタジアム」となった。命名権料は年間二千五百万円、契約期間は四年間。県所有施設の命名権売却は初めて。山田社長は「熊本が誇る日本人初の五輪選手の金栗四三先生にちなんだＫＫ-ＷＩＮＧを変えるのは申し訳ないが、命名権料が熊本のスポーツの振興に役立てばうれしい」と話した。

これまで書いてきたようにＫＫ‐ＷＩＮＧと金栗さんには切っても切れぬ強い絆がある。

平成十七年の暮れ、熊本陸協はスタジアムの正面入口前公園広場に、金栗さんの等身大の走姿像を建立しようと県体協と共同で計画を進めた。金栗さんは県体協の初代会長でもある。郷里の玉名郡三加和町の池上緑良町長も発起人の一人だった。

銅像の作成者や建立の場所、一般募金と合わせた予算書や趣意書も出来上がり翌十八年の春、玉名市上小田に金栗さんの長女・池部政子さんを訪ねた。「こういう趣旨ですから、ぜひご同意願いたい」とご意向を伺ったところ、意外な言葉が返ってきた。

「ありがたいことですが、しばらくお待ちください。家族たちと相談してみます」

三週間ほどして、池部さんが直々に訪ねてこられた。

「お申し出の件について家族五人（弟妹）で相談しました。趣意書を拝見しみんな感謝、感動しながら話し合いました。その中で、十数年前に三加和町、その後玉名市からも銅像建立のお話があり、当時元気だった母が固く辞退していたことが話題になりました。同席していなかったので理由は分かりませんが、その後、再三のお申し出にも母が断り続けたのは、たぶん父の遺志だったのでしょう。遺言とあれば私たちとしても……。申し訳ございません」

驚くと同時にガックリときた。金栗さん特有の〝大謙遜〟であろうか、とも思ったりしたが〝遺言〟とあれば、諦めざるを得ない。

しかし、「あのＫＫ‐ＷＩＮＧにぜひ金栗像を」との思いは、多くの人々が持ち続けていることだろう。

金栗さんの偉大な《人と業績》を広く、長く後世に伝えるためにも……。

〝猛婦のくに〟の女子体育

《カナクリズム》のもう一つの柱である女子体育振興の熊本におけるその後の流れについて、断片のいくつかを──。

〔世界女性スポーツ会議〕

平成十七年（二〇〇五）の秋ごろだったか、スポーツにかかわる女性を支援する会（ＪＷＳ）の小笠原悦子代表から、熊本陸上競技協会長をしていた筆者に電話があった。「来年五月の第四回世界女性スポーツ会議を日本で開くことに決まった。ついては、熊本を会場にしたいが、協力願えまいか」

突然の依頼に驚きつつ、よくよく聞いてみると、ＪＷＳの相談役で元日本陸上競技連盟専務理事の佐々木秀幸氏から「女子体育なら、熊本こそふさわしい」と推薦があった由。佐々木氏は大学の競走部で筆者の一年後輩。何度も来熊したことがあり、こちらのスポーツ事情はよく知っていた。

熊本は、日本陸上競技選手権（一九九八）、くまもと未来国体（一九九九）、インターハイ（二〇〇一）など地元開催の全国大会で、女子種目の運営や審判はすべて女性がこなし、二〇〇二年には県レベルで初のレディース陸上大会を開くなど女性陣の活躍ぶりが評判になっていた。加えて、大宅壮一の『肥後の猛婦』（婦権運動推進者に熊本出身の女性が多かった）についても佐々木氏は教えてくれたという。

そんな話の最後に「日本の女子体育振興の先駆者である金栗さんの出身地で、ぜひ」と強く懇願されれば「分かりました」とこたえるしかない。

世界女性スポーツ会議は、一九九四年に英国ロンドンでスタートした女性スポーツの振興運動。男性と同じく女性も自由にスポーツに取り組む権利をうたった《ブライトン宣言》が始まりで、四年ごとに開催され、アジアでは日本が初めて。

小笠原さんと一緒に熊本県、熊本市やマスコミ各社を回ってトップに紹介し、翌年五月、九十七ヵ国から七百人が集まるビッグイベントが実現した。

この会議を盛り上げようと、地元で大和田智子熊本陸協事務局長らが裏方となって「ひのくにスポーツネットワーク」や「くまもと語らん会」をはじめ協力募金団体などの女性グループが誕生、会議成功の大きな力になった。

四日間の会議での各国女性リーダーたちの発言は、たくましく爽やかで希望に満ちていた。

一方で、悩み、傷つき、歯を食いしばって差別への挑戦を続けている女性たちの報告が涙を誘った。貧困の中で身を売り、妊娠し、病気に苦しみながらもスポーツを知ることで立ち直ったという悲痛な過去を語ったザンビアの代表。セクハラやエイズ、多重婚、宗教、習慣の違いなどに悩む途上国の実情報告もあった。

「勇気を持ちましょう。いつでも水着を持って応援に行きます」と激励した木原光知子さん（東京五輪の水泳日本代表）。潮谷義子熊本県知事、幸山政史熊本市長と熊本県体協、熊本市体協のトップ四者もブライトン宣言に署名して、国際運動の一員になった。

水前寺競技場で熊本レディース陸上を視察していたドイツ陸連のベストホルト国際女子部長と会った筆者は、第一次大戦に敗れた直後のベルリンで見た女性たちのスポーツに感動した金栗氏が帰国後、日本女子体育のパイオニアになってがんばったことなどを話した。ベストホルトさんは「帰国したら、カナクリさんのことをみんなに伝えます」と喜んでくれ、固く握手を交わした。

会議の議題にこそならなかったが、女子体育振興にかけた金栗氏の遺志が世界につながるイベントだったと思う。

〔女性厳禁の古代オリンピック〕

「女性とスポーツ」は古くから大きな課題だったようだ。

紀元前七七六年から始まった古代オリンピック。当時のギリシャでは選手はもちろん、観客としても既婚女性の参加は禁じられていて、参加を企てる女性は断崖から突き落とされるべし――との掟があったという。

日本では、金栗氏の提唱で開いた日本初の女子テニス大会や第一回女子連合競技会が大正十年（一九二一）、日本陸上選手権に女子種目が登場したのは大正十四年(一九二五)の第十二回大会。一方、近代オリンピックへの女子初参加は昭和三年(一九二八)の第九回アムステルダム大会だから、女子の参加は日本の方が一足早かったことになる。

アムステルダムでは人見絹枝(陸上競技八百メートルで2位入賞)ら上位選手がゴール後にバタバタ倒れて意識不明になったりしたため、「女性は弱き者」として以後長い間、二百メートルを超す女性の競走は禁止された。日本でも「女性は体力的にも母性保護の見地からも長い距離の競走や激しい競技は無理だ」と言われ続けてきた。日本陸上選手権に女子八百メートルが登場したのは昭和三十五年(一九六〇)の第四十四回大会。

そんな流れの後、昭和四十七年(一九七二)に全国初の熊本市陸協女子駅伝はスタートしたのだった。昭和六十年代に入ると日本陸上選手権に女子ハンマー投げや棒高跳びが登場した。

熊本で日本最古の女子駅伝

日本で一番早く女子駅伝競走大会を立ち上げたのは熊本市陸協である。現在もRKK女子駅伝の名称で続いている。第一回は昭和四十七年(一九七二)一月三十日。当時は日本の高度成長の爛熟期。スポーツに限らず、国じゅうに余裕と活気があふれていた。

「マラソンの金栗さんは、女性体育振興の父とも呼ばれる。出身地にふさわしいご婦人たちの競技会をやろう。何か良いアイデアはないか」

熊本市陸協の会合で古閑芳人理事長が言い出し、大久保研夫常任理事や岡野孝彦理事らが知恵を絞った。

「シーズンオフの冬季練習を兼ねればいろんな種目からひろい参加が見込める」

「女性の〝健康大会〟、〝肥満防止策〟とうたったら、もっと一般にも広がる」

議論百出。「とにかくおばさんたちを中心とした女子駅伝をやろう」と決まった。

では、どこでやるか。とにかく女性の大会だ。安全なコースでなければならない。更衣室やトイレも必要だ。そこで浮上したのが、熊本市東部に新築移転して間もない県立第二高校だった。

ほとんど正方形に近い同校敷地周辺は広い道路で、一周2キロ。グラウンドを発着点、中継地とし、更衣室やトイレは同校施設を拝借、という形で5区間10キロの大会がスタートした。

第一回の参加は中学2、高校5、一般2の9チームで、松橋高校が優勝。同チームの藤本春美は翌年のインターハイ八百メートルに日本高校新記録で優勝し、金栗氏をはじめ関係者を喜ばせた。

第六回から地元民放の熊本放送（ＲＫＫ）との共催となり、その後、コースを県民総合運動公園に変更。小、中学生のクラブチーム、高校、ＯＧ会、職場の同好会、仲良しクラブ、健康おばさんの会……テレビ放映が始まってからは参加が四百チームを超える人気の大会となっている。開催日は、例年建国記念日の二月十一日。第四十二回を迎えた平成十二年は、一般３７６、高校９、中学55の計４４０チームが出場した。

日本陸上選手権に女子一万メートルが登場したのが昭和五十六年（一九八一）で、女子マラソンは平成元年（一九八九）。全国都道府県対抗女子駅伝の発足が熊本市女子駅伝から十一年後の昭和五十八年（一九八三）。オリンピックの女子マラソンは翌昭和五十九年（一九八四）である。

「金栗さんを慕う熊本の発想はすばらしい。地元の女性たちにも、女性の健康は県民の活力、というカナクリズムが生き続けているのですね」と感心する年配の陸上競技関係者も多い。

熊本にはかなり早くから金栗さんの女性体育振興の風が吹いていたようである。

〔各分野に肥後の猛婦〕

大宅壮一の言う〝肥後の猛婦〟の原点は、大正から昭和の初期にかけて婦権運動の陣頭に立った高群逸枝、久布白落実、矢島楫子《かじこ》ら。戦後は俳人中村汀女や歌人安永蕗子、料理研究家江上トミ……。

世界女性スポーツ会議の懇親会などで出た名前は、水泳二百メートル背泳ぎで世界記録を出した田中聡子、ミュンヘン五輪百メートルバタフライで金メダルを獲得した青木まゆみ。陸上競技では、日本選手権砲丸投げ十連覇の林香代子、円盤投げの女王内田弘子、長距離では松野明美、村中真保美、川上優子ら。プロゴルフでは清元登子、平瀬真由美、不動裕理、古閑美保、バドミントンでは宮村愛子、陣内貴美子……と多士済々。その他、柔道、剣道、ハンドボール、弓道などにも日本のトップが目白押しである。ついでに歌謡界では水前寺清子、石川さゆり、八代亜紀ら。

「そういえば、熊本は知事さんも女性ですね」「熊本では女性が大切にされて猛婦が生まれたのか、無視され虐げられることに反発して猛婦になったのか」との議論もあったようだ。

金栗さんと「リーダーの条件」

『司馬遼太郎・リーダーの条件』＝半藤一利、磯田道史、鴨下信一他（二〇〇九、文藝春秋刊）を読みながら、金栗さんのことを思った。

人との〝出会い〟が人生を決める大きな要素になるのだという。まだ何者になるかも分からぬ未完成、未分化な状態にある若者。だが人を惹きつける何かが漂う……それを見いだし、引き出す、そんな〝出逢い〟である。

坂本龍馬は、勝海舟に会うまでは剣の達人ではあっても、時代を動かすような予感を感じさせるものも実績もない、つまり〝何者でもない〟人間だった。しかし、人を惹きつける何か、を持っていた。勝に会ったことで薩長を結びつける勤皇の志士としての坂本の人生が開けたという。

金栗さんも嘉納治五郎に会わなければ、別の平凡な人生を歩んでいたかもしれない。目標とした海軍兵学校は結膜炎のため不合格。ギアチェンジして大陸雄飛を、と上海の東亜同文書院を目指したが、予行演習のつもりの東京高等師範受験に合格してしまった。

東京高師では一年生の秋の校内マラソンで3位となり、嘉納校長のお褒めの一言に感動して徒歩部へ。人に倍する努力と創意工夫でたちまち日本一になり「黎明の鐘となれ」との嘉納の言葉にしびれて日本人初のオリンピック代表に。思いもかけぬマラソン人生のスタートだった。

武術の《やわら》から《柔道》へと進化させた嘉納の教え「精力善用、自他共栄」。金栗さんが走り続ける《マラソン道》の「体力、気力、努力」には共通する人生哲学があるように思える。

また同書は、司馬が好きだった歴史上の大人物、つまり〝日本のリーダー〟の資質として、傑出した才能、力量の他に次の四条件を挙げている。

一、軽やかで、明るいこと

二、才気があること
三、合理的思考に長けていること
四、ちょっとはずれた人間であること

これをキーワードにすれば「明」「才」「理」「狂」となろうか。「明」は先覚性、「才」は機知奇略、「理」は開明性、「狂」はポピュラーではない一徹な人間、熊本弁でいう《いひゅう・もっこす》(異風で頑固者)ともいえるだろう。

典型は坂本龍馬や勝海舟、西郷隆盛、高杉晋作。豊臣秀吉も晩年におかしくなるまでは、この四条件を充たす人物だったという。

司馬はさらに素直さと無垢な純心の美しさ、無欲な人、爽やかな人、潔い人が好きだった。もう一つ付け加えれば〝自分に厳しく人に優しい〟ことであろう。吉田松陰や東郷平八郎、正岡子規らのように……。その点からいえば、山県有朋や井上馨など権力の座に居座って巨利を得た人物は嫌っていたようだ。

『走れ二十五万キロ』を読んだ方なら「なるほど」とお分かりいただけるだろう。

金栗さんは、司馬が愛した人物、その要件のほとんどを充たしている、と言えはしまいか。当時駆け出し記者だった筆者には〝描ききれない大人物〟だったとの思いがある。

金栗さんは、若いころから「お釈迦さま」のニックネームで呼ばれていた。髪が縮れていたこともあるが、その人柄と笑顔に吸い込まれるような魅力があったという。

指導は厳しかったが「やってみせ、言って聞かせてさせてみて、誉めてやらねば人は動かじ」という山本五十六の名言を地でいくものだった。大して歳の違わぬ弟子たちの「金栗さんのあの笑顔で褒められるのがうれしくてがんばったものです」という話をずいぶん聞かされた。

本編にある栗本義彦(金栗さんの弟子、元日本体育大学長)の「いつも豊かな微笑みをたたえ〝お釈迦さま〟と呼ばれたほどの人格。平和に満ち、慈愛にあふれた人柄自体が金栗先生の偉大さ」との感想や、宮原治(同、元学習院大学教授）の「自分の果たしえなかった夢を後輩に託して走り続けた長年の努力。その間、報酬にも恩給にも無関心で、一生をマラソン一途に捧げたその無欲。人並み外れの粘りと傍らから見ていて歯痒いほどの馬鹿さかげんが金栗先生の偉いところでしょうか」との手紙を思い出す。

平成十五年九月二十六日から三日間、熊本大学で開かれた日本体育学会の二日目、一般市民も参加できるオープン企画があった。テーマは「熊本が生んだマラソン王金栗四三を語る」。司会は、日本が初参加したストックホルム五輪の監督・大森兵蔵の生涯を描いた『白夜のオリンピック』の著者水谷豊氏と東京学芸大の有吉正博氏が務めた。

パネリストは、ボストン・マラソンの覇者山田敬蔵、メキシコ五輪の銀メダリスト君原健二の名ランナーに、地元からは〝健康マラソンの父〟と呼ばれた熊本走ろう会会長の医師・加地正隆氏と熊本陸協会長の筆者の四人。金栗さんを直接知り、教えを受けた顔ぶれである。

話題の中心は、選手としての記録や戦歴よりも、周囲を和ませ、心身を奮い立たせるような優しさ、温かさと粘り強さを併せ持った独特の雰囲気、人間としての魅力がいっぱい……の〝金栗像〟にあったように思う。まさに司馬遼太郎好みの「リーダーの条件」にぴったりの感じだった。

金栗さんの人生は、一つの目標を掲げてひた走る明治の青春、いわばマラソン版「坂の上の雲」である、と。

金栗さんの「七つの魅力」

晩年の金栗四三

『走れ二十五万キロ』再刊原稿の最終校正前に、全国紙の取材を受けた。箱根駅伝九十周年を前に「マラソンの父の〝人生と人間像〟」がテーマ。

思えば、金栗さんについては、そんなタイトルで書いたり、話したり……が何度かあった。内容のほとんどは本編に書いているので、そのポイントだけを並べて、筆者なりの〝金栗さんの魅力〟の総括、再刊の締めとしたい。

一、「運命」を生きる

避けられぬ世の運、不運。金栗さんはその全てを、マラソン人生の追い風とした。目の結膜炎による海軍兵学校の不合格、東亜同文書院にも行けず説得されて東京高等師範へ。そこに嘉納治五郎がいた。「黎明の鐘」に始まる嘉納の薫陶。ストックホルムの大敗も、絶頂期のベルリン五輪中止の不運も、全てを乗り越え、嘉納をはじめ家族や周囲の理解に支えられてマラソン人生を完走した。

二、「初志貫徹」に強い意志

「黎明の鐘に」と「大敗後の朝を迎う」……が原点。あらゆる障害を乗り越え、生涯を〝五輪の日の丸〟と女子体育の振興をはじめとする〝国民健康の向上〟に捧げた。その一徹な粘りと無私、無欲。「傍らから見ていて歯がゆいほどの〝馬鹿さかげん〟」（宮原治）が、その偉大さとも——。

三、「創意工夫」と先見力

高小時代の韋駄天通学を〝複式呼吸〟で克服。脂抜き練習の改善。五輪大敗後の耐熱練習。日本初の房州合宿。金栗足袋の開発。箱根駅伝の創始。富士登山競走や電信柱練習法の創案は、後々のアベベの高地トレーニング、ザトペックのインターバルトレーニングに相通ずるものがある。その「ひらめき」と豊かな「アイディア」は数々の企画に反映された。

四、「広報宣伝」パブリシティの天才

影響力の大きいマスコミや、広く永続的な効果をもたらす師範学校生徒への企画、提案、活用、協力。全国へのマラソン行脚と沿道の学校での講演、指導。女子体育に無理解な校長や文部省の攻略には、宮家女王殿下の臨席支援を仰いだり……。

五、「組織作り」に全力投入

抜群の求心力、リーダーシップと広い人脈で多くの組織作りを推進。房州館山の関東学生夏季練習会から学生陸上連盟の結成、初の女子テニス大会から女子体育連盟、連合女子競技会の開催、箱根駅伝の提唱、日本マラソン連盟や各地の駅伝、マラソン、ロードレースの創設、支援など。

六、「人柄の魅力」――〝笑顔のお釈迦さま〟とよばれて

「『やってみせ、言って聞かせてさせてみて、誉めてやらねば……』の象徴だった」と弟子たち。一方では「思索し、企画し、実行し、確認、評価するという〝経営の鉄則〟を実践したスポーツ界に稀有の人物」という財界人の評価も……。ストックホルムの落伍者が、五十五周年記念行事に招かれ、百年祭で記念碑が建てられ、曾孫の招待までも……。海外に残る金栗さんの魅力――軽やかな明るさ、爽やかな才気、合理的思考、ちょっと頑固な異風もっこす……。

七、「体力、気力、努力」の生涯実践

〝カナクリズム〟の真髄。体力とは心身の健康、気力とは初志貫徹の意志力、努力とは忍耐の継続。国家、民族興隆の原点として自ら実践、完走した見事な人生であった。

あとがき

昭和五十八年（一九八三）の晩秋、最後の入院先だった熊本地域医療センターに病床の金栗さんを訪ねた。半睡状態の金栗さんに見舞いの言葉を述べ、独り言のように長年の思い出を語ったりした。

「25万キロを走られた脚をおさすりしましょうか」

「ありがとう、ありがとう」

ささやくような声で遠慮された後、金栗さんから思いがけない言葉が返ってきた。

「長谷川さん。ああたの結婚式に行ったたいなぁ」

それが、金栗さんの最後の言葉になった。

紫綬褒章受章を記念して始まった熊日招待マラソン30キロの第一回は昭和三十二年の三月二十四日。翌日に大会の総評などを書き終え、一日おいて二十七日が筆者の結婚式。金栗さんには、玉名からご出席いただいたのだった。

高校一年で陸上競技を始めたころ、金栗さんは熊本陸協の会長。時に励ましの言葉を頂いたりして、お顔だけは知っていたが、その偉大さに気づき始めたのは新聞記者になってから。昭和三十二年秋、熊本県近代文化功労者の表彰を受けられたとき、県教委からの依頼で『その人と業績』を取材、執筆したことが金栗さんを深く知るきっかけとなった。

そして三年後、熊本国体を控え、その成功とスポーツ振興の願いを込めて春先から熊本日日新聞夕刊に連載したのが「走れ二十五万キロ　マラソンの父 金栗四三伝」だった。

それから既に五十余年。再版〔余話〕の稿を進めながら、魯迅の言葉を思った。『初めから道はない。人が歩いて道になる』

金栗さんが、文字通り手探りで這いずり、歩き、走り、「体力　気力　努力」のフル回転で切り拓いてきた《日本マラソンの道》――。その行く手に高く描かれた〝坂の上の青雲〟は〔オリンピック会場に翻る日の丸〕であり

〔君が代の演奏〕だった。

ストックホルム五輪の十六年後、第九回アムステルダム大会で山田兼松が4位、津田晴一郎が6位となってマラソン初入賞。第十回ロサンゼルス大会で津田晴一郎が5位に入ったが、日の丸にはいま一歩届かなかった。

第十一回ベルリン大会で獲得した孫基禎の金メダルと南昇龍の銅メダルを別とすれば、日の丸にはいま一歩届かなかった。ストックホルム五輪初参加から五十二年後、昭和三十九年の第十五回東京大会3位の円谷幸吉が初の日の丸だった。八十八年後のシドニーでは高橋尚子が初の金メダル、次のアテネでは野口みずきもメーンポールに日の丸を掲げて〔女子体育振興〕の旗手となった。銀メダルには君原健二と有森裕子、森下広一、胴メダルには有森の二つめのメダルが輝いている。

戦後間もなくのボストンマラソンでは〝原爆ボーイ〟の田中茂樹が快勝して世界第一線への先陣を切り、山田敬蔵、浜村秀雄が続く。ロンドンマラソンでは重松森雄が勝った。世界選手権マラソンでも谷口浩美と女子の鈴木博美。そして川島義明や瀬古利彦、中山竹通、宗茂、宗猛兄弟の活躍も記憶に新しく、「マラソン・ニッポン」という言葉が生まれたりした。

学生駅伝や実業団駅伝、老若男女の健康マラソンも全国津々浦々に広がり、熊日30キロでも多くの日本最高や世界最高記録も生まれ、《カナクリズム》の宿願は、ほぼ達成されたかのように思える。

ただ、気になることもある。金栗さんがマラソンの普及、強化の基盤として推進した箱根駅伝は新春の名物行事として大人気だが、箱根を走ることが最終目標になってしまったのか、この大会からはいまだに五輪のメダリストは生まれていない。

実業団駅伝も若いアスリートたちの活躍の場、企業の〝走る広告塔〟としてもてはやされたが、景気や企業の経営状態に左右されて、もたつき気味だ。高橋尚子がチームから離れて独立プロをつくったり、公務員の川内優輝のように純粋にマラソンを目指し、チームや組織の都合に左右されない〝マイペース・ランナー〟も登場している。

オリンピックの《日の丸》と《君が代》を目指す人々にとっては、目標と手段の〝主客転倒〟ともとれよう。しかし、〔競技〕〔体育〕〔レクリエーション〕それぞれの並行推進、つまり裾野をひろげて頂点を高める国民健康運動としての《カナクリズム》を愛する人たちには「これでよし。目標はあくまで個人が選ぶもの」とする向きもあろう。

このところ続くスポーツ指導者の暴力、体罰事件や乱行の報道は悲しい。

時代背景は違うが、金栗さんのように各自の目標をしっかり見極め、温かい雰囲気でそれぞれにふさわしい助言、指導をしてくれる〔人間力〕に満ちたリーダーや組織はもう現れないのだろうか。

最後になったが、金栗家の方々をはじめ、巻頭の一文をいただいた河野洋平日本陸連名誉会長、お世話になった佐々木秀幸元日本陸連専務理事、玉名市立歴史博物館の村上晶子さん、平野有益新聞博物館長、永廣憲一企画広報部長ら熊本陸協幹部諸兄に、心からの感謝を申し上げる。

長谷川孝道

金栗《カナクリ》四三《シソウ》氏年譜と関連年表

（註）・印は金栗年譜　☆うち特記事項　＊印は関連事項
年齢は数え年

１８９１年（明治24年）	8月13日	＊嘉納治五郎（当時35歳）第五高等中学校長（熊本）を拝命。
	8月20日	☆玉名郡春富村中林（三加和町→現和水町）で、父金栗信彦、母シエの8人の子ども（男4人、女4人）の7番目として出生。父信彦43歳で四三（シソウ）と命名。長兄は実次。
	9月	＊嘉納治五郎、新婚早々の須磨子夫人（熊本天草出身の漢学者竹添進一郎の娘）を東京に残し、五高へ単身赴任。生徒控所を道場に変えて「瑞邦館」（小泉八雲の著書で有名）と称し、柔道の指導を開始。
１８９６年（明治29年）5歳	4月6日〜	＊第1回オリンピック・アテネ大会開催　参加13カ国、２８５人。
１８９７年（明治30年）6歳	4月	・玉名郡春富村吉地尋常小学校入学。
１９００年（明治33年）9歳	7月14日〜	＊第2回オリンピック・パリ大会　参加10カ国、１０６６人。
１９０１年（明治34年）10歳	4月	・玉名北高等小学校入学（大原村相谷）往復12キロを韋駄天通学。
１９０４年（明治37年）13歳	2月10日	＊日露戦争勃発。
	8月20日〜	＊第3回オリンピック・セントルイス大会　参加10カ国、４９６人。

1905年（明治38年）14歳	3月4日	・父信彦死去56歳。
	4月	・県立熊本中学玉名分校（明治36年創立、明治39年から県立玉名中学）入学。
	5月27日	☆漢文の授業中に「ドーン、ドーン」という地鳴りを聞く。東郷平八郎率いる日本連合艦隊がロシア・バルチック艦隊を破った日本海大海戦の砲音だったと分かり感動。海軍兵学校を目指す。
1906年（明治39年）15歳	4月	・学業優秀で特待生に推挙。
1908年（明治41年）16歳	4月	・全校の規律リーダー〝週番長〟に。
	7月13日～	＊第4回オリンピック・ロンドン大会　参加22カ国、２０５９人。
1909年（明治42年）18歳		＊夏のＩＯＣ総会で嘉納治五郎が、駐日フランス大使ゼラール及び外務省の斡旋で東洋初のＩＯＣ委員に就任。
	9月	☆海軍兵学校入試第一次の身体検査で眼の結膜炎のため不合格。
	10月	☆目標変更、大陸雄飛をめざして東亜同文書院受験を決意。予行テストとして東京高等師範九州地区試験（熊本市）を受験。
	12月	☆東京高等師範の入試合格発表（熊本県から金栗ら4人合格）。
1910年（明治43年）19歳		＊ＩＯＣ会長クーベルタン男爵から、第5回オリンピック・ストックホルム大会（明治45年）に日本参加の要請あり。
	4月10日	☆東京高等師範学校入学１５０人。
		・春の校内長距離競走で６００人中25位となる。
	8月	・夏、初めての富士登山。
	9月14日	＊上野不忍池で開催の博文館主催、全国学生大競走会を見る。
	10月	☆秋の校内長距離競走で予科生初の3位入賞、嘉納校長の賞賛に感激。

年	月	事項
1911年（明治44年）20歳	4月	☆東京高等師範本科へ徒歩部入部。 ・春の校内長距離競走で初優勝。 ☆夏、二度目の富士登山　空気の薄い高地の体調に及ぼす影響を体得。秋の校内長距離競走で連勝。
	7月	＊嘉納治五郎がオリンピック参加の母体として東京帝大、東京高師、早稲田、慶応、一高などに呼びかけ、大日本体育協会を設立、自ら初代会長となる。 ＊さらに大日本体育協会を母体にＪＯＣ（日本国内オリンピック委員会）が発足。 ＊「第５回国際オリンピック大会日本予選競技会」の参加資格発表。 (1)年齢16歳以上の者 (2)学生たり紳士たるに恥じざる者……
	10月	・オリンピック予選に向けて練習開始。従来の『脂抜き走法』の反省から『金栗式自然に従う練習法』を実行。
	11月	＊京浜電気鉄道㈱の協力で羽田に競技場新設。
	11月19日	☆第５回オリンピック・ストックホルム大会に向けて日本初の国内予選会が羽田で開かれ、金栗が25マイル・マラソン（参加12人）に２時間32分45秒の大記録（当時の世界最高は２時間59分45秒）で優勝。２位佐々木政清（小樽水産）３位井手伊吉（慶応）。
1912年（明治45・大正元年）21歳	2月15日	☆大日本体育協会、ＪＯＣが、短距離の三島弥彦（東京帝大）とマラソンの金栗四三（東京高等師範）を初の日本代表選手に推薦。
	3月	☆嘉納大日本体育協会会長から「オリンピック日本代表決定」の通告を受けるが「自分ごとき山猿が…」と固辞。嘉納会長から再三の代表受諾要請があり、「日本スポーツ界の黎明の鐘となれ」との説得に感動し初のオリンピック参加を決意。
	4月	・東京高等師範内に金栗四三後援会が結成され、福田源蔵の11円11銭を筆頭に１４２０円（現換算・約４００万円）のカンパが集まる。
	5月16日	・午後６時30分、大森兵蔵監督、三島弥彦（東京帝大・短距離）、金栗四三らの日本選手団が新橋駅を出発。金栗は山高帽に紺の背広、水色のネクタイ。（嘉納団長は文部省と折衝のため遅れて出発）

1912年（明治45・大正元年）21歳	5月16日	・敦賀港（船）ウラジオストック、シベリア鉄道でチタ、イルクーツク、モスクワ、セントピータースバーグ経由（船）。
	6月2日	・日本選手団ストックホルム着。練習開始。
	6月7日	＊嘉納団長、日本を出発、ストックホルムへ。
	7月6日	☆第5回オリンピック・ストックホルム大会開会式。参加28カ国、2541人。日本はイタリアに続いて10番目、三島が日の丸を、黒い日本足袋をはいた金栗が『NIPPON』のプラカードを掲げ、嘉納治五郎団長、大森兵蔵監督、田島博士、公使館員らが行進。
	7月14日	☆午後1時30分マラソン競技スタート。出場68人。金栗は暑さのために26〜27キロ付近で意識不明となり落伍。近くの農家ベトレ家で手当を受け、捜しにきた公使館駐在武官林中佐、留学中の東大友枝助教授に伴われて、近くの駅から直接、宿舎に帰る。 ＊優勝はマックアーサー（南アフリカ）2時間36分54秒。完走は半分の34人。ポルトガルのラザロは日射病で倒れ、病院で死亡。
	7月15日	☆「大敗後の朝を迎ふ。終生の遺憾のことで心うづく」の日誌を書く。
	7月19日	・閉会式を待たず、ストックホルムを出発。デンマーク、ドイツ、イギリス、フランスなどの体育事情を視察。
	7月30日	＊明治天皇崩御、大正と改元。
	8月11日	・日本郵船宮崎丸でマルセイユ発、ポートサイド、スエズ、コロンボ、シンガポール経由。
	9月18日	・日本選手団、神戸港着。
	9月19日	・4カ月ぶりに東京帰着。
	12月	・1年3カ月ぶりに帰郷、遠征の詳細を報告。マラソン再起について母、兄の激励を受ける。
1913年（大正2年）22歳	1月15日	＊大森兵蔵監督はストックホルム五輪後、療養のため安仁子夫人の故国、米国へ渡り、カリフォルニア州パサディナの病院で死去。

1913年（大正2年）22歳	4月	・徒歩部の室長になり、再起への猛練習と本格的な後輩の指導を開始。
	7月10日	☆千葉・館山の北条海岸で2カ月間の対暑練習開始。
	7月25日	・金栗提案の第1回富士登山競走（時事新報社）開催。伊達甚太郎（早大）が2時間38分で優勝。
	11月1日	☆第1回日本陸上競技選手権大会マラソンに2時間31分28秒の世界最高記録（非公認）で優勝（陸軍戸山学校）。
1914年（大正3年）23歳	3月	☆東京高等師範卒業。マラソン翁・日比野寛校長の愛知一中への赴任が決まるが、五輪を目指すマラソン専念のため辞退、高師研究科に進む。
	4月8日	・郷里へ帰り、翌9日玉名郡石貫村の医師の一人娘、春野スヤと見合い。
	4月10日	☆玉名郡小田村の池部家で、春野スヤと結婚式を挙げる。四三23歳、スヤ22歳。（大正11年、正式に池部幾江の夫婦養子となり、池部四三に）
	4月15日	・新妻スヤを小田に残し、オリンピックを目指して、単身上京。
	4月	・東京高等師範研究科に籍を置き、小石川茗荷谷の有斐学舎へ移る。自らの練習のかたわら、徒歩部で多久儀四郎ら後輩を鍛える。「お釈迦さま」のニックネームがつく。 ・全国の師範学校を回って、オリンピック思想、体育、マラソンの普及活動を開始。
	6月28日	＊サラエボでオーストリアのフェルディナンド公爵が暗殺され、第一次世界大戦へ。
	7月10日	・千葉館山の安房中学校庭で大日本体育協会の夏季練習会を開催。欧州の体育事情、陸上競技のルール、用具の説明、合同トレーニング等（2週間）を行う。金栗は9月10日まで2カ月間の耐暑練習。 ＊この練習会は大正5年まで開催、関東学生マラソン連盟の誕生へ。
	11月22日	☆第2回日本陸上競技選手権大会25マイル・マラソンに2時間19分30秒の驚異的な世界最高記録（非公認）で2連勝。

1915年（大正4年）24歳	7月	・小石川宮下町に借家、自炊暮らしを始める。
	11月20日	・第3回日本陸上競技選手権大会マラソンで3連勝。
	11月	・大日本体育協会の『功労章』を受章。
1916年（大正5年）25歳	1月	☆第6回オリンピック・ベルリン大会は第一次大戦のため中止決定。絶頂期にあった金栗は無念の涙を飲む。
	4月	・鎌倉の神奈川師範に奉職、地理、歴史の教鞭。日比野寛から要請を受けていた愛知一中へは後輩の多久儀四郎が赴任。
	5月	・熊本の菊池で徴兵検査。第一乙種で兵役免除に。
	9月	・明石和衛と共著で『ランニング』を初出版。〝手と脚と呼吸法の調和〟など少年時代の体験等も。
1917年（大正6年）26歳	4月	・東京・関口台町の独逸学協会中学に奉職（大正9年まで）。
	4月27日～29日	☆読売新聞の土岐善磨らと図り『奠都50周年記念東海道五十三次駅伝競走』（日本最初の駅伝競走）を開催。『駅伝』の命名は神宮皇学館長・武田千代三郎。四三は東軍の主将としてアンカーを務め優勝。西軍のスタートは多久儀四郎。
	7月	☆富士、御殿場の橋本屋で第1回の富士登山合宿練習会を開催（高地トレーニングの最初）
	7月22日	＊太郎坊～頂上間で、第2回富士登山競走（時事新報社）。
1918年（大正7年）27歳	1月	・東口真平と台湾で陸上競技の巡回指導。
	3月	・朝日新聞から金栗に入社要請。嘉納の指示で断り、後輩の東口真平（熊本出身）が身代わり入社。東口は後に朝日の初代運動部長、編集局長、ジャワ新聞社長などを務めたが、終戦直前、航空機事故で殉職。
1919年（大正8年）28歳	4月	・東京・大塚の『ハリマヤ』がゴム底の『金栗足袋』を発売。
	7月22日～	・後輩の秋葉祐之と下関～東京間1200キロを20日間で走破。

1919年（大正8年）28歳	11月	・日光〜東京間１３０キロを東京高師（5区間）独逸学中学（10区間）の駅伝競走と同走、20時間で単独走破。
1920年（大正9年）29歳	2月14日〜15日	☆第1回関東大学箱根駅伝競走を開催（報知新聞）。参加は東京高等師範、早稲田、慶応、明治の4校。高師が優勝。
	3月21日	＊第1回中等学校東京〜横浜間往復駅伝競走開催（報知新聞）。参加18校で青山師範が優勝。
	4月	☆第7回オリンピック・アントワープ大会の国内予選で金栗優勝、二度目の日本代表に。
	5月14日	・日本選手団、横浜港出発、ハワイ、サンフランシスコから米国内を巡遊、ニューヨーク、ロンドン経由。
	8月3日	・選手団、アントワープ着。
	8月14日	☆第7回オリンピック・アントワープ大会開幕。参加29カ国、２６０６人。
	8月22日	☆午後4時、マラソン競技スタート。参加40人。金栗は36キロを過ぎて脚を傷め16位、2時間48分45秒、茂木善作20位、八島健三21位、三浦弥平24位。
	10月5日	・ドイツ、スイス、イタリア、フランスを経て、日本選手団帰国。敗戦後のドイツ、ベルリンを視察中に「女子体育」の必要性を痛感。
1921年（大正10年）30歳	1月	・東京女子師範に奉職、『女子体育』の振興に全力。
	9月30日	☆第1回女子テニス大会開催（於女子師範コート）。
	10月	・東京女子師範で放課後の体育を奨励。
1922年（大正11年）31歳	5月20日	☆福島県須賀川町で開催の東京七大学駅伝。前夜の講演「マラソンと体育」の中で、〝体力、気力、努力〟の重要性を力説。
	5月27日	・第1回女子連合競技大会開催（陸軍戸山学校グラウンド）。
	8月	・秋葉祐之と樺太〜東京間を20日間で走破。
	11月12日	・第1回女子連合陸上競技大会開催（戸山学校グラウンド）。

1922年（大正11年）31歳	11月18日	＊第1回関東女子硬式庭球大会開催（女高師グラウンド）。
1923年（大正12年）32歳	4月	・関東女子体育連盟創立。
	5月	＊熊本体育奨励会発足。
1924年（大正13年）33歳	3月	＊日本女子体育協会発足。
	5月	・オリンピック・パリ大会国内予選マラソン（駒場～調布往復）に2時間36分で優勝。3度目の五輪代表に。
	7月5日～12日	＊第8回オリンピック・パリ大会開催。参加44カ国、3092人。 ☆最終日のマラソンは、33キロ付近で金栗が意識不明となり落伍、田代菊之助も20キロで棄権の惨敗。 ☆帰国後、第一線の選手活動引退を決意。
	11月	＊第1回明治神宮競技大会開催。
1925年（大正14年）34歳	3月8日	＊全日本陸上競技連盟創立。初代理事長に平沼亮三。
1926年（大正15・昭和元年）35歳	4月1日	＊日本女子スポーツ連盟発足。
1928年（昭和3年）37歳	7月28日～8月12日	＊第9回オリンピック・アムステルダム大会開催。参加46カ国3015人。三段跳びの織田幹雄が日本初の金メダル。マラソンも山田兼松が2時間35分29秒で4位、津田晴一郎が6位で待望の初入賞。
	10月20日	＊全国学生マラソン連盟主催の「御大典記念・東京～京都間駅伝競走」を開催。

1930年（昭和5年）39歳	3月	・東京女子師範を辞職。
	4月	・嘉納や大麻唯男らの強い勧めでお茶の水の東京女高師の講師就任。かたわらオリンピック運動、マラソン指導の全国行脚を始める。
	7月	＊急性肺炎で長兄・実次死去。
1931年（昭和6年）40歳	3月	・東京女高師を辞職。東京を去る決意。
	6月	・東京滝野川の家をひきはらい、家族など6人で1月余の朝鮮、満州旅行へ。途中、マラソンの指導、講演。
	7月	☆一家で玉名郡小田村の池部家に帰る。県内外の学校から校長への誘い相次ぐ。
	8月	・高師後輩で五高教官の栗本義彦と20日間の九州一周走破。以後、地元の青年団活動の指導、県内各地へのオリンピック運動、マラソンの巡回指導。
	10月	＊日本、昭和11年のオリンピック東京誘致運動を開始。
1932年（昭和7年）41歳	7月30日～8月14日	＊第10回オリンピック・ロサンゼルス大会開催。参加37カ国１４０８人。南部忠平が三段跳びで優勝し日本2連覇。マラソンは津田晴一郎5位、金恩培が6位入賞。 ・宇土虎雄、飯星良弼、栗本義彦らと県内のスポーツの普及、振興に全力投入。
1934年（昭和9年）43歳		・「小学校に於ける競技とその指導法」を出版。児童体育、女子体育の重要性を強調。
1936年（昭和11年）45歳	8月1日～16日	＊第11回オリンピック・ベルリン大会開催。参加49カ国４０６９人。孫基禎がマラソンに2時間29分19秒の五輪新記録で優勝、南昇竜も3位入賞。マラソンで初の日の丸が揚がる。 三段跳びは田島直人が優勝し、日本3連覇。熊本出身は陸上の谷口睦生、戸上研之、水泳の古荘次平、ボクシングの永松英吉らが出場。
	11月	＊IOC、昭和15年の第12回オリンピックの東京開催を決定。ヘルシンキは投票で敗れる。
	12月	・嘉納治五郎から東京五輪準備のために上京要請。

１９３７年（昭和12年）46歳	1月	・単身上京、目白鬼子母神の近くに居を構え、やがて家族も上京。
	4月	・大塚の東京十文字女学校に奉職、あわせて五輪準備活動に参加。
	7月	＊盧溝橋事件から日華事変勃発。
１９３８年（昭和13年）47歳	2月	・児島文、山内リエ、吉野トヨ、矢田香子、峰島秀、中村コウ、山下好子、田添ハスらの日本女子陸上の第一線を率いて台湾遠征、指導。
	4月	＊カイロのＩＯＣ総会で東京五輪の開催を確認。
	5月4日	＊ＩＯＣ総会の帰途、氷川丸船上で嘉納治五郎急死。
	7月16日	＊日本政府、東京五輪組織委員会が東京オリンピックの開催返上を決定。（ＩＯＣはヘルシンキでの開催を要請、フィンランドは了承したが、その後、第二次大戦の戦火拡大で中止）
１９４０年（昭和15年）49歳		＊第12回オリンピックは東京、代替のヘルシンキともに開催なし。
	2月11日	＊「紀元２６００年」の奉祝行事に日本全国がわく。
１９４１年（昭和16年）50歳		・十文字女学校を辞職。
	3月	・世田谷の青葉女学校に奉職。
	5月	☆宗像金吾の勧めで金栗主導の日比野寛翁喜寿記念祝賀運動会開催。全国マラソン大会、小中学生２万人参加の神宮外苑駆走会、徳富蘇峰、平沼亮三、荒木貞夫らの大講演会などで画期的な成功をおさめる。マラソン関係では、戦前最後の全国的な行事。
	12月8日	＊真珠湾攻撃。大東亜戦争始まる。
１９４２年（昭和17年）51歳	11月	＊最後の明治神宮競技大会（第13回）開催。
１９４４年（昭和19年）53歳		＊第二次世界大戦のため、第13回オリンピック・ヘルシンキ大会中止。
	7月	・帝都空襲がひどくなり、家族を熊本・玉名に疎開させる。

1945年（昭和20年）54歳	3月	・青葉女学校を辞し、郷里の熊本・玉名へ帰る。
	7月13日	＊東口真平（当時ジャワ新聞社長）、シンガポールへ向かう途中の航空機事故で殉職。
	8月15日	＊日本、無条件降伏。大東亜戦争終結。
	10月	・熊本、五高武夫原で戦後第1回の陸上競技大会を開く。
	11月6日	＊銀座・交詢社に在京陸上人55人が集まり、日本陸上の再建懇談会。
1946年（昭和21年）55歳	2月15日	＊熊本陸上競技協会発足。初代会長は宇土虎雄。
	4月1日	☆熊本県体育会発足。金栗が初代会長に就任。
	10月	＊第1回国民体育大会開催。
	11月	＊熊本県体育会が第1回熊本県民体育祭開催。
1947年（昭和22年）56歳	1月	＊箱根駅伝復活。
	4月1日	・熊本陸上競技協会会長に就任。
	12月5日	☆第1回金栗賞朝日マラソン（福岡国際マラソンの前身）熊本で開催。
1948年（昭和23年）57歳	7月29日～8月14日	＊第14回オリンピック・ロンドン大会開催。参加59カ国、4689人。日本、ドイツは参加できず。世界新記録連発中の古橋広之進ら日本水泳陣も涙を飲む。
	10月5日	・初の熊本県教育委員の選挙に立候補、当選。
	11月1日	☆県教育委員会初代委員長に就任。
1950年（昭和25年）59歳	2月10日	・佐賀の西部マラソン20キロ大会の後、岡部平太、津田晴一郎、伊藤寛、納戸徳重らと図り、有力選手を集めての強化合宿練習を実施。ボストン体育協会のブラウン会長にボストン・マラソンへの参加の可否を打診。
	3月	・ボストン・マラソンへの参加快諾の返事を得て、福岡、延岡などで西田勝雄、田中茂樹らを中心とした強化合宿練習会をスタート。
	8月	・宇部の合宿で、四三を総監督とする『オリンピック・マラソンに優勝する会』が発足。
	8月	＊第3回全国高校陸上で清藤亭らの九州学院が総合優勝。

1950年（昭和25年）59歳	10月	・金栗、二度目の県教育委員選挙に落選。
	12月	＊広島の金栗賞朝日マラソンで、小柳舜治（2時間30分47秒）西田勝雄（2時間30分50秒）拝郷（2時間31分0秒）が同年度世界4、6、7位に相当する好記録を生む。
1951年（昭和26年）60歳	4月19日	＊第55回ボストン・マラソンに日本初参加。岡部平太監督。18歳の原爆ボーイ田中茂樹が2時間27分45秒の好記録で優勝、小柳、内川、拝郷が5、8、9位に入る。
	7月14日	＊新装の水前寺競技場で熊本初の国際競技「日米親善陸上競技大会」を開催。
	9月	＊熊本水前寺競技場で東口真平杯全国青年陸上競技大会を開催。（以後28年まで水前寺で開催）
1952年（昭和27年）61歳		＊第15回オリンピック・ヘルシンキ大会開催。参加69カ国、4925人。日本マラソンは西田勝雄25位、山田敬蔵26位、内川義高棄権と振るわず。
	4月	・金栗、熊本日日新聞の第2回熊日社会賞を受賞。
	12月26日	＊第3回全国高校駅伝で、金栗の母校玉名高校チーム（島村昭男、岡村昭、高本良人、一瀬宣生、南部博義、築地美孝、田尻春童）が2時間18分24秒で優勝。
1953年（昭和28年）62歳	4月19日	☆第57回ボストン・マラソン（金栗四三監督）で、山田敬蔵2時間18分51秒の世界最高記録で優勝、西田勝雄、浜村秀雄、広島庫夫が4、6、8位に入る。
	11月	・西日本新聞文化賞受賞。
1954年（昭和29年）63歳	5月	＊第2回アジア競技大会（マニラ）で佐川憲昭が走り幅跳び、三段跳びに優勝。
	8月	＊全国高校陸上が熊本（水前寺）で開催、守山兄弟（済々黌）大和田智子（第一）らが活躍。
1955年（昭和30年）64歳	4月	＊第59回ボストン・マラソンで浜村秀雄が2時間18分22秒の大記録で優勝。内川7位、田辺定明8位。
	8月	＊全国高校陸上（山形）で川野征夫らの済々黌が総合優勝。
	11月3日	☆スポーツ人として初の紫綬褒章受章。
	12月	＊第6回全国高校駅伝で母校玉名高校チームが4位入賞。

1956年（昭和31年）65歳	11月22日～12月8日	＊第16回オリンピック・メルボルン大会開催。参加67カ国3184人。マラソンは川島義明が2時間29分19秒で5位。清藤亭が短距離代表で出場。
1957年（昭和32年）66歳	3月24日	☆金栗四三紫綬褒章受章記念第1回熊日招待マラソン（30キロ）開催。地元の兼行奠が1時間40分20秒で優勝、2位築地美孝、3位宇和博。
	8月	＊全国高校陸上（富山）で、柏原松男らの熊本工が総合優勝。
	11月	☆熊本県近代文化功労者として表彰される。
1958年（昭和33年）67歳	2月20日	・朝日新聞朝日文化賞を受賞。
	4月	＊春の甲子園選抜高校野球大会で済々黌が優勝。
	4月20日	＊金栗記念第2回熊日30キロで藤木健治（三井鉱山）優勝、2位渡辺和巳、3位村本邦雄。
1959年（昭和34年）68歳	2月	＊第8回別府毎日マラソンで玉名・高師の後輩、築地美孝が優勝。
	3月22日	＊金栗記念第3回熊日30キロに優勝の高口徹（九州電工）が1時間38分40秒、2位の金重千之（宇部興産）が1時間39分38秒の日本最高記録を樹立、3位木本則幸。
	7月	＊田中聡子が200背泳で初の世界新記録樹立。 ＊第11回西部マラソン30キロを玉名市で開催、以後玉名市に定着（現金栗杯ハーフマラソン）。
1960年（昭和35年）69歳	3月1日	☆熊本日日新聞夕刊に「走れ二十五万キロ　マラソンの父金栗四三伝」（長谷川孝道記、西住小太郎絵）の連載開始。7月10日まで131回。
	3月20日	＊金栗記念第4回熊日30キロは山本善則（八幡製鉄）が優勝。
	8月24日～9月11日	＊第17回オリンピック・ローマ大会開催。参加84カ国5337人。マラソンは裸足のアベベが2時間15分16秒2の世界最高記録で優勝。日本は広島庫夫31位、渡辺和巳32位、貞永信義46位と振るわず。熊本勢は水泳の田中聡子が100背で3位、200バタの吉無田春男が5位入賞。陸上は投擲の内田弘子が出場。
	10月23日	☆第15回国民体育大会が熊本で開催、金栗が炬火リレーの最終走者を務める。

1961年（昭和36年）70歳	2月12日	＊金栗記念第5回熊日30キロで重松森雄（九州電工）が1時間36分29秒の優勝、宇和博（旭化成）、君原健二（八幡製鐵）の3人が日本最高を樹立。
	5月25日	・『走れ二十五万キロ　マラソンの父　金栗四三伝』講談社から出版。
	11月	・勲四等旭日双光章を受章。
1962年（昭和37年）71歳	2月25日	＊金栗記念第6回熊日30キロに地元の前田力男（熊本市交通局）が優勝。
	12月	・玉名市名誉市民に。
1963年（昭和38年）72歳	3月10日	＊金栗記念第7回熊日30キロで、籾井輝久（八幡製鐵）が1時間35分5秒4、以下津村景治、三村清登、重松森雄、今林秀雄、浦川満司の6位までが日本最高を樹立。
1964年（昭和39年）73歳	3月1日	＊金栗記念第8回熊日30キロで、渡辺和巳（九州電工）が1時間33分52秒8、2位の土谷和夫も日本最高樹立。
	10月10日～24日	＊第18回オリンピック東京大会開催。参加94カ国5558人。マラソンはアベベが2時間12分11秒2の世界最高で2連勝。円谷幸吉3位、君原健二8位、寺沢徹16位。熊本出身は陸上の井口任子、内田弘子、水泳、水球、カヌーなどに14人が出場。水泳、100背の田中聡子が4位に入賞。 ・勲四等旭日小綬章受章。
1965年（昭和40年）74歳	3月7日	＊金栗記念第9回熊日30キロで、寺沢徹（クラレ）が1時間31分51秒6、2位佐々木精一郎、3位浦川満司までが日本最高を樹立。
	11月10日	☆秋の園遊会にスヤ夫人とともに出席。両陛下からお言葉を賜る。
1967年（昭和42年）76歳	3月21日	・スウェーデンオリンピック委員会主催の第5回ストックホルム大会55周年記念行事に招待され〝マラソン完走の要請〟に応える。〝夢の記録〟は、54年8ヵ月6日5時間32分20秒3。

１９６８年（昭和43年）77歳	10月12日〜	＊第19回オリンピック・メキシコ大会開催。参加１１９カ国、６０８４人。マラソンは君原健二が2位の殊勲、宇佐美彰朗12位、佐々木精一郎棄権。熊本出身は水泳、水球、カヌーに6選手が出場。
１９６９年（昭和44年）78歳	5月31日	☆母校の玉名高校正面玄関横に金栗四三走姿銅像建立、除幕。
１９７０年（昭和45年）79歳	4月19日	＊西部マラソン30キロ玉名大会を「金栗杯玉名30キロ」と改称。
１９７１年（昭和46年）80歳	2月28日	＊金栗記念第15回熊日30キロで、宇佐美彰朗（櫻門陸友会）が1時間31分26秒８の日本最高。
１９７２年（昭和47年）81歳	1月	＊健康マラソン・熊本走ろう会（加地正隆会長）発足。金栗が初代〝名誉会長〟に。
	1月30日	＊日本最初の女子のみの駅伝熊本市陸協大会（現ＲＫＫ女子駅伝）開催。
	8月26日〜	＊第20回オリンピック・ミュンヘン大会開催。参加１２２カ国、７１３７人。マラソンは君原5位、宇佐美12位、采谷義秋36位。熊本出身は水泳、水球、ハンドボール、バスケット、ボクシング、レスリングに９人が出場、水泳の青木まゆみが１００バタで金メダル獲得。
１９７５年（昭和50年）84歳		＊金栗記念第19回熊日30キロで、伊藤国光（宇部興産）が1時間31分22秒の日本最高。
１９７６年（昭和51年）85歳	2月22日	＊金栗記念第20回熊日30キロで、鎌田俊明（鐘紡）が1時間30分20秒８の日本最高。
	7月17日〜	＊第21回オリンピック・モントリオール大会開催。参加１９４カ国、９６９３人。マラソンは、宗茂が20位、水上則安21位、宇佐美33位。熊本出身はカヌー、ハンドボール、バスケット、柔道、フェンシングに14人が出場、柔道の上村春樹が金メダル獲得。

１９８０年（昭和55年） 89歳	2月24日	＊金栗記念第24回熊日30キロで、伊藤国光（鐘紡）が1時間29分12秒の日本最高。
	7月19日～	＊第22回オリンピック・モスクワ大会開催。参加は81カ国、５６８７人。初の社会主義国での開催。ソ連のアフガニスタン侵攻で、日、米、西独、中国などは不参加。英、仏など10カ国が入場行進拒否の異例の事態。マラソン絶頂期の瀬古利彦をはじめ、熊本出身は柔道の山下泰裕ら陸上、カヌー、ハンドボール、ボクシング、重量挙げに7人が代表に選ばれたが、無念の欠場。
１９８３年（昭和58年） 92歳	1月23日	＊第1回全国都道府県女子駅伝競走大会が京都で開催。
	3月20日	＊初の国際女子駅伝、横浜市で開催。
	11月13日	☆金栗四三、熊本市地域医療センターで死去。92歳。
１９８４年（昭和59年）	7月28日～8月12日	＊第23回オリンピック・ロサンゼルス大会開催。参加は１４０カ国、６８２９人。男子マラソンは宗猛が4位、瀬古利彦14位、宗茂17位。女子マラソンは佐々木七恵が19位、増田明美は途中棄権。
１９８５年（昭和60年）	2月24日	＊金栗記念第29回熊日30キロで、地元の西本一也（九州産交）が1時間28分46秒の日本最高で優勝。
１９８８年（昭和63年）	9月17日～10月2日	＊第24回オリンピック・ソウル大会開催。参加は１５９カ国、８３９１人。男子マラソンは中山竹通が4位、瀬古利彦9位、新宅永灯至17位。女子マラソンは浅井えり子が25位、荒木久美28位、宮原美佐子29位。
１９９２年（平成4年）	7月25日～8月9日	＊第25回オリンピック・バルセロナ大会開催。参加は１６９カ国、９３５６人。男子マラソンは森下広一が銀メダルを獲得、中山竹通4位、谷口浩美8位。女子マラソンは有森裕子が銀メダルを獲得、山下佐知子4位、小鴨由水29位。
１９９６年（平成8年）	7月19日～8月4日	＊第26回オリンピック・アトランタ大会開催。参加は１９７カ国、１０３１８人。女子マラソンで有森裕子が銅メダルを獲得、真木和12位、浅利純子17位。男子マラソンは谷口浩美が19位、大家正喜54位、実井謙二郎93位。
１９９７年（平成9年）	1月12日	＊第15回全国都道府県女子駅伝競走大会で熊本優勝。

２０００年（平成12年）	９月15日～10月１日	＊第27回オリンピック・シドニー大会開催。参加は１９９カ国、１０６５１人。女子マラソンで高橋尚子が金メダルを獲得、山口衛里７位、市橋有里15位。男子マラソンは川嶋伸次21位、佐藤信之41位、犬伏孝行は途中棄権。
２００２年（平成14年）	11月	＊金栗四三の出身地・玉名郡三加和町が、箱根駅伝（東京箱根間往復大学駅伝）を主催する関東学生陸上競技連盟に「金栗杯」の授与を打診。
２００３年（平成15年）	１月	＊関東学生陸上競技連盟が、玉名郡三加和町から申し入れがあった箱根駅伝の「金栗杯」（最優秀選手賞）新設（第80回大会から授与）を決定。
	２月16日	＊金栗記念第47回熊日30キロで、松宮隆行（コニカ）が１時間28分36秒の世界最高記録で優勝。
２００４年（平成16年）	１月３日	＊第80回箱根駅伝で５区の区間賞を取った鐘ヶ江幸治（筑波大＝日本学連選抜）に池上緑良三加和町長から初の「金栗杯」が贈られる。
	８月13日～29日	＊第28回オリンピック・アテネ大会開催。参加は２０１カ国、１０６２５人。女子マラソンで野口みずきが金メダルを獲得、土佐礼子５位、坂本直子７位。男子マラソンは油谷繁が５位、諏訪利成６位、國近友昭42位。
２００５年（平成17年）	２月27日	＊金栗記念第49回熊日30キロで、松宮隆行（コニカミノルタ）が１時間28分０秒の世界最高記録で優勝。
２００６年（平成18年）	５月	＊第４回世界女性スポーツ会議を熊本市で開催。参加97カ国７００人。
	12月５日	＊金栗賞朝日マラソン（福岡国際マラソンの前身）の60回開催を機に、金栗四三の指導でボストンマラソンに優勝した田中茂樹、山田敬蔵らが玉名市上小田を訪れ墓参。
２００８年（平成20年）	８月８日～24日	＊第29回オリンピック・北京大会開催。参加は２０４カ国、１０９４２人。男子マラソンは尾方剛が13位、佐藤敦之76位、大崎悟史は棄権。女子マラソンは中村友梨香が13位、土佐礼子は途中棄権。
２０１２年（平成24年）	２月19日	＊第一回熊本城マラソン開催。メキシコオリンピック銀メダルの君原健二が城下町４キロを走る。

2012年（平成24年）	7月14日	＊五輪開催100周年を記念してスウェーデン・ストックホルム市が、レース中に倒れた地点近くに「日本マラソンの発展に大きく貢献した」と四三を称えて設置した銘板の除幕式。
	7月27日～8月12日	＊第30回オリンピック・ロンドン大会開催。参加は204カ国、10568人。男子マラソンは中本健太郎が6位、山本亮40位、藤原新45位。女子マラソンは木崎良子が15位、尾崎好美18位、重友梨佐78位。
2013年（平成25年）	2月25日	＊ストックホルムオリンピックの際、途中で倒れた金栗四三を介抱したスウェーデンのペトレ家の孫たち4人が玉名市で墓参。
	8月20日	＊金栗四三を熊本日日新聞社の長谷川孝道記者が直に取材した「走れ二十五万キロ」を出版（1960年、熊日に長期連載したものを復刻、加筆）。
	9月7日	＊国際オリンピック委員会（IOC）総会がブエノスアイレスで開かれ、2020年夏季大会の開催都市に東京が決定。1964年以来56年ぶりで、2回目の開催はアジアで初めてとなる。
2014年（平成26年）	1月6日～31日	＊箱根駅伝の第90回を記念して東京で企画展開催。金栗四三のユニホームや日記など展示。
2016年（平成28年）	8月5日～21日	＊第31回オリンピック・リオデジャネイロ大会開催。参加は206カ国、11237人。男子マラソンは佐々木悟が16位、石川末広36位、北島寿典94位。女子マラソンは福士加代子が14位、田中智美19位、伊藤舞46位。
2017年（平成29年）	4月3日	＊NHKが2019年の大河ドラマに金栗四三を取り上げる、と発表。「いだてん～東京オリムピック噺（ばなし）」のタイトルで、主演は中村勘九郎。
2018年（平成30年）	1月29日	＊金栗四三にゆかりのある玉名市、和水町、南関町の1市2町が「かなくり　しそう」で統一する、と発表。読みの違いによる混乱を避けるため。

（註）金栗記念熊日30キロは、2012年までに計23個の日本最高、2個の世界最高を樹立、延べ20人のオリンピック選手、2人のメダリストを輩出している。

走れ二十五万キロ　マラソンの父　金栗四三伝　復刻版

2013（平成25）年８月20日　第１版（金栗四三誕生日　明治24年122歳）
2018（平成30）年５月22日　第２版

著　者／長谷川孝道
発　行／熊本日日新聞社

編　集／永廣憲一
制作協力／樹原涼子スタジオ
制作・発売／熊日出版（熊日サービス開発出版部）
〒860-0823　熊本市中央区世安町172
TEL　096-361-3274
https://www.kumanichi-sv.co.jp
印　刷／㈱城野印刷所
装　丁／内田直家（ウチダデザインオフィス）
題　字／金栗四三
資料および写真提供／金栗家、玉名市立歴史博物館こころピア、和水町、熊本日日新聞社他

ISBN978-4-87755-574-0　C0023